U0593915

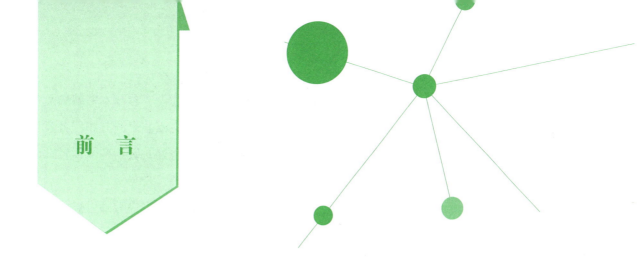

前 言

　　沟通是信息交流的过程，是人们为了达到既定目标，用一定的语言符号传递信息、思想和情感的过程。同时，沟通还包含对信息的理解，是人们将某一信息传递给对方，以期获得相应反应的过程。沟通无处不在，人的社会属性使其具有沟通的需求，人不可能脱离沟通而存在。沟通需要技巧，艺术性的沟通能够有效说服他人，让他人赞同你的想法、乐于帮助你达成愿望。

　　本书是以笔者主讲的国家级一流本科课程（线上一流课程）"沟通的艺术"为基础编写的，旨在普及自我沟通技巧、人际沟通知识，提升读者的自我沟通与人际沟通能力，可广泛应用于各个层次的高校教学。本书分为人际沟通基础、沟通技巧与方式、生活与职场中的沟通艺术3篇，共12章。第一篇是人际沟通基础，讲述人际沟通的基本知识及自我沟通的艺术，为后续学习打下理论基础；第二篇是沟通技巧与方式，讲述人际沟通的技巧、方式，并分享消除人际沟通中的障碍与化解人际沟通中的冲突的有效方法，为读者进一步提高人际沟通能力提供帮助；第三篇是生活与职场中的沟通艺术，旨在训练读者在工作和生活中的沟通技能，并提升读者的商务谈判能力和跨文化沟通能力。本书寓经典理论于生活实践，将理论讲解与实际应用有机融合，写作风格科学严谨且通俗幽默，既有真实的案例、也有精彩的故事，既有实用的技巧、也有隽永的智慧，深入浅出，通俗易懂，能够让读者触类旁通，在切身感悟中有效提升沟通能力。

　　本书由刘颖洁负责理论架构搭建、内容设计、体例规范、初稿撰写及最终统稿和审稿。徐缘缘、曾瑶、陈小燕、刘璐琪、王汝丹、水晶晶、俞正泳参与了本书初稿的撰写工作，陈小燕、曾瑶负责协调。徐缘缘、曾瑶、陈小燕、刘璐琪、水晶晶为湖南师范大学旅游学院职业技术教育（旅游服务方向）专业硕士研究生，王汝丹、俞正泳为湖南师范大学旅游学院饭店管理专业硕士研究生。为提升阅读体验，本书选用了湖南师范大学旅游学院酒店管理专业陈萍萍、戴玉婷、杨思怡3位同学自主创作的漫画作品。在此，笔者向参与国家级一流本科课程（线上一流课程）"沟通的艺术"建设、参与本书编撰及参与本书漫画绘制的同学们表示真诚的感谢，对本书涉及的相关文献的来源方和作者表示由衷的感谢和敬意。由于编者水平有限，本书难免会存在不足之处，敬请各位读者批评指正。

为方便教师教学，本书配有教学课件、微课视频等教学资源，用书教师可登陆人邮教育社区（www.ryjiaoyu.com）免费下载。

湖南师范大学旅游学院

2024 年 4 月

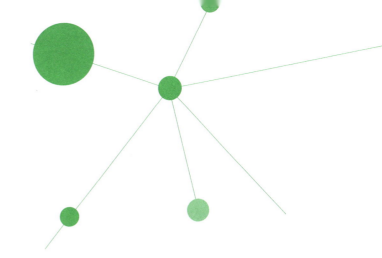

目　录

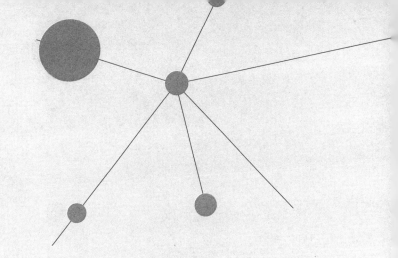

第一篇

人际沟通基础

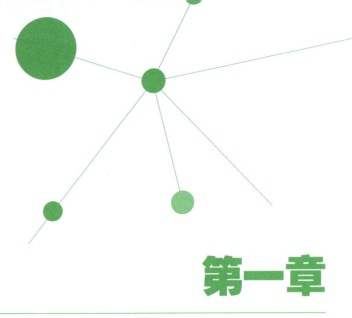

第一章
认识沟通与人际关系

名人说

沟通的精髓在于：要有同理心，不要批评别人，要理性地表达自己的感受和需求。

——罗纳德·B.阿德勒（《沟通的艺术》的作者）

▶ Bonnie 说故事（沟通漫画营）

▶ Bonnie 来导航（知识索引营）

扫一扫

▶ Bonnie 理目标（学习目标营）

知识目标

① 了解沟通的基本概念。
② 理解认知印象形成的心理效应。
③ 掌握人际吸引理论。

技能目标

① 掌握处理人际关系的基本原则。
② 反思自己在人际交往中的不足并改正。
③ 运用人际沟通理论构建良好的人际关系。

3

▶ Bonnie 讲知识（知识学习营）

第一节

认识沟通

　　沟通无处不在，任何一个人想要开展正常的工作和生活，都离不开沟通。恰当、及时、有效的沟通能够帮助人们大幅提高工作效率和生活质量。因此，正确认识和全面了解沟通、掌握一定的沟通方法、熟练运用必要的沟通技巧，是每个人人生中的一门必修课。

一、沟通的基本概念

（一）沟通的定义

　　沟通是一种信息交流的过程，是人们为了达到既定的目标，用一定的语言符号传递信息、思想和情感的过程。同时，沟通还包含对意义的理解，是人们将某一信息传递给对方，以期获得相应反应的过程。[1] 如果信息没有得到有效的交换、意义没有被准确理解，那么沟通的预期目标就不会达成。若演讲者没有听众、写作者没有读者，相应的演讲、写作其实都不算是完整、成功的沟通。

（二）沟通的类型

不同的分类标准对应的沟通类型如表 1-1 所示。

表 1-1　不同分类标准下的沟通类型

分类标准	沟通类型
按功能	工具式沟通、感情式沟通
按方法	书面沟通、口头沟通
按方向	上行沟通、下行沟通、平行沟通、外行沟通
按组织系统	正式沟通、非正式沟通
按有无反馈	单向沟通、双向沟通
按形态	链式沟通、Y式沟通、轮式沟通、环式沟通、全通道式沟通

（三）沟通的元素

完整的沟通过程一般包含以下 7 个元素。

1．沟通主体，即信息的发出者或来源。

2．编码，即沟通主体采取某种形式传递信息内容。

3．媒体，也叫沟通渠道。

4．沟通客体，即信息的接收者。

5．译码，即沟通客体对收到的信息进行解释和理解。

6．反应，即展现出来的沟通效果。

7．反馈。

二、人际沟通的特征与影响因素

人际沟通是指人与人之间的信息交流过程，也就是人们在共同活动中彼此交流各种观念、思想和感情的过程。这种交流主要通过语言、表情、手势、体态及社会距离等来实现[2]。如果把人的观念、思想和感情等看作信息，那么人际沟通就是一种信息交流的过程。这种信息交流不是简单、机械的"信息传输"，而是一种积极、有目的性的交流，沟通双方或多方都希望从对方的回答中得到自己想要的信息。

（一）人际沟通的特征

1．目的性

目的性是指人际沟通一般都带有为了满足某种需求的明确目的或动机。比如，

① 熊勇清. 管理学 [M]. 长沙：湖南人民出版社，2010.

② 谢培豪. 人际沟通：案例版 [M]. 北京：科学出版社，2019.

你请教他人问题，是为了得到问题的答案；你求助于他人，是为了得到对方的帮助；等等。

2．象征性

人际沟通的形式是非常多样的，不仅仅限于语言交流。在很多情况下，沟通是通过具有不同象征意义的非语言符号来进行的。例如，面部表情、书信、文摘等，都可以表达某种含义，达到沟通的目的。

3．关系性

关系性是指任何形式的沟通都能折射和反映沟通双方及多方之间的关系，如互补关系、对称关系。在互补关系中，当一方的沟通信息带有支配性时，另一方则会接受这种支配性。而在对称关系中，当一方表现出控制支配意愿时，另一方则会挑战对方的控制权以确保自身的权力，任何一方都不同意对方居于控制地位。互补关系中各方发生冲突的概率比对称关系要小，而对称关系中各方的权力比互补关系更为均等。

4．学习性

人际沟通并不是一种与生俱来的能力，它是需要通过学习去掌握并在不断学习中提高的。人们要善于观察身边人的沟通方式和方法，博采众长，以提升自身的沟通能力，而不要把沟通中出现的纰漏或错误都认为是"天生的，无法改变的"。

（二）人际沟通的影响因素

人际沟通过程中存在诸多不确定因素，这些因素或多或少地都会对沟通的质量、准确性、有效性、清晰度等产生影响。总的来说，主要有以下几种因素。

1．个人因素

影响沟通的个人因素主要包括生理因素、情绪状态、个人特征和沟通技能。

（1）生理因素

生理因素可分为暂时性因素和永久性因素两大类。暂时性因素包括疼痛、气急、饥饿、疲劳等生理上的不适，这会使沟通者难以集中精力，从而影响沟通的正常进行；当这些生理上的不适缓解或消失后，沟通又可正常进行。永久性因素主要是指生理缺陷，如感官功能不全、智力发育不好等，这会对沟通产生长期的影响。

（2）情绪状态

情绪状态主要包括积极情绪和消极情绪两种。情绪是把双刃剑，开心、愉悦和兴奋等积极情绪往往便于彼此之间的沟通，能够带来比较良好的沟通效果；愤怒、伤心和郁闷等消极情绪则往往不利于沟通的开展，甚至会影响人际沟通的有效性。另外，当处于特定的情绪状态时，沟通双方常常会对信息进行失真或错误的理解。因此，培养良好的情绪控制能力是沟通者需要做好的一门功课。

（3）个人特征

每个人都会因成长环境、受教育程度和社会经历等方面的差异而形成各不相同的个人特征，包括人格、人品、心理及社会特征等。这些特征都会对人际沟通产生不同程度的影响。良好的人品、健康的心理相对于败坏的人品、扭曲的心理更有助于沟通达到预期目的。

（4）沟通技能

沟通技能是指沟通者具有的收集和发送信息的能力。沟通者应能通过书面语言、口头与肢体语言等媒介，明确地向他人表达自己的想法、感受与态度；能迅速准确地解读他人的信息，了解他人的想法、感受与态度。口齿不清、不会说普通话、地方口音重、写作能力欠缺等都属于沟通技能方面的问题，都会影响沟通效果。

知识卡片

沟通小故事

秀才买柴

有一个秀才去买柴，他对卖柴的人说："荷薪者过来。"卖柴的人听不懂"荷薪者"（担柴的人）3个字，但是听得懂"过来"这两个字，于是把柴搬到秀才面前。秀才问他："其价如何？"卖柴的人听不太懂这句话，但是听得懂"价"这个字，于是就告诉秀才价钱。秀才接着说"外实而内虚，烟多而焰少，请损之。"这句话的意思是，你的木材外表是干的，里面却是湿的，燃烧起来会浓烟多而火焰少，请减些价钱吧。卖柴的人听不懂秀才的话，于是担着柴就走了。

沟通技巧提示：在人际沟通中，要区分沟通对象，采用对方能够理解并接受的沟通方式，以及简单易懂的语言或文字来传达信息，避免因过分修饰而未准确表达出想要传达的意思。

6

2. 环境因素

影响沟通的环境因素主要包括噪声干扰、距离远近和隐秘性。

（1）噪声干扰

沟通环境中存在的、与沟通行为无关的、对沟通产生干扰的声音就是噪声如刺耳的汽车鸣笛声、突如其来的电话铃声、猛烈的关门声等。噪声可能会引发沟通者的烦躁、不安、紧张等情绪，从而影响沟通的效果。因此，我们在人际沟通中对于噪声的干扰要加以重视[1]。例如，我们在与他人沟通重要事情时往往都会选择一个较为安静的环境，否则难以获得应有的效果。

（2）距离远近

心理学家研究发现，距离在沟通过程中也发挥着重要作用。适当的距离能够营造出舒适的沟通氛围，过近的距离容易使人局促不安，过远的距离则又让人感觉亲和力不够。因此，保持适当的距离，对达到沟通目的有不可忽视的影响。

（3）隐秘性

隐秘性因素是指一些个人隐私问题对人际沟通造成的干扰。也就是说，当沟通双方在交流时，交流的内容涉及个人隐私，一方不希望太多的人知道，从而对沟通过程造成了影响。在很多情况下，沟通环境需要具有一定的隐秘性，以确保沟通的对象、内容得到有效的保护，不被他人知晓。如果暴露了一方的个人隐私，不仅沟通无法顺利进行，还有可能给他造成心理伤害。

---

① 熊勇清. 管理学 [M]. 长沙：湖南人民出版社，2010.

第二节

// 认识人际关系 //

人际关系即人与人之间交往关系的总称，包括亲属关系、朋友关系、师生关系、同学关系、战友关系、领导与下属的关系等。每个人都应充分重视、努力构建、用心维护人际关系，并掌握一定的方法和技巧，积极构建良好的人际关系，尽量避免随意性。

一、人际交往的需求、动机与行为

美国社会心理学家舒茨提出人际关系需求理论，他认为每个人都有人际交往的愿望和需求，不同的人有不同的人际交往需求，并概括出最基本的 3 种人际交往需求：包容需求、支配需求和情感需求，这些需求影响人们的人际认知和行为。同时，人的需求是有层次的，每个人的人际交往需求都是不同的，同一个人在不同时期、不同环境下的人际交往需求也是不同的。也正是人际交往需求的多样性和层次性，才决定了人际交往的复杂性和困难性。

动机是指激发和维持个体活动，使活动朝向一定目标的内部心理过程和内部动力。当人们的某种需求促使人们投入行动并去获取满足感时，这种需求就会转化为动机。人际交往动机是一种基本的社会动机，是在人际交往需求的基础上产生的，既可能是由个人自身的需求激发的，也可能是由外部刺激激发的。

人际交往的行为是需求与动机的外在表现。当人们的某种需求未被满足时，人们便会产生去满足这种需求的动机，并产生某种行为。动机维持着这种行为，并调节行为的强度和持续时间。如达成既定目标后，动机便会促使人们终止行为。

在人际交往中，需求、动机和行为间存在鲜明的逻辑关系，需求是动机产生的基础，动机是行为的直接驱动力，动机的目标又是满足需求。[①] 如果人们无欲无求，就不会产生动机，自然就不会有相应的行为了。

二、人际关系的重要性

良好的人际关系有助于人的身心健康、事业成功和人生幸福。

（一）身心健康

良好的人际关系能使人思想稳定、心情轻松、态度乐观，不良的人际关系能让人思想波动、焦虑不安、抑郁内向。一个人如果身处相互关心爱护、友善融洽的人际关系中，一定会心情舒畅，自然会身心健康。

（二）事业成功

良好的人际关系是每个人更好地工作、生活、实现人生价值的重要影响因素，能为一个人事业上的成功、生活中的便利提供更有利的外部条件。

---

① 熊勇清. 管理学 [M]. 长沙：湖南人民出版社，2010.

（三）人生幸福

人生幸福构建在物质生活丰富和精神生活富足的基础上。良好的人际关系能够激发个人努力工作的热情，激励其不断创造更多的物质财富；同时，良好的人际关系能够使家人和睦、朋友友善、社会和谐，使个人的精神世界更加丰盈和富足。

三、如何构建良好的人际关系

在人际交往中，做一个真诚的人，用心倾听他人心声，体谅他人，做到守信、守时，主动帮助他人，有助于构建良好的人际关系。

（一）真诚

真诚是人的美德，更是人的本性。真诚的人让人感到舒服，每个人都愿意和真诚的人交往。一个虚伪的人，无论在语言和行为上如何包装自己，都注定是徒劳的，因为别人能感受到其真正是个什么样的人。没有人愿意和一个虚情假意、两面三刀、不真诚的人构建关系。

（二）倾听

倾听也是人的一种美德。倾听应该是积极主动的，而非消极被动的，要站在说话者的角度去投入地倾听，才能真正理解说话者所要表达的意思。习惯用心倾听他人的心声，理解并认同他人的需求，不仅有助于赢得他人的好感，而且有助于不知不觉地与他人构建一种良好的关系。

（三）体谅

体谅是宽容理解，是大度包容，是换位思考。被别人体谅是人最强烈的需求之一，而善于体谅他人的人也更容易被他人体谅。在人际交往中，只有设身处地地去体谅他人、理解他人、包容他人，我们才能更好地走入他人的内心世界，真正地体会他人的真实感受，并构建和谐的人际关系。

（四）守信

言必信，行必果。守信，是人际交往过程中的名片，是构建良好人际关系的敲门砖。每个人可能都无法让所有人喜欢自己，但至少可以让大多数人都信赖自己，使他们产生与自己交往的愿望。只有守信，我们才能和别人构建良好的关系，才能在关键时刻得到别人的帮助和支持。

（五）守时

守时是一种良好的习惯，也是一种优秀的品质，更是做人的基本教养。鲁迅曾言"无端的空耗别人的时间，其实是无异于谋财害命的"，谁也没有权利剥夺他人的时间，更不应浪费他人的时间。守时，会让对方觉得你是一个懂得尊重他人、有教养、值得信赖的朋友，从而更容易与你构建良好的关系。

（六）助人

主动帮助别人是构建良好人际关系的一种方式。在人际交往的过程中，如果一个人具有强烈的主动意识，总能敏锐地发现别人的需求，当别人身处困境的时候，能及时地施以援手，那么大多数人都会愿意和他交往，并愿意帮助他做一些事情。

案例分析

梁凤仪的守时

　　有一次，香港著名的畅销书作家梁凤仪应邀到某大学做报告，约定时间是下午3点。午餐结束后，梁凤仪乘车前往该大学，结果路上堵车，迟到了一个小时。会议开始后，主持人一再强调："梁老师迟到是因为堵车。"走上讲台的梁凤仪觉得自己是不可原谅的，她说："各位同学，我在此向大家诚恳道歉！堵车是常事，但我不应该为自己找借口，我应该把堵车的时间计算在内，做好充分的准备。如果在座的有1000位同学，我迟到一小时，对大家来说，就是浪费了1000小时，影响1000个人的心情啊！我只能盼望你们的原谅！"她的话，不仅赢得了同学们热烈的掌声，更赢得了大家发自内心的尊重。

　　请你想一想：从梁凤仪对迟到事件的处理中，你收获了什么启示呢？当你不小心发生不守时行为时，你该怎么做呢？

沟通小故事

苏东坡与佛印禅师的故事

　　苏东坡与佛印禅师是很好的朋友。有一天，他和佛印禅师一起坐禅。

　　苏东坡说："大师，你看我坐在这里像什么？"

　　"你先说，你看到的佛印像什么？"佛印禅师说。

　　苏东坡开玩笑地说："我看你像一团牛粪！"

　　苏东坡回家得意地将此事告知妹妹苏小妹，苏小妹笑着说："外在都是内心的投射。自己是佛，看别人就会像佛；自己是牛粪，看别人也会像牛粪。"

　　苏东坡听后感到十分惭愧。

　　人际交往提示：我们与他人的交往，能像镜子一样反映我们自己的思维和行为。要想得到别人的尊重，首先就要真心地尊重别人。当你真心喜欢别人时，别人才可能真正喜欢你。因此，在与人相处时，我们需要用心用情。

第 三 节

∥ 认知印象形成的心理效应 ∥

　　心理效应是指由于社会心理现象、心理规律的作用，人在社会认知过程中，对其他人或事所特有的一些反应效果，主要包括首因效应、近因效应、光环效应、社会刻板效应和投射效应。

一、首因效应

（一）首因效应的含义

首因，即最初的印象。首因效应（Primacy Effect）又叫最初效应，是指人们在对他人总体印象的形成过程中，最初获得的信息比后来获得的信息产生更大影响的现象。首因效应的应用在工作和生活中随处可见，如新官上任三把火、先发制人、下马威等做法，都是想利用首因效应来占得某种先机。

（二）首因效应的影响

最初的印象有着高度的稳定性，对人的判断有着非常显著的影响，容易造成先入为主，以至于后续再多的信息可能都无法使最初印象发生根本性改变。因此，我们应注重打造"先发优势"，通过积极、正面的言行来打造第一印象，为构建更好的人际关系奠定良好的基础。但凡事要讲究个度，以免过犹不及，过分、刻意地包装第一印象，反而会给人留下浮夸、虚伪等不好的印象。同样，我们也应谨防别人营造出来的"完美最初印象"陷阱。

当然，首因效应的影响是可以在一定程度上得到控制的，它与个体的社会经历、社交经验等的丰富程度有关。如果个体的社会经历丰富、社会阅历深厚、社会知识充实，则个体能将首因效应的影响控制在最低程度。

10

二、近因效应

（一）近因效应的含义

近因，即最近的印象。近因效应（Recency Effect）又称新因效应，是指主体在对客体形成印象的过程中，最近获得的信息比以前获得的信息产生更大影响的现象。最近信息与最初信息之间的时间间隔越长，近因效应越明显，原因就在于最初信息由于时间的关系在记忆中逐渐模糊，而最近信息在短时记忆中留下的印象依然十分清晰和深刻。

（二）近因效应的影响

近因效应的影响在关系亲密的人之间更为突出一些。比如同学、朋友、情侣、夫妻等，彼此都熟悉或习惯对方的脾气性格或行为方式，如果某一方突然表现反常，另一方就会意识到这种变化并会对其产生完全不一样的印象，这个最近的印象会冲淡甚至颠覆之前所有的印象。因此，近因效应会让人们更加注重最近的信息和印象，并以此为依据对其他人和事做出判断，同时容易忽略最初和以往信息的参考价值，从而不能全面、历史、客观、公正地看待问题。

因此，当我们在进行人际交往时，除了打造并维护好第一印象，也要时刻保持好、维护好最近的印象，尤其是在熟人面前，千万不要因为偶尔的疏忽破坏自身在他们眼中一贯的形象。当然，我们也要用发展、全面、客观的视角去看待或评价一个人，不要因某时或某事而误判，毕竟"瑕不掩瑜"。

知识卡片

三、光环效应

（一）光环效应的含义

光环效应（Halo Effect）又称晕轮效应，指的是主体对客体的某种特征形成固定看法后，会泛化到客体的其他特征，并推及客体总体特征的现象。它就像太阳、月亮形成的日晕、月晕一样，围绕核心并向四周弥漫扩散，人一旦在头脑中习惯性地对他人产生光环效应，那么他人的某些不足就会被光环所笼罩、覆盖。

（二）光环效应的影响

光环效应使人根据少量的信息来做出判断，以放大的局部来代替实际的完整形象，容易"一叶障目，不见森林"。每个人都会或多或少地受到光环效应的影响，如认为好看的人肯定性格和人品都很好、学习好的学生其他方面肯定也很优秀，或者把自身喜欢的人看得完美无缺，正所谓"情人眼里出西施"。我们应该正确认识光环效应，不要过于放大一个人的某个优点，认为其完美得无可挑剔；也不要过于放大一个人的某个缺点，毕竟"人非圣贤，孰能无过"。

四、社会刻板效应

（一）社会刻板效应的含义

社会刻板效应（Social Prejudice Effect）是指社会上的一部分成员对于某一类事物或人物始终持有一种固定不变、概括笼统的评价的现象。社会刻板效应不是个体现象，而是一种群体现象，它反映了某些社会群体的某种共识，比如很多人都认为南方人能吃辣、北方人大多很高大等。

（二）社会刻板效应的影响

社会刻板效应对人们的社会认知有一定的积极作用，它将某些群体的主要特征典型化了，并大致反映这些群体的共性，有利于人们简化某些认知过程，缩小对某些群体认知的差异，降低社会认知的复杂性。

当然，社会刻板效应对人们的社会认知也有一定的消极作用。当人们对某些群体形成刻板印象后，这种印象就会成为一种固化认知或思维，影响并左右人们对群体中的个体进行差异化的具体分析和正确认知，从而使人们对这些个体产生较大的认知偏差。另外，社会刻板效应也会妨碍人们对社会发展过程中出现的新事物及时进行全面、准确的认知。

五、投射效应

（一）投射效应的含义

投射效应（Projection Effect）是指因某个体具有某种特性而推断他人也具有与该个体相同特性的现象。一些人可能认为自己有这样的言行和需要，别人也一定会有类似的言行和需要，即"将心比心""以己度人"。在现实生活中，投射效应有两种表现形式：一是有人总是从好的方面来解释别人的言论和行为；二是有人总是从坏的方面来解释别人的言论和行为。

（二）投射效应的影响

投射效应在一定程度上来说体现为情感投射。在人际交往中，人们对于自己喜欢的人是越看越顺眼，越看越觉得其里里外外都是优点；对于自己不喜欢的人，则越看越讨厌，越看越觉得其上上下下都是缺点。情感投射会导致人们习惯性地过度赞扬和吹捧自己喜爱的人，严厉指责甚至恶意诋毁自己厌恶的人。

由此可见，投射效应在人际交往的过程中非常容易造成人们对其他人的认知失真。我们在与人交往的过程中应保持理性，尽量避免投射效应带来的不良影响。在与人交往的初期，彼此尚不熟悉，人们往往会不自觉地将自己的想法"投射"到对方身上，从而确定交往时身份的定位与话语的选择。随着彼此了解的增进，人们逐渐意识到彼此之间的异同之处，就会慢慢摆脱投射效应的影响，对另一方的认识也会越发客观和真实。

测一测

俗语对对看

结合本节所学内容，请写出以下俗语所对应的心理效应。

1．"路遥知马力，日久见人心"
2．"近水楼台先得月"
3．"情人眼里出西施"
4．"物以类聚，人以群分"
5．"以小人之心，度君子之腹"

扫码查看答案

沟通小故事

普希金与娜塔丽娅

俄国著名文学家普希金在年轻的时候，深深地爱上了一个女人，她就是被人们称为"莫斯科第一美人"的娜塔丽娅。娜塔丽娅长得十分漂亮，普希金觉得这样的女人肯定是善解人意、浪漫、优雅的，跟她生活在一起肯定是幸福的。在普希金的热烈追求下，娜塔丽娅嫁给了他。而结婚以后，普希金却发现娜塔丽娅与自己完全是志不同道不合的。每当普希金将他的作品念给娜塔丽娅听的时候，她总是捂着耳朵说："我不要听！我不要听！"她更喜欢拉着普希金一起出去玩，出席一些豪华的晚会、舞会。普希金慢慢荒废了创作，还欠了一屁股债，最后为了娜塔丽娅而与别人决斗，死于非命。

1．上述故事中，是哪种效应造成的苦果呢？（　　　）

A．首因效应　　　　　　　B．近因效应

C．光环效应　　　　　　　D．社会刻板效应

E．投射效应

2．你从故事中获得了哪些启示？

扫码查看答案

第四节

人际吸引理论

在人际交往中，人们彼此认识、互相了解、建立联系，这种联系的表现形式之一就是人际吸引。我们的交际圈状态往往是波动不定的，在不同的人生阶段，我们的性格和价值观可能会随着时间的推移而产生变化，我们需寻找并结交更符合我们新的性格和价值观的人，从而更加真实地展现自己。

下面通过介绍人际吸引理论的内容，帮助大家了解和掌握如何利用人际吸引理论来培养良好的人际关系。

一、人际吸引的含义与过程

（一）人际吸引的含义

人际吸引（Interpersonal Attraction）是指个体与个体在主观上感受到的时间或空间上、直接或间接、现实中或内心希望的相互依存关系，或相互喜欢、亲近的现象，是形成良好人际关系的重要基础。

霍曼斯认为，人际吸引主要分为两种：一种是喜爱或仰慕他人，这是对他人肯定的情感反应；另一种是愿意亲近他人，以及（或者）愿意与他人交往。第一种是相对隐蔽的情感反应，第二种是容易看出来的、行为性较强的情感反应。二者并不一定存在必然的联系，一个人可以对其他人产生肯定的情感反应，但并不是所有的情感反应都会产生相应的行动。

（二）人际吸引的过程

人际吸引的过程一般包含以下几个阶段：注意、认同、接纳、交往。

1．注意

注意是指个体在对某一交往对象进行感知后，注意到对方的存在，并对其产生了一定的兴趣，而后将其从人群中选择出来给予关注，从物理方面先自行缩短了彼此的距离。注意发生前，双方可能均未注意到对方的存在，或者一方（或双方）知道对方是谁，但却从未接触过对方。注意包含对交往对象的关注、抉择和准备初步沟通等多方面的心理活动。在通常情况下，只有那些善于激起别人兴趣的人，才能引起别人的注意。在一个团体中，这部分人往往会成为大家注意的中心。

13

2. 认同

认同是指个体在与其选择出来的对象有了更进一步的深入交往后，产生接受、包容交往对象的行为，并对其给予积极的评价。认同使交往双方心理上的距离进一步缩短。在认同阶段，双方会了解彼此可以在哪些方面建立真实的情感联系，而且随着双方开辟出共同的情感领域，双方的沟通会越来越频繁与密切，双方会更加关心与对方相关的信息，自我暴露的深度与广度也会逐渐增加。

3. 接纳

接纳是指在认同的基础上，在情感上与对方相容，常以喜欢、同情、关心等形式来表达与对方的情感联系。在接纳阶段，双方关系的性质开始出现实质性变化，对于人际关系的安全感得到确立，谈话也开始涉及方方面面，并且双方有了较深的情感。双方会相互提供真实、评价性的反馈信息，提出意见和建议，进行真诚的赞赏和批评。如果人际关系在这一阶段破裂，双方都会产生一定的思想波动和心理压力。

4. 交往

交往是注意、认同、接纳后的进一步行动，意味着人际吸引有了深入发展，良好的人际关系已经基本形成。交往初期，双方会尽力约束自己，努力通过行动来表达自己的诚意。随着交往的进一步深入，双方关系会发展到心理上相互依赖的高级阶段，双方对彼此的吸引力将会进一步增强，双方开始将对方视为知己，愿意第一时间与对方分享信息、沟通见解等。

二、人际吸引的代表性理论

在有关人际吸引的社会心理学理论中，比较有代表性的有学习理论、平衡理论和社会交换理论等。

（一）学习理论

学习理论是从古典条件反射理论演变而来的，由社会心理学家Ｇ.Ｌ.克劳尔和Ｄ.Ａ.伯恩在1974年提出，又称强化理论。学习理论认为，任何人、事、物在我们心情好的时候出现，能通过条件反射与我们的心情联系起来，易于得到我们的喜爱。反之，任何人、事、物在我们心情不好的时候出现，也会通过条件反射与我们的心情联系起来，往往会不招人喜欢。也就是说，我们不仅倾向于喜欢那些取悦自己的人、不喜欢那些为难自己的人，而且也倾向于喜欢那些与取悦和愉悦等有联系的人、不喜欢那些与不快和反感等有联系的人。在我们受到奖赏和惩罚时出现的任何人或物，都将成为由奖赏和惩罚引起的心情的条件刺激物。

学习理论也被用来说明相似性原理。在多个方面有相似之处的人，对彼此的信念、价值观及人格品质等都持肯定态度，条件反射就会起正向的强化作用；反之，条件反射就会起负向的强化作用。这种正向、负向的强化作用通过条件反射起效，就会形成人们更喜欢与自己相似的人、不喜欢与自己不相似的人的现象。

（二）平衡理论

平衡理论由社会心理学家海德于1958年提出，可以简化为Ｐ－Ｏ－Ｘ公式，其中Ｐ为个人、Ｏ为他人、Ｘ为对象，该理论通过这三者之间的关系来考察平衡和不平衡状态。P、O之间的关系是喜欢与不喜欢的情感关系，分别用＋和－表示；P、X之间和O、X之间的关系是看法一致与不一致的统一关系，也分别用＋和－表示。如果一个人和他的朋友彼此喜欢对方，二人对于某件或某些事的看法又非常一致，那么他们就能处于一种平衡状态；如果二人彼此喜欢，但对事或物的看法不一致，那就会导致二人处于不平衡状态。海德认为，人们总是想追求和保持平衡状态，看法一致有助于增进人们之间的积极情感，意见相左则会引发或加重人们之间的消极情感。

理想的平衡状态是情感关系和统一关系高度一致，这样的平衡状态是令人愉悦并乐于保持下去的，而不平衡状态是让人不愉快且很难持续下去的。当两个朋友处于不平衡状态时，两人都可能会想方设法地去说服对方改变已有的看法。如果说服成功了，两人就会进入平衡状态。如果两人在许多问题上都存在不同看法，又都坚持己见，那么两人之间的关系可能会疏远、情感可能会冷淡、友谊可能会消失。

知识卡片

（三）社会交换理论

社会交换理论形成于20世纪50年代末至60年代初，其创始人是美国社会学家霍曼斯，代表人物有布劳、爱默森、蒂博特等。社会交换理论基于经济学的概念思考人际关系，从人际交往双方收益和代价的角度考察人际关系，把累计的投入与人际关系提供的回报比较。在社会交换理论看来，人际交往是一个交换的过程，所有人际交往活动都是交换，是一种准经济交易。你与他人交往或给予他人某种东西时，希望获取一定的利益作为回报，他人也是如此。社会交换理论假定人际关系中的个体都是自利的，每个人都试图使自己的收益最大化、成本最小化，从而确保交换结果为正的净收益。

社会交换理论与学习理论的共同点在于二者都承认人是寻求强化的，不同点在于社会交换理论增加了一个内容，即对于关系的吸引力的判断基于从关系中获得的收益和付出的代价之比。当收益超过代价时，关系受到重视；当代价超过收益时，则关系不受重视。这里所说的收益和代价的含义相当宽泛。福阿等人提出了6种基本收益，分别是爱、金钱、地位、物品、服务、信息，这些收益的价值还受提供者的影响。代价大体包括时间、精力、金钱、丧失的机会等。无论是收益还是代价，其实都是难以用客观的指标来量化的，它们会受交往者的需要、价值观、个人经验等的影响。

三、人际吸引的规律

人际吸引的规律一般有接近吸引律、互惠吸引律、互补吸引律、对等吸引律、光环吸引律、诱发吸引律。

（一）接近吸引律

接近吸引律是指交往双方由于存在诸多的接近点而导致相互之间的时空距离和心理距离缩小，因此相互吸引的规律。一般说来，能够使交往双方相互吸引的接近点主要体现在时空、兴趣、态度、职业、背景等方面。

（二）互惠吸引律

互惠吸引律是指在人际交往过程中，如果双方都能给对方带来收益、酬偿，那么双方就能互相吸引。这种互惠主要表现为感情互慰、人格互尊、目标互促、困境互助、过失互谅等，当然也包括物质上的"礼尚往来"，利益上的"欲取先予"，道义上的"知恩必报"等。

（三）互补吸引律

互补吸引律是指在人际交往过程中，当双方的个性、需求及满足这些需求的条件正好存在互补关系时，双方就会对对方产生强烈的吸引力。互补的内容主要包括能力特长、人格特征、利益需要及思想观点等。互补吸引律在地位不等、角色不同的上下级关系和家庭关系中体现得较为明显。

（四）对等吸引律

对等吸引律是指人们普遍怀有一种心理倾向，即都喜欢那些同样喜欢自己的人。这种相互间的认可、赞同与接纳，成为彼此之间建立良好人际关系的心理条件，这也就是古人所说的"爱人者人恒爱之，敬人者人恒敬之"的心理机制。

知识卡片

（五）光环吸引律

光环吸引律突出地体现在能力、品质、性格和名望等方面，即一个人如果在能力、特长、品质等方面比较突出或者社会知名度较高，这些正面、积极的特点就会像光环一样，使其所有的品质特点都显得富有魅力，从而使他人都愿意与其接近、交往。

（六）诱发吸引律

诱发吸引律是指由自然或人为环境中的某一或某些因素诱发的吸引力。在人际交往的过程中，当人们受到某种诱因的刺激时，若这种刺激恰恰投其所好，就会引起彼此的注意和交往兴趣，从而相互吸引。诱发的形式大致有自然诱发、蓄意诱发、情感诱发等。

测一测

金庸先生笔下性格互补、能力互补的黄蓉、郭靖正好体现了哪种人际吸引规律呢？（　　　）

扫码查看答案

A．接近吸引律　　　　B．互惠吸引律　　　　C．互补吸引律
D．对等吸引律　　　　E．光环吸引律　　　　F．诱发吸引律

知识卡片

第五节

处理人际关系的基本原则

每个人都希望自己能够拥有良好的人际关系，并且维护好、处理好它。处理人际关系，主要应遵循以下 5 项原则。

一、诚信原则

诚信原则是指在人际交往过程中，彼此都真诚相待，做到以诚待人、信守诺言、讲究道义。人无信不立，诚信是人际交往中最基本的原则之一，所有人际交往的手段、技巧都应建立在诚信的基础上。双方只有以诚相待，卸下自我防卫心理，相互理解、接纳、信任，才能真正地建立起良好的人际关系。那种假意逢迎、吹牛撒谎的交往行为，是无法使双方建立起良好的人际关系的。

二、交互原则

"赠人玫瑰，手有余香""爱人者人恒爱之，敬人者人恒敬之"其实就是对交互原则最好的概括。良好人际关系的基础之一就是人与人之间的互相重视、互相支持。喜欢与厌恶、接近与疏远都是相互的。对喜欢、接近自己的人，人们通常愿意与之建立良好的人际关系；对厌恶、疏远自己的人，人们也会厌恶、疏远他。

三、尊重原则

每个人都有自尊心，都需要被尊重，都不希望受到他人的言行侮辱和伤害。自尊心的强弱是以自我价值感来衡量的，而个人的自我价值感又主要来自人际交往过程中他人对自己的反馈。他人的肯定会增强个人的自我价值感，而他人的否定会直接挫伤个人的自我价值感。人们往往对来自人际关系的否定性信息特别敏感，他人的否定会激发个人明显的自我价值保护倾向，这表现为个人主动躲避、疏远否定自己的人，以维护自己的自尊心。因此，在建立人际关系的过程中，我们一定要注意尊重他人的自我价值感，尊重他人也就是尊重自己。

四、互惠原则

人际交往是人与人之间的物质交换与精神交流的过程，彼此追求的就是通过交换和交流达到满足自我需求或互惠互利的目的，正所谓"我为人人，人人为我"。遵循互惠原则，满足对方需要的同时，自己也能得到对方的回馈，人际关系就会朝着好的方向继续发展；若一方只想获得与索取而不想付出与给予，那么双方势必建立不了良好的人际关系。互惠互利的程度越高，交往双方的关系往往就越稳定和密切；反之，交往双方的关系就越波动和疏远。

五、宽容原则

在人际交往中，对于非原则性的问题，包括遇到的困难、矛盾及冲突等，都要正视、理解、包容。海纳百川，有容乃大，我们要用宽

知识卡片

容的态度来对待他人的缺点，而不要用"放大镜"来审视。社会越发达，社会价值体系越多元化，人们的个性越丰富，人与人之间的矛盾和冲突也就越多。我们要想建立良好的人际关系，必须求同存异、包容理解、宽宏大量。

沟通小故事

多为别人想一想

子贡问曰："有一言而可以终身行之者乎？"

子曰："其恕乎！己所不欲，勿施于人。"

子贡问道："有没有一个字是可以终身遵循的？"孔子说："大概就是'恕'吧！自己不愿意做的事情，不要施加于别人。"为人处世的道理不要说得那样多，只要有一个重点，我们终身都可以照此目标去做。

后世每每提到孔子教学的精神，都会说起儒家忠恕之道。恕道就是推己及人，替自己想也替别人想。自己不喜欢的，别人应该也不喜欢；自己想要的，别人应该也想要。

大多数人都有一个共性，那就是对别人的要求要严苛一些，他们希望朋友忠诚、下属听话、领导仁慈，但对自己的要求却宽松许多，能够接受自己犯错、允许自己存在不足。从心理学上讲，一味地希望对方表现好一些，是自私的表现，因为要求对方完美无缺，都是以自己的看法和需要为基础的。对方存在不足之处可能只是因为其没有迎合自己的观点、没有满足自己的需要而已。后人解释恕道时，把"恕"字分为"如"和"心"两部分，也就是说，对于不如自己心意的人或事，要宽恕；哪怕别人真的做错了，也要怀着宽恕之心，这就是"恕"。

恕道对子贡来说，有不一样的意义。在孔门弟子中，子贡很有才华，不但生意做得好，而且在外交、政治方面也都很有天赋。才高的人，很容易犯不能饶恕别人的毛病，对于别人的错误会难以容忍。因此，孔子对子贡讲恕道，有着深远的用意。他答复子贡说，有一个字可以终身行之而有益，但很难做到，那就是"恕"。"己所不欲，勿施于人"，这就是恕道的注解。①

请你想一想：结合生活实际思考，"己所欲"可以"施于人"吗？

【本章主要参考书目】

[1] 李占文，钟海. 人际沟通与交往[M]. 2版. 北京：科学出版社，2016.

[2] 龙璇. 人际关系与沟通技巧[M]. 2版. 北京：人民邮电出版社，2020.

[3] 张志钢，刘冬梅. 人际沟通[M]. 3版. 北京：人民卫生出版社，2015.

▶ Bonnie 总要点（知识总结营）

本章作为全书首章，起着开宗明义的作用。首先，本章从沟通的基本概念和人际沟通

---

① 南怀瑾. 论语别裁（上册）[M]. 上海：复旦大学出版社，2019.

的特征与影响因素两方面入手，带领我们初步认识沟通的内涵；其次，本章介绍了人际交往的需求、动机与行为，点明了人际关系的重要性，给出了构建良好人际关系的相关举措；接着，本章重点说明了认知印象形成的5种心理效应，包括首因效应、近因效应、光环效应、社会刻板效应和投射效应；除此之外，本章又从人际吸引的含义与过程出发，重点阐述了人际吸引的代表性理论，使我们对人际吸引理论有更深刻的认识；最后，本章阐述了处理人际关系的5项基本原则，包括诚信原则、交互原则、尊重原则、互惠原则和宽容原则。

▶ Bonnie 带你练（学习训练营）

自强自信：古代外交家心理效应的利用艺术

古往今来，很多知名人物都在首因效应的利用方面做得非常出色，有力维护了国家尊严和人民利益。通过学习晏子的案例，我们可以感受到晏子的魅力，体会到人际交往过程中心理效应的重要影响。扫描右侧二维码查看案例，并完成"请你想一想""请你找一找"。

扫一扫

请你想一想：

案例中的晏子是如何利用首因效应，从而给对方留下深刻印象的？

请你找一找：

搜集中国古今外交家的相关事例，分析各事例中的外交家是如何维护自尊与国威的，其利用了哪些心理效应、遵循了人际关系的哪些处理原则，并说一说这些事例给了你哪些启示。

学习训练指导：首因效应的影响因素

本章讲的首因效应是指交往双方对彼此的第一印象对今后双方关系的影响，即"先入为主"带来的影响。第一印象虽然并不总是正确的，但却是最鲜明、最牢固的，并且决定以后双方交往的进程。因此，我们必须关注自己在人际交往过程中给别人留下的第一印象。现实生活中，首因效应的影响因素很多，归纳起来有相貌因素、语言因素、表情姿态因素及空间时间因素等。[①] 扫描右侧二维码查看详细内容。

扫一扫

▶ Bonnie 带你行（实践训练营）

扫一扫

19

---

① 屠文淑. 社会心理学理论与应用 [M]. 北京：人民出版社，2002.

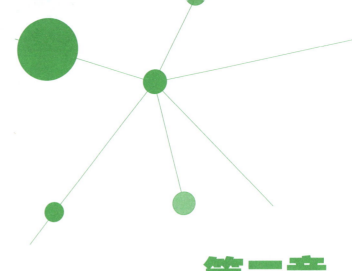

第二章

自我沟通艺术

名人说

一切福田，不离方寸；从心而觅，感无不通。

——袁了凡

▶ Bonnie 说故事（沟通漫画营）

进入大学后，瑶妹开始不自觉地将自己与他人进行比较。她要么感觉自己的身材不如其他同学高挑，要么感觉自己待人接物不如其他同学周全，要么感觉自己的逻辑思维不如其他同学缜密。在一次次的比较中，她渐渐迷失了自我，越来越不自信，感觉自己和其他同学相比，方方面面都有很大的差距。带着沮丧的心情，她走进了 Bonnie 老师的办公室。

常见的沟通难题：

（1）在现实生活中，大多数人都很难客观准确地认识自己，有人自我评价过高，有人自我评价过低。

（2）个体在意志、能力、情感、兴趣和气质等方面千差万别，正是这些差异造就了多样的个性。

【错误表达及提示】

提示：美是多元的，千姿百态是人类社会的本来模样，人人都追求美，但美绝不是千人一面。每个人都是独一无二的，我们应该对美的概念有更为清醒的认知。

【正确做法及提示】

提示：与其节食或花费大量时间、精力追求精致外貌，还不如通过得体衣着、健康生活、文明举动等方面来感染他人。

小结：

（1）在保证身心健康的基础上，尽力而为，把体重、体脂率控制在正常的范围内，自信而快乐地生活，才是最重要的。

（2）要想健康地生活，我们需要做到以下几点：早睡早起，按时作息，尽量不要熬夜；均衡搭配，合理饮食，不要暴饮暴食；适当运动，科学锻炼，不要久坐不动。当然，还要保持健康阳光的心态。

▶ Bonnie 来导航（知识索引营）

扫一扫

▶ Bonnie 理目标（学习目标营）

知识目标

① 了解如何正确认识自我、评价自我、分析自我。
② 掌握自我形象管理的方法。
③ 理解人与人之间的差异。

技能目标

① 能利用九型人格测试增进对自我的了解。
② 能通过恰当的练习逐步接纳不完美的自己。
③ 能不断完善自我。

▶ Bonnie 讲知识（知识学习营）

第一节
// 认识、评价和分析自我 //

要很好地与他人沟通，应当先学会与自己沟通，也就是自我沟通。自我沟通就是自己与自己对话，通过自我知觉、自我反省、自我激励及自我批评，实现自我认同，保持内心平衡。自我沟通的过程是正确认识、评价、分析自我的过程，也是认识自我、提升自我和超越自我的过程。

一、正确认识自我

认识自我是对自己及自己与周围环境关系的认识，包括对自己存在状况的认识，对自己身体、心理、社会特征等方面的认识。正确认识自我就是指一个人对自我的认识与自我的实际情况相符，能够正确、全面地认识自己的优点和缺点，能够客观、准确地认识自我与集体、自我与社会的关系，能够用全面、发展的眼光看待自己，不断完善自己。

每个人都有优点，这是毋庸置疑的，如很少发脾气，就是个优点。当然，人无完人，每个人肯定都有缺点，如时间观念不强、做事总是拖沓等。每个人都有优点和缺点，也都有优势和劣势。优缺点是人的特质的一种表现，而优劣势则是相对于其他人而言的。正确认识自己的优缺点和优劣势是很有必要的，往往能够让我们避开一些错误的选择，但在很多情况下，我们都没能正确地认识自我，甚至给自己贴上一些错误的标签。

我们应该多关注自己的优点和优势，用欣赏的目光来看自己，因为只有先看得起自己，才能正确认识自己。只有正确认识自己的优点和优势，我们才能对自己充满信心，大胆迎接工作和生活中的各种挑战；同时我们也要辩证看待自己的缺点和劣势，并通过自己的努力，不断改正缺点、弥补劣势，完善和提升自己，争取将缺点变为优点、将劣势转化为优势。如果只看到自己的缺点和劣势，你必将消沉悲观、自卑自弃、一事无成。另外，我们也不能用自己的长处去和别人的短处相比，那样会让我们沾沾自喜、盲目自大、迷失自我。

因此，要想正确认识自己，我们就要既看到自己的优点和优势，也看到自己的缺点和劣势。只有正确地认识了自我，我们才能正确地认识他人，才能与他人展开有效的沟通。

二、正确评价自我

认识自我是评价自我的前提，只有正确认识自我，才能正确评价自我。评价自我，也称自我评价，是对自己的思想、愿望、行为和个性特点的判断和评价。一个人如果能够正确、如实地评价自己，就能正确地对待和处理个人与他人、个人与集体、个人与社会的关系，这也有利于其在工作和生活中发挥自己的作用。

在现实生活中，由于成长经历等，一部分人很难客观、准确地认识和评价自己。有

23

的人可能认为自己无所不能，自我评价偏高；有的人则十分在意周围人对自己的评价，他们经常低估自己，总是拿自己的短处和别人的长处进行比较，自我评价严重偏低。不客观的自我评价自然会影响学习、人际交往、生涯规划等重要的人生课题。实际上，一个人的自我评价结果与其自信心的强弱是有关系的。自信心强的人能够比较客观地看待自己的优点和优势，做出相对较高、较正面的自我评价；而自信心不足的人则会放大自己的缺点和劣势，做出相对较低、较负面的自我评价。

我们可以综合直接和间接的自我评价，使得自我评价更加立体、全面和客观。

要做出直接的自我评价，我们可以通过自我观察、反思等方法认识自己的身心健康情况、性格特点、兴趣爱好、认知水准、能力特长等，有意识地通过写日记等方式记录内心活动、情绪体验，评价自己的个性和行为；也可以利用标准化问卷测试自己的人格类型、智力和心理健康水平；还可以回顾自己在不同成长阶段、不同领域取得的成绩，分析自己的优缺点。

间接的自我评价是指通过将自己与他人，特别是同龄人相比较来加深对自己的了解，从而发现自我评价的盲点和错误。比如，有的人可能五音不全，但却有着超强的组织能力；有的人也许不解数字之谜，但心灵手巧；有的人或许记不住外语单词，但有动听的声音。需要注意的是，我们在将自己与他人进行比较时，要突破思维定式，不要总拿自己的短处和他人的长处比较。

每个人都应肯定自己的价值，在这个世界上，任何人都是独一无二的，都有存在的意义，没有一个人是卑微、无用的。每个人都应把自己放到一个合适的坐标系中去审视自己，把小我嵌入社会这个大系统中，去发现与创造自己的价值，去牢牢把握人生中的每一次机会。

知识卡片

三、正确分析自我

分析自我是指对自我进行理性、深刻、全面的剖析与研究，开展相关逻辑上的分析，得出分析结果，制订相应的对策，从而不断地完善自我。

只有正确地认识自我、评价自我，才能正确地分析自我，才能更准确地找到自己的定位。分析自我，首先要有客观的态度，态度是否端正、客观直接影响分析的结果是否真实、有效。还可以请了解和熟悉自己的人来参与分析，这样分析的结果会更准确。分析自我包括以下几个方面，一是可以从自己的性格着手，性格外向的人和性格内向的人在各方面的区别还是很大的；二是可以从自己的成长环境着手，父母、朋友、老师等都会影响自己的成长；三是可以从自己的专业或职业着手，来检验自己的特长和优势到底是什么。

分析自我的方法有很多，包括橱窗分析法、自我测试法、SWOT 分析法及九型人格分析法等，其中九型人格分析法在近些年备受推崇。九型人格是指将人格清晰简洁地分为完美型、助人型、成就型、自我型、理智型、忠诚型、活跃型、领袖型、和平型 9 种类型。每种类型都有鲜明的特征，比如完美型的人往往对自己和别人要求很高，习惯反省自己，事事追求完美。和完美型的人沟通时，必须态度端正、逻辑缜密，这样才能获得他们的认同。这 9 种人格类型本身并没有好坏之别，只不过不同类型的人回应世界的方式具有可被辨识的根本差异。九型人格分析法是一种精妙的性格分析工具，有利于个人深入了解、正确分析自己，从而有助于个人成长、关系处理和人际沟通。

理解人与人之间的差异

人与人之间的差异不仅体现在男女长幼、高矮胖瘦、黑白美丑等比较直观的方面，而且也体现在思想品德、性格特点、个人修养、为人处世等比较隐性的方面。这些差异形成的原因一方面是遗传基因各有不同，另一方面则是每个人的生长时代、生存环境、成长道路、所受教育及自身努力千差万别。也正是因为这些差异的存在，才形成了形形色色的人，才有了鲜明多样的性格和人格。

一、人的性格类型鉴别

性格是一个人区别于其他人最鲜明、最重要的个性特征的总和。性格是在社会生活实践过程中逐步形成的，是人在生活中所形成的对周围现实的一种稳定态度，以及与之相对应的行为习惯。了解了一个人的性格，就能明白该如何与之相处，也就基本能够清楚他的人际关系情况。那么，在人际交往中，我们应从哪些方面了解一个人的性格呢？

（一）交往意识

并不是每个人都喜欢与他人交往，性格不同的人有不同的交往意识。有的人性格外向，主动性强，喜欢并擅长与人交往；有的人性格内向，喜欢独处，不愿意也不善于与人交往；有的人则不刻意去主动交往，也不拒绝被动交往。

喜欢并擅长与人交往的人，几乎都不拘小节，和任何人都谈得来，让人觉得容易接近，甚至刚刚见面就能像认识多年一样与之轻松相处。有些不太喜欢主动与人交往的人，并非不喜欢交朋友，而是因为感情细腻、害怕受伤，他们认为越是关系亲近的人往往越会给自己带来伤害。有的人不轻易和别人交往，或在与人交往时比较慢热，他们需要用较长的时间去观察哪些人适合做自己长期交往的对象，因此，他们在认识之初会对别人抱有戒心，甚至看起来有点难以相处，但一旦跟别人成为好朋友，就会非常信任对方且重情重义。

（二）交往动机

交往动机是在交往需要的基础上发展起来的一种社会性动机。在交往动机的作用下，人们进行交往活动，以满足现实需要。交往动机主要包括以下几个方面。一是亲和动机。亲和动机，基于人们害怕孤独的心理和与他人在一起的愿望，是人们寻求、建立、发展友谊的动力。亲和动机强的人，对朋友、家庭、群体充满了向往，渴望与他人建立深厚的情感，渴望成为某个群体中的一员。二是成就动机。成就动机是人们希望从事对自己有重要意义、有一定困难、具有挑战性的活动，并希望在活动中取得圆满的结果和优异的成绩，从而超越他人的动机。成就动机强的人，为了取得事业的成功，乐意与人交往、与人合作，具有强烈的竞争意识。三是赞许动机。赞许动机是指交往的目的是得到对方的鼓励和称赞，获得心理满足的动机。赞许动机实质上是一种取得成就和得到同伴、组织及社会的认可、尊重、赞扬的需要，会促使人们为了得到他人或集体的肯定、赞赏而更加努力地付出。

25

不同性格的人，交往动机一般也不同。有些人的交往动机明确，他们试图从与他人的交往中获益；有些人则无明确的交往动机，纯粹想与他人建立关系；有些人与他人的交往，则完全受情绪的影响。

（三）交往方式

交往方式即人际交往的形式，它是交往能力与交往关系的统一体。在前现代社会，人们的交往空间和范围非常有限，交往方式有很大的局限性，人与人之间的交往主要是面对面交往和书信往来。这种基于落后的交往手段的交往方式以人的依赖关系为主要特征，是封闭的、地域性的。进入现代社会后，信息化的交往手段使人们的交往空间和范围无限扩大，交往方式也表现出虚拟化、多元化、便捷化等特征，特别是手机（视频通话、语音通话、短信）和互联网（电子邮件、网络论坛、博客等）的普及和运用，使交往方式由依赖人或物走向依赖信息和知识。性格外向的人，一般适应能力也比较强，对于新的交往方式能很快熟悉并迅速掌握相关的技能；性格内向的人，可能适应能力相对较差，对于新的交往方式则不容易接受，难以在短时间内掌握相关的技能。

（四）交往对象

交往对象可以分为几类关系人群：血缘关系人群，包括家人和亲戚等；地缘关系人群，包括邻里、同乡等；业缘关系人群，包括领导、同事及在工作中有往来的其他人等。

物以类聚，人以群分。不同性格的人，其交往对象一般有所不同。有些人有特定的交往对象和特定的交往范围，如局限在血缘关系人群或地缘关系人群，而较少扩展到业缘关系人群；有些人的交往对象主要是对自己有好感或喜欢自己的人，能够比较顺利地扩大交往范围，不局限于几类关系人群中的某一类；有些人的交往对象主要是能与自己在感情上产生共鸣且能保持长期交往的人，交往范围狭窄；有些人选择交往对象时在很大程度上会受到情绪的影响，同时也容易随自己的情绪变化而频繁更换交往对象。

（五）交往进程

心理学家奥尔特曼和泰勒认为，良好人际关系的形成和发展，从交往由浅入深的角度来看，一般需要经过定向、情感探索、感情交流和稳定交往4个阶段。

不同性格的人，对交往进程的掌控一般也不同。有些人在交往中能自由掌控双方思想情感的发展，并刻意隐藏自己真实的思想情感而不易被对方了解；有些人在交往中喜欢真实地展现自己，能够容忍对方的缺点，甚至原谅对方的过失，自己的思想情感容易得到对方的理解，双方的友谊能稳定发展；有些人在交往初期因感情基础薄弱容易感到压抑或胆怯，友谊发展缓慢，但会随着交往的深入而逐渐成熟；有些人易受情绪的影响，在交往中经常遭受挫折，很难与他人建立持久和谐的人际关系。

二、9种不同的基础人格

九型人格包括完美型、助人型、成就型、自我型、理智型、忠诚型、活跃型、领袖型与和平型。

（一）完美型

完美型的人是完美主义者，他们眼中的世界总是有太多的不完美之处，心中的自己也有很多缺点，他们希望能够改善这一切。他们对完美的追求甚至到了苛刻的地步，哪怕已经取得了 99% 的成绩，他们眼里看到的还总是那 1% 的不足。他们的人生信条是："没有最好，只有更好！"

（二）助人型

助人型的人是典型的助人为乐者，他们时刻关注他人的感受及情绪变化，习惯主动采取行动去帮助、关爱他人，以满足他人的内心需求。他们也会应他人要求来改变自己的言谈举止，以迁就对方。在他们眼里，他人的需求比自己的需求更重要，为了满足他人的需求，他们甚至可以牺牲自己的一切。他们能通过帮助他人的方式来获得他人的认同。

（三）成就型

成就型也称成功型，这类人是典型的实干主义者。他们有较强的竞争意识，把人生看作一次赛跑，并要求自己必须有优异的表现。他们认为，一个人的价值是以其取得的成就和相应的社会地位来衡量的。他们重视效率，追求成功，十分善于表达自己的想法，他们对周围的人也有强烈的示范和激励作用，使他人产生成就大事的动力和能量。他们总是关注目标，做任何事情都要有明确的目标指引，绝对不做无意义的事情。同时，他们十分注重形象，常常把形象看得比生命还重要。

（四）自我型

自我型的人是典型的浪漫主义者，是天生的艺术家，是兼顾创意和美感的人，对生活充满热情，并表现出优雅的气质和较高的品位。他们容易被真善美、不寻常及怪异的事物吸引，喜欢透过事物的表象去寻找深层的含义。他们对自己关心的事物表现出好奇和热情，根据自己的喜恶做决定。在别人眼中，他们可能像情绪强烈的悲剧演员或爱管闲事而刻薄的评论家。他们渴望别人多了解其内心感受，但又总是认为这个世界上没有人能真正明白他们。

（五）理智型

理智型的人喜欢思考，追求知识，渴望比别人知道得多、懂得多，希望了解身边一切事物的原理、结构等。他们喜欢做有深度的人，喜欢安静、独处，常给人以冷眼旁观和不懂人情世故的感觉。他们十分注重内心世界和私人空间，希望自己成为思想者。在他们看来，精神上的思考比行动更为重要。他们认为世界是复杂的，外部事物会侵犯自己的隐私，人们只需要躲在私人空间里，就可以认识外部世界，也可以保护自己、回归自我。

（六）忠诚型

忠诚型的人踏实认真、尽忠职守、遵守纪律、温和善良、谨慎保守，但又固执己见、消极抱怨、焦虑担忧、怀疑犹豫，是最为矛盾的一类人。他们既渴望得到权威的指导，却又不可遏制地怀疑权威。他们很善于处理危机，因为他们大脑中保存了各种危机处理的备选方案。他们没有把控感，缺少安全感，遇到困难总是倾向于退缩。如果和忠诚型的人沟通，说话一定要精确而实际，避免似是而非；不要批评和指责他们的多疑和恐惧，避免与他们硬碰硬而激化矛盾；做一个言行合一的人，才可能取得他们的信任。

（七）活跃型

活跃型的人生活态度乐观，喜欢不断寻找快乐、感受快乐，喜欢追求新鲜感、追赶潮流，不喜欢承受压力，害怕负面情绪，不思进取，缺少坚强的意志和奋进的勇气。活跃型的人喜欢侃侃而谈，但是很少注意谈话的方式和策略，也不顾及对方的感受，以为不拘小节是一种潇洒，是一种成就大事的气派。他们只愿为自己的感官快乐而奋斗，不愿为他人的幸福而付出，大多唯利是图、损人利己。

（八）领袖型

领袖型的人希望依靠自己的实力来主宰生命与世界，并且喜欢控制身边的一切人和事物。当处于优势时，他们毫不掩饰自己的王者风范；当处于劣势时，他们也不放弃积蓄力量，等待时机反击。他们霸气十足且有勇有谋，希望掌控一切。他们的人生信条是："一切听我的。"

（九）和平型

和平型的人是和平主义者，也是随时都想调停矛盾的人。为了追求和谐，他们不惜牺牲自己的意志，成为跟随者和没有主见的人。他们对于和谐的渴望非常强烈，他们害怕冲突，认为自己的意见微不足道。他们不懂拒绝，也很少坚持己见。他们的人生信条是："为了和谐，我愿意把自己忘记。"

知识卡片

第三节
接纳不完美的自己

接纳自己，是人生的必修课。接纳自己的平凡，接纳自己的普通，接纳自己的性格，是人生的大智慧。学会接纳自己，才能以一种更加自然和自信的状态去接纳他人；学会接纳自己，尤其是接纳不完美的自己，才能真正认清自己、改变自己、成就自己。请接纳不完美的自己，因为不完美本身就是生命的底色。

一、完美主义背后的匮乏感

人们总是感觉自己的工作和生活中存在这样或那样的不足，这种感觉驱使人们不断争取在工作中做出更亮眼的成绩以期待晋升职务，不断争取加强锻炼以拥有完美的身材，不断争取打扮成最时髦的样子以挤进所谓的时尚社交圈。这种感觉让人们总是忽略和忘记自己已经拥有的一切和身边那些正在顺利推进的事情。

人类的心理可以被视作一个以"发现资源短缺"与"寻找新资源"为核心关注点的操作系统。当人们找到相应的资源来弥补感知到的空缺时，系统会瞬间释放多巴胺，以刺激大脑并使之感到愉悦。当圆满完成一项工作任务、成功减重两千克、买到心仪已久的球鞋时，人们通常会觉得异常激动与兴奋。但这种感觉并不会持续太久，只能让人们在很短的一段时间内获得某种程度的满足。当满足感消失、匮乏感重来时，人们便又要进行新一轮的"狩猎"与"采集"了。

进化心理学与精神学的研究成果表明，几乎每个人都会渴望得到来自他人的爱、认可和尊重，并且都试图通过提升自己的吸引力或名望来保障此类需求得到满足。人们的追求越来越高、越来越多，人们不断提高对自己、对同事、对伴侣的期待，以至于有些期待已经到了无法企及的程度。所有"已经够好了"在与理想状态的对比之下都变得"不够好"，人们总会在实现了一个心愿与目标后马上想到"还有更好的"。"无限可能"的时代制造出了一种幻象，这种幻象驱使人们无限地去创造可能，最终形成永不满足的心理状态，这便是完美主义。

二、羞耻心是把双刃剑

羞耻感是一种令人极度不适的感受，会让人觉得自己可能或容易受到攻击与伤害。人们会害怕因为做了丢脸的事而被排斥、被侮辱或被惩罚；会觉得自己出了洋相，遭人鄙视，甚至有可能被群体孤立；会觉得在他人眼中自己毫无魅力可言，甚至是面目可憎的异类。

羞耻心有它特定的功能。当有人做了为社会所不齿的事情时，这个人便会遭到来自社会的排斥与谴责；而社会所选择的表达排斥与谴责的手段就是让他感到羞愧。社会在激发人的羞耻心的同时，也在向其发出警告："如果你还想待在我们这个群体里，最好老老实实地守规矩！"实际上，羞耻心就是一种社会性的规范机制，以帮助人们保证自己被他人接受并从属于特定的群体，这种群体归属感是人类生存的基础。

羞耻心既使人感到羞愧又使人感到痛苦，于是人类在进化过程中自动发展出了某些具有保护性的应激行为，以确保自己不至于再次陷入蒙羞的境地。

无论是羞耻心，还是因羞耻心产生的保护性反应，都可能会让人患上心理疾病。在社会生活中，对遭到社会排斥的担心对我们的影响远远超出了我们的想象。我们在感到羞耻时，往往也意味着我们正在对自己做评价、下结论。如果不小心搞砸了一件事或犯了错，我们可能会条件反射式地想：这个错误又暴露了我的本性。而实际上，这个错误只是一种有失准确度的反常行为，它受一系列不可控因素的影响，并不完全受个人的主观控制。

三、错误是通往新发现的大门

错误是整个世界的有机组成部分，有谁曾见过完美无缺的生命体吗？从进化的角度来说，基因突变都算是一种错误。可这种错误是既美丽又必要的，因为只有基因发生突变，才会进化出不同的物种及物种的新特征。如果没有基因突变这种错误，那么很多物种或许早已无法进化，彻底不复存在了。正是有了错误的存在，才使得各种新事物、新发现成为可能。

犯错是成长的必经之路。当然，有时这是一个充满伤痛的过程。人们常常因为没有处理好犯错所带来的羞耻感而陷入无法疗愈的恶性循环之中。我们没有深入探寻错误为何发生，也没有给自己时间去悼念错失的一切，只是一味地试图掩盖、排解内心的伤痛，或者干脆把责任推给别人。

只有当我们真正从心底承认了自己的不完美，亦即犯错的可能，这份坦诚才会将我们引向有治愈效果的悔意，才会让我们跟自己、跟别人达成和解。到目前为止的人生经历中，你通过错误学到了什么？若之前真的一直一帆风顺，你将来有可能会在哪些地方摔跟头？

　　我们在承认"人非圣贤，孰能无过"时，并不是在美化错误带来的伤痛与后果，而是要通过不同的角度重新审视它们。你果真该为这个错误负责吗？是不是可以允许自己从中学到某些道理呢？当我们能够从错误中学到东西时，我们才真正为自己的行为负起了责任，也才真正懂得了如何关怀自我。

练一练

　　人都会犯错，可一旦犯了错，就立即严苛地斥责自己、孤立自己，这会让人感到很痛苦。我们经常采取这种方式对待自己，这并非个人的习惯所致，而是缘于人类的天性。但是，我们也可以选择不这样做。我们可以朝自己伸出双手，拥抱自己，让自己感受到被接纳、被关怀的温暖。

　　请做一个小实验。请你先找一个有镜子并且能够让你觉得不受干扰、安全自在的房间，然后请看向镜子里的自己，先不要做任何评价和判断。

　　请看镜子中的自己，给他一个自然的微笑。如果你愿意，也可以在心中大声地向他介绍一下自己："亲爱的 ××，我看见你了。这就是你，一个既有优点也有缺点的普通人。你的优点是……"

　　请你就这样自在地待上一会儿，什么都不想，什么都不盼。在这段时间里，请你暂停与自己的斗争。跟自己达成"停火协议"吧，就这样自在地做自己，做一个完整的人，而不是一个只有一半的人。你要知道，不完美才是美。请用这样的态度仔细观察一会儿镜子中的自己。此时，你感觉如何？

四、无条件地接纳自己

　　人们总希望自己变得越来越好，认为自己刚刚、上次、之前都没有发挥出应有的水平，完全可以做得更好。为此，人们会不断地检讨，不断地陷入懊恼和后悔的情绪中，倍感失落、自责。这些情绪是人们烦恼和痛苦的来源，是完全可以避免的。人们要做的就是理解自己、包容自己、原谅自己、接受自己、放过自己。我们只有完全接纳自己，才能让自己活得轻松自在。

　　不完美的那个瞬间已经过去，要学会忘记、放下那个瞬间，不要过分纠结、检讨。放下对自己的要求，放下各种"早知道"的懊悔和检讨，你大可不必担心自己做事情会做不好。相反，少检讨、虐待自己，全身心地投入当前的工作和生活中，你会发现你可以做得更好。

　　你若能这么包容自己、善待自己，那么无论在哪个角落、哪种场合，面对哪种状况，你都可以保持积极向上的心态，给自己和他人带来温暖。

　　请对自己默念：我现在已然是最好的存在，我本来就已平衡，本来就已圆满，一切都刚刚好；发生什么，便接受什么，无须再有一种弥补、改善、追求或取得的执念；我只需要做我自己，自在地成为我本来的样子，真正和宇宙达到平衡、和生命达到同步。

扫一扫

管理自我形象

自我形象也称个人形象，它不仅仅是指一个人的容貌，还是一个人内在品质的外部反映，具体包括外貌（长相、发型、身材等）、体态（坐、立、行的姿态等）、衣着（穿搭等）、谈吐（音色、表情、眼神等）、待人接物（待人热情、主动招呼、经常联系等）等。

一、自我形象的重要性

自我形象关乎自己在人际交往中留给他人怎样的印象，也关乎他人对自己会有怎样的评价和看法。因此，自我形象在人际交往中有着十分重要的地位。

（1）自我形象真实地体现了一个人的教养和品位。当一个人衣冠不整地出席某正式场合时，别人就会认为他没有教养和品位，自我形象差。

（2）自我形象客观地反映了一个人的精神风貌与生活态度。如果一个人总是蓬头垢面的，这恐怕很难让别人相信他是个积极向上、热爱生活的人。

（3）自我形象如实地展现了一个人对交往对象的重视程度。一般情况下，一个人对交往对象越重视，就越会注重自我形象。换言之，一个人若是毫不修饰自我形象就去和他人见面，这意味着他对交往对象可能不够重视。

（4）自我形象在一定程度上代表一个人所属组织或单位的整体形象。在工作场合，有特定职业和身份的人一定要注意自我形象，因为他们的自我形象不仅代表他们自己，更代表他们所属的组织或单位。

31

二、自我形象六要素

自我形象主要包括6个方面，也就是我们常说的自我形象六要素。

（1）仪容，是指个人形体的基本外观，重点指人的面部容貌。我们与人交往时，要做到仪容整洁，可对仪容进行适当修饰。

（2）表情，通常指一个人的面部表情。与语言相比，表情往往会产生"此时无声胜有声"的效果，能够更传神地表达一个人的真情实感。我们在人际交往中，表情应亲切、友好、自然。

（3）举止，是指人的肢体动作。人的举止称为"形体语言"，能够真实、准确地反映人的心理活动。在人际交往中，我们要避免就座时跷二郎腿或用手指指人等不文明、不优雅的动作。

（4）服饰，是人们穿着的服装和佩戴的首饰的统称。一个人的服饰不仅体现了其审美品位，而且也充分反映了其修养。着装要遵循 TPO 原则，即不同时间（Time）、不同地点（Place）、不同场合（Occasion）应穿戴不同的服饰。

（5）谈吐，是指一个人的言谈话语。常言道："言为心声。"一个人的谈吐，除了可以传达思想、情感外，还可以表达对交往对象的态度。在人际交往中，我们要格外注意自己的谈吐，时刻注意使用规范的尊称敬语与礼貌用语。

（6）待人接物，是指一个人与他人相处时的表现，是一个人的世界观、人生观、

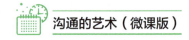

价值观及智商、情商的重要体现。待人接物要做到严格自律、尊重他人、遵守规则，同时还要把握分寸，既不能太冷淡，也不宜热情过度。

三、自我形象管理的方法

加强自我形象管理，有助于提升自信心，使自己保持良好的精神状态，也有助于与他人交往，促进人际关系的发展。

（一）自我了解，自我悦纳

1．照镜子

我们可以在每天早上一边洗漱一边照镜子，通过端详镜子里的自己来调整自己当天的状态。我们应始终保持一颗爱美之心，认真对待自己，诚恳对待他人。

2．自查自省

曾子曰："吾日三省吾身"；海涅也说过："反省是一面镜子，它能将我们的错误清清楚楚地照出来，使我们有改正的机会"。我们应经常审视自己的思想和行为，见贤思齐、查漏补缺，不断完善自己。

3．以人为镜

古人说："以人为镜，可以明得失。"别人的言行举止，必定有值得学习的地方。学习别人好的方面，使自己好上加好；看到别人的不足，就反省自己有没有同样的缺点，如果有，便加以改正。这其实也就是孔子说的："三人行，必有我师焉。择其善者而从之，其不善者而改之。"

4．自我肯定

我们可以经常对自己进行积极的自我暗示，重复一些肯定自我的话语，如"我很棒"，来逐渐抵消头脑中已有的消极想法，如"我不行"。自我肯定有助于我们不断提升和突破自我，充分发挥自己的潜能和力量。

（二）自我管理，自我控制

1．目标管理

目标管理是一种通过制订具体、可行的目标来实现自我控制的管理方法，就是让自己的工作、生活有明确的方向。对于大学生来讲，目标管理尤为重要，大学生应着重制订事业目标和人际关系目标。事业目标关乎职业发展路径和相应的职业目标，如将来准备往行政管理还是专业技术方向发展、在多长时间内要达到怎样的职业高度等。人际关系目标就是处理好与各类人的关系，多沟通、多表达，与家人、朋友、领导、同事建立良好关系。

制订目标需要把握以下几点：一是目标一定要结合个人的优点，围绕个人的长处来制订，争取把个人的潜在优势转化为现实优势；二是目标必须具体可行，不能过于宏大而失去可操作性；三是目标要适中，不要定得过于高远，如果远远超过自己的能力水平，那么目标就会成为空中楼阁。

2．时间管理

时间管理就是通过事先规划并运用一定的技巧、方法与工具实现对时间的灵活及有效运用，从而实现个人的既定目标。实际上，时间管理并不是管理时间，而是管理我们自己，知道自己在相应的时间内该做什么、不该做什么。在大学期间，大学生要处理好读书学习和休闲娱乐的关系，不虚度光阴，借助当下良好的教育条件来获取更多的知识、提升能力素养。大学生要学会管理好两类时间：一是他控时间，如学校安排上课、实践或其他活动的时间；二是自控时间，即自己可自由支配的时间。

史蒂芬·柯维博士在《高效能人士的7个习惯》中提出了著名的时间管理矩阵，把人们所从事的活动按照重要和紧急两个维度分到4个象限中。他认为，大部分人每天都在应急，疲于奔命，却没有专注于重要的事，抽不出时间来做真正重要的事情。他强调，人们应以原则为中心，正确认知自己的目标和使命，兼顾重要性和紧迫性，合理安排好自己的时间，在正确的时间做正确的事情。

3．学习能力管理

学习主要有两大类：一类是以知识为中心的学习，以通过考试或科学研究取得成果为目的，强调对各类知识的理解、记忆和归纳；一类是以自我为中心的学习，就是学习如何解决自己的问题、提升自己的能力等。管理学习能力，是一个见效较慢的过程，但却是回报较高的一项投资。要管理学习能力，我们可以从提高内化和应用知识的能力、分析和整理信息的能力、追问和反思的能力这3个维度入手，学会建立自己的知识体系，达到知行合一。

大学是人生的重要阶段和黄金时期，各类专业知识需要学习与掌握，这很考验大学生的学习能力尤其是自主学习能力。大学生一定要爱学习、会学习，有明确的学习目标、有自己的学习方法，努力学好专业知识，提升专业技能，以良好的自我形象和素养迎接人生的挑战。

4．财富管理

财富管理是一门高深的学问，是检验一个人是否有良好自我管理能力的标尺。有的人没有正确的价值观和消费观，没有合理的理财规划和开支计划，有钱就花、没钱就借，这样将使自我形象大打折扣。进入大学后，大学生有了独立支配手中钱财的机会，但其来源主要是家庭供给。因此，大学生应该树立财富管理意识和主动理财意识，培养正确的金钱观，掌握一些必要的理财常识，形成良好的消费习惯；发扬克勤克俭的传统美德，在做好支出预算的基础上合理消费，该花的钱要花，不该花的钱要尽量避免浪费，把钱都用到刀刃上。

知识卡片

第五节

// 完善自我 //

自我沟通的过程是漫长且曲折的，接纳不完美的自己只是第一步，更重要的是完善自我。人的一生，就是一个"自我否定—自我肯定"不断循环的过程，也就是不断地完善自我的过程。在完善自我的过程中，以下7个习惯是必不可少的。

一、积极主动

积极主动，不仅指行事态度积极，还意味着人一定要对自己的人生负责。人要以

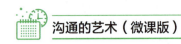

积极的态度来面对现在和未来，而不能让环境和条件决定自己的一切。积极主动，就是让自我发生由内而外的改变，让自己变得更有创造力，然后对环境施加影响并解决问题。

积极主动的人是自己人生的主宰者和创造者，他们对能够改变的事全力以赴，对力不能及的事泰然处之，很少花时间在抱怨和指责上。他们有选择的自由，可以选择做想做的事情、追求想要的东西。

二、以终为始

俗话说，"梦想有多大，舞台就有多大。"以终为始，就是以人生目标作为衡量一切的最高标准，用自己的人生目标来指引自己前行，牢记人生目标并坚持每天都向着这个目标努力，不偏航、不懈怠。

以终为始，对我们的人生有很大的指导意义。想象一下，你想成为一个什么样的人？你希望自己到80岁时是什么样子？你希望自己百年后能为子孙后代留下什么？这些都是人生的"终"。一个人如果能把"终"想明白，那么当前应该做什么、怎么做，即"始"，自然就会慢慢清晰起来。

三、要事第一

要事第一，就是要明确什么是最重要的事情，然后将这些重要的事情优先安排和执行。生活中，我们面对的日常琐事非常多，不能左右的突发事件也时有发生，同时我们还要面对各种诱惑，如果不能坚持要事第一，就不能有效实施时间管理，那么实现人生目标所需的时间则无法得到保证。

一些人做事通常都是巨细不分、"眉毛胡子一把抓"，感觉做了很多事情，又不知道做了哪些事情，每天都疲惫不堪、焦头烂额。而以要事为先的人总是能够按照事务重要性的顺序来安排时间并付诸行动，无论情势如何，他们在工作和生活中总是遵循这个原则，轻易不会改变。

四、双赢思维

双赢，实际上就是一个从对方角度看问题、认清沟通的主要症结和问题、确定双方都能接受的结果、寻找获得这种结果的可能途径的过程。有双赢思维的人把工作和生活都看作合作的舞台而不是角斗场，他们深知合则两利、斗则俱伤。

从本质上说，双赢思维就是要懂得换位思考，换位思考是人际沟通的黄金法则。一般人的思维大多是非此即彼、非强即弱、非胜即败，其实世界之大，人人都有足够的立足空间，他人之得未必就是自己之失，损人也未必能够利己，只有赠人玫瑰才能手留余香。

五、知彼解己

知彼解己，就是说要先去理解别人再去寻求别人的理解，只有主动理解了别人并感同身受，自己才有可能被别人理解。在沟通过程中，不能充耳不闻、装模作样，而要聚精会神、移情倾听、将心比心，这才是进行有效沟通的关键。

倾听不是一件容易的事情。大部分人倾听，并不是为了理解对方，而是为了更好地做出回应。不管是家人、朋友还是领导、同事，或陌生人，都喜欢善解人意的听众，如果你能扮演好这种角色，善于站在对方的角度去倾听他们内心的想法，你就会惊讶于对方毫无保留地向你倾诉。当你完全理解了对方时，你再把你的观点阐述出来，对方肯定也会尽力去理解你。

六、统合综效

统合综效实际上是基于双赢思维的一种整体考量的工作模式，意思就是当两个人团结合作或当人们发挥集体的力量时，产生的效果一定大于个体产生的效果之和，也就是"1+1 > 2"。

统合综效的本质就是求同存异、群策群力，尊重每个人的意见、看法、天赋才能和处事风格，使沟通阻力转化成促使集体释放力量的动力。因此，在沟通中，我们应以双赢为目标，以知彼解己为技巧，以统合综效为交往方式，营造让所有人都能畅所欲言的环境，以更加开放的态度，接受一切奇思妙想，创造出更大的价值。

七、不断更新

世界是不停变化的，任何事物都不是一成不变的，人生同样需要不断更新。不断更新，主要涉及身体、精神、智力和社会（情感）4 个层面。每个层面的更新都很重要，忽视任何一个层面都会对其他层面产生消极影响，因此只有平衡 4 个层面的更新进度，才能取得理想的效果。

不断更新是一个在成长和转变之间螺旋式上升的过程，学习、坚持、实践贯穿这个过程的始终，为了不断进步，我们必须学习、坚持、实践，再学习、再坚持、再实践，不断地升级，不断地挑战，享受人生的每一个阶段，努力成就每个阶段的自我。

📖 **拓展阅读**

《了凡四训》 （作者：袁了凡）

《了凡四训》是明代思想家袁了凡留给子孙的家训。袁了凡以其毕生学识、经历与感悟为根基，谆谆讲授"我命由我不由天"的道理。该书以入世心劝人向善、谋求磊落的生活，堪称一部历久弥新的生活方式手册。扫描右侧二维码查看《了凡四训》摘要。

扫一扫

【本章主要参考书目】

[1] 布莱勒. 自我关怀：让生命强大的必经之路 [M]. 刘晓，译. 北京：北京联合出版公司，2017.

[2] 柯维. 高效能人士的七个习惯 [M]. 高新勇，王亦兵，葛雪蕾，译. 北京：中国青年出版社，2018.

[3] 龙璇. 人际关系与沟通技巧 [M]. 2 版. 北京：人民邮电出版社，2020.

[4] 王耀堂，李逸龙. 九型人格与成长的智慧 [M]. 北京：高等教育出版社，2017.

▶ Bonnie 总要点（知识总结营）

本章首先讲述了认识、评价和分析自我，帮助大家正确地了解真实的自己；然后讲述了人与人之间的差异，帮助大家熟知多种不同人格，提升人际交往能力；接着阐述了接纳不完美自己的重要性，帮助大家学习如何进行自我关怀；最后分享了管理自我形象与完善自我的方法，帮助大家全面提升自我。

▶ Bonnie 带你练（学习训练营）

张伟丽的故事

2022年11月13日，全中国格斗迷的目光都聚焦在张伟丽一人身上，在UFC281中，这位中国女将在第二回合就用锁技击败卡拉·埃斯帕扎，时隔18个月终于赢回了属于自己的UFC女子草量级金腰带。

"我在这里感受到了观众的热情，之前在中国拿（金）腰带，我是中国的伟丽，现在我觉得我是世界的伟丽。"这是张伟丽在赛前就说过的一番话，而如今她拿回金腰带后又说了一遍。"我想和所有人说，每个人都会经历困难和挫折，不要放弃，坚持，一定会实现你想要的。"

扫码查看
完整故事

张伟丽在比赛中尽情宣泄着情绪，过去3年多的时间里，她经历了太多太多。"曾经的我总想着拿金腰带，很在意输赢，想赢怕输，但这些年经历了失利和一些事情后，我慢慢发现，综合格斗会是我一辈子的事业，我可以放下包袱，放下输赢，去享受比赛。"所幸，低谷中的张伟丽没有放弃，她不断自省，也在不断变强。

请扫码查看完整故事，并思考张伟丽的人生经历带给你的启示。

▶ Bonnie 带你行（实践训练营）

扫一扫

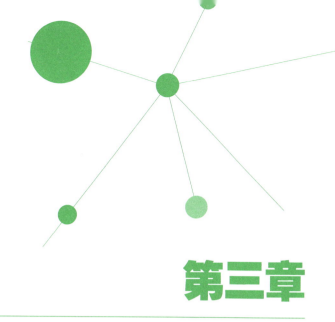

第三章
沟通情绪管理

名人说 任何时候，一个人都不应该做自己情绪的奴隶，不应该使一切行动都受制于自己的情绪，而应该反过来控制情绪。

——奥里森·马登

▶ **Bonnie 说故事**（沟通漫画营）

小圈是瑶妹在大学时的好友，她们每天一起上课下课。有天下课时，小圈因临时有事需要处理，没有等瑶妹就自行离开了。瑶妹很难过，开始对小圈爱答不理，两个人的友情慢慢出现了裂缝。

常见的沟通难题：

（1）沟通过程中，有了误会没有及时说明，有了意见没有直接提出，有了矛盾不能互相认错，心与心之间就有了距离，人与人之间就有了隔阂。

（2）两个人沟通，没有良好的情绪，心里话就说不出来，真心话也听不进去，坏情绪会让沟通变成吵架。

【错误表达】

【正确做法】

小结：

（1）与人沟通时，要尽量避免被对方低落的情绪干扰，同时要站在对方的角度去考虑问题，真诚地表达理解，毕竟谁都有情绪低落的时候。

（2）情绪出现波动时，人们的内心往往也比较脆弱和敏感，依据不同的情境，要特别注意自己说话的方式和口气，以避免刺激对方。

（3）自身的情绪比较低落时，不妨向对方透露一下自己当前的状况，以避免在谈话的过程中，双方在不良情绪的影响下产生距离感，从而影响沟通的效果。

▶ Bonnie 来导航（知识索引营）

扫一扫

▶ Bonnie理目标（学习目标营）

知识目标

① 了解情绪的自我认知、表达与调节。
② 掌握保持正面情绪与管控负面情绪的方法。
③ 理解沟通中的各类情绪。

技能目标

① 能利用情绪调节方法及时调整自我情绪。
② 能通过恰当的情绪管理方法提升与他人沟通的技巧。
③ 能通过写感恩日记等方式享受内心的富足与平和。

▶ Bonnie 讲知识（知识学习营）

第 一 节

‖ 沟通情绪 ‖

人在大多数时候，都会受到情绪的影响。人与人之间的沟通，70%靠情绪、30%靠内容，情绪不对，内容也会被扭曲。如果有一方情绪不好，势必会影响沟通质量，任

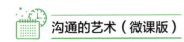
何话语有了不良情绪的"加盟"，都可能造成沟通障碍。情绪关乎的不仅是个人，它最终影响的是沟通双方。对于别人的情绪问题，我们应给予充分的理解；而对于自身的情绪问题，我们则要保持理性。

一、情绪的自我认知

（一）情绪的生理表现

人们在神经生理学研究中发现，植物神经系统对人的情绪变化起主要作用。植物神经系统包括交感神经系统和副交感神经系统。当人们在恐惧、愤怒或剧烈运动时，交感神经系统就会起作用，如加速心脏跳动、促使肝脏释放更多血糖、暂时缓解或停止消化器官活动等，以使人们可以调动全身的力量来应对紧急情况。而副交感神经系统的功能是抑制体内各个器官的过度兴奋，使它们获得必要的休息。

情绪主要有以下几个方面的生理表现。

1. 呼吸

研究表明，人在平静时，每分钟呼吸 20 次左右；人在愤怒时，每分钟呼吸次数最高可达 50 次；人在悲痛时，每分钟呼吸次数降至 9 次左右；人在极度惊惧时，呼吸会暂时中断；人在狂喜时，甚至可能会出现呼吸痉挛的现象。呼气和吸气在不同情绪状态下也有所变化：人在笑的时候，呼气快而吸气慢；人在惊讶时，吸气频率或时长是呼气的 2 ～ 3 倍；人在恐惧时，呼气的频率或时长又是吸气的数倍。

2. 血液循环

人们在惊恐、兴奋等情绪状态下，血液循环会加速，脸会变红，心率会比平时增加 20 次左右，血压也会升高。女性表现得更为明显一些。

3. 皮肤电反应

皮肤电反应是由皮肤电阻或电导的变化造成的，它也是测量情绪的常用指标。比如，当交感神经兴奋时，汗腺活动会加强，汗液分泌会增多，汗液内的盐分就会使皮肤导电能力增强，形成皮肤电反应。

4. 脑电反应

不同情绪状态下，人的脑电图也是不同的，情绪的变化可以通过脑电图测定值表现出来。当人们在紧张或忧虑时，脑电波的波幅降低、波动频率增大，会出现低振幅快波 β 波；当人们在出现病理性情绪障碍时，则会出现高振幅慢波 α 波。

5. 内外分泌腺的反应

人体的内分泌腺有甲状腺、肾上腺和性腺等，外分泌腺有汗腺、唾液腺等。情绪状态的变化会引起各种腺体激素分泌情况的变化。人在悲痛或开心至极的情况下可能会落泪，人们在焦急或恐惧时可能会冒汗，人们在紧张时可能会感到口干等。

（二）情绪体验

情绪体验是指人在主观上感受或意识到的情绪状态，它是有强弱变化的。首先，喜有愉快、欢乐、大喜，哀有伤感、难过、惨痛，怒有不满、生气、激愤，惧有害怕、惊恐、惊骇。情绪体验的强度首先取决于对象对个人所具有的意义，某个对象在个人生活中所占的地位越高、意义越大，引起的情绪就越强烈。其次，情绪体验的强度还取决于个人对自己所提出的要求。老师对一个孩子的消极评价，可能不会使其他老师产生强烈的情绪，但肯定会引起孩子父母的强烈情绪反应。最后，情绪体验的强度也取决于个人的需求状态，饥饿的人和刚吃饱的人对某一食物的气味所产生的情绪体验的强度是不同的。当人处于强烈的情绪体验中时，很难保持理智，也不利于沟通的进行。

情绪体验与活动的紧要关头、有决定性意义的时刻是紧密相关的。在考试、演讲、运动比赛之前，人们都可能体验到紧张情绪。当事物能满足人们的需要时，就会引起快乐的体验；当事物不能满足人们的需要或与需要相抵触时，则会引起不快乐的体验。另外，各种情绪的复杂程度也是很不一样的，有的情绪的成分非常复杂，我们甚至很难用语言来描述它到底是一种什么样的体验。

（三）情绪困扰

现代社会，人们各方面的压力都很大，情绪困扰在所难免。常见的情绪困扰有自卑、焦虑、抑郁、易怒和情绪起伏大等。自卑就是自我评价过低，导致个人行为畏缩、瞻前顾后、多愁善感，严重影响其各方面的正常发展。焦虑就是个人对即将发生的某个事件或情境经常性地感到担忧和不安。抑郁会导致个人无法面对外界压力，体验不到生活的快乐。易怒意味着自制力较差，容易冲动。情绪起伏大，表现为大起大落、大喜大怒的两极性。

有了情绪困扰不要紧，重要的是不能长期深陷其中。每个人可能都有过这样的经历：某天突然回想起过往曾发生的一件不愉快的事情，便会连续几天都打不起精神，闷闷不乐。一个人如果在潜意识中没有"乐观因子"，就很难有效地控制自己的负面情绪且不可避免地会时常处于某种情绪困扰之中。如果这种困扰长期存在，最终会使人身心俱疲。

因此，正确处理情绪困扰对人的身体健康和个人发展都有重要作用。当一个人面对某种情绪困扰时，可以以回忆为纽带，慢慢回味自己曾经体验到的各种情绪，这就是情绪倒嚼。通过情绪倒嚼，一个人可以慢慢变得心平气和。也只有善于思考、乐于冥想、严于自律的人，才能运用情绪倒嚼并达到自我感知情绪困扰、有效处理情绪困扰的最高境界。

二、情绪的自我表达

当我们对自己的情绪有了正确的认知之后，接下来就要学会如何合理、恰当地表达自己的情绪。正确地表达情绪，不仅有利于自己的身心健康，也有利于人际关系的构建和良好沟通的开展。

（一）正确理解和把握表情规则

表情是表达情绪最直观的方式之一，内心的感受往往会通过细微或明显的表情表达出来。表达情绪一般需遵循以下3种表情规则。

1. 缩减

缩减是指将某些情绪的外部表现降到最低的限度。例如，当大家集体观看恐怖片时，为使自己看起来很淡定，有人会尽量保持相对平静的表情；如果换作是自己单独看恐怖片，恐惧的情绪便可能会通过表情彻底地表达出来。

2. 夸张

夸张是指将某种情绪有意突出、放大，以达到自己的某种目的。例如，小孩子受委屈之后，会故意拉着脸、皱着眉、噘着嘴，跑到妈妈面前去诉苦，以夸张的表情求得妈妈的关心。

3. 替代

替代是指某种表情可能会伤害到别人，于是将这种表情掩藏起来，代之以不具有伤害性的表情。例如，多年不见的朋友送了一件自己并不喜欢的礼物，但不宜在朋友面前表露自己的真实情绪，而需面带微笑地向朋友表示感谢。

恰当的情绪表达就是符合表情规则的表达。正确理解和把握 3 种表情规则，能够确保我们的情绪表达符合基本的礼仪规范。除了运用表情来表达情绪外，人们还可以通过其他非语言沟通方式来表达自己的情绪。

（二）清晰、坦诚地表达情绪

很多人不会清晰地表达情绪。例如，同学之间因为一件小事闹得不开心，甲同学问"你还好吧"，乙同学说"没什么啊"，但接下来的几天，乙同学没有和甲同学说话。乙同学的举动说明"我很不好，我不想理你"。这是我们在日常生活中经常遇到的场景，往往很多同学在情绪产生的初期，没有很好地沟通，导致同学情谊破裂。因此，表达情绪的重点就在于你能通过清晰、坦诚地告诉对方你的感受来进行有效沟通。

愤怒、痛苦、失望、厌恶之类的情绪体验会让人不愉快，但承认这些情绪的存在，并以恰当的方式将其表达出来才是最重要的，而清晰、坦诚则是表达情绪最根本的原则。清晰、坦诚并不代表肆意发泄，而是陈述事实，不编造故事；表达自己，不评价别人；讨论感受，不争论道理。清晰、坦诚地表达情绪还要以不伤害他人的自尊心为前提。当别人真诚地向你道歉时，你却扭头和其他人交谈，这样就会伤害他人的自尊心。判断某人是否在清晰、坦诚地表达情绪，你需要注意倾听他的声音及语调变化，需要认真观察他的面部表情，包括不易察觉的撇嘴或皱眉。

三、情绪的自我调节

美国著名心理学家芭芭拉·弗雷德里克森说："我们每天的正面情绪和负面情绪的比例要大于 3∶1，才能维持积极情绪的正循环。"这给我们的情绪调节能力带来了不小的挑战。

情绪的自我调节，不仅涉及负面情绪，还涉及正面情绪。正面情绪需要维持、增强，负面情绪需要减弱、避免。在面对负面情绪困扰时，有人能够很快地摆脱，并在日后的工作和生活中规避这类困扰；有人则会长时间地被这些情绪困扰，这会影响其日后的工作和生活。

维持、增强正面情绪，能够使我们始终保持健康的身心状况，能够使我们保持较好的状态和良好的人际关系，能够使我们拥有干事创业的热情，也能够使我们越来越优秀并创造更大的人生价值。

减弱、避免负面情绪，我们要接纳自己，学会与自我和解，拒绝自我贬低；我们要拒绝内耗，少一些无谓的思辨，不在不值得的人和事上浪费精力；我们要学会宽心，放下那些耿耿于怀的事；我们要停止攀比，不要总和他人比较，应专注于自己的成长；我们要减少依赖，知道没有人会永远做你的光芒，只有自己可以一直照亮远方；我们要储蓄快乐，找到一项爱好；我们要主动倾诉心事，使烦恼减半；我们要多多微笑，笑对人生。

想一想

案例思考：钉子与木板

请想一想，你自己是否有无法控制自己的情绪的问题？从下方的故事（扫描下方二维码阅读）中，你能得到什么启示？

扫一扫

第二节
// 保持正面情绪 //

俗话说："情急百病生，情舒百病除。"情绪对人的身心健康起着非常重要的作用。人的一生，有顺境也有逆境，有欢乐也有忧伤，我们能够在各种环境中都保持正面情绪确非易事。但只要我们掌握了一定的方法，还是能够在很多情况下保持正面情绪的。

一、永怀希望

永怀希望，是人们大胆迎接挑战、创造美好奇迹的一种优秀特质，就是要一直向前看、向上看。人一生的大部分时间都是平淡的，还有不少时间是灰暗的，有些人能以积极的心态看待问题，乐观面对一切，保持心情愉悦；有些人则总是感叹命运不公，认为自己这辈子都不会有美好幸福的生活。当人们面对挫折和困难时，失望和消沉是解决不了问题的，唯有怀着希望，才有可能战胜困难。心怀希望的人每天都拥有一个全新的太阳，时时刻刻都能从生活中汲取前进的动力。

人在任何时候都不应放弃希望，希望是生命的原动力，只要有希望就会有追求，只要有希望就不会害怕贫寒与孤独。

二、常思感恩

居里夫人说过："不管一个人取得多么值得骄傲的成绩，都应该饮水思源，应该记住是自己的老师为他的成长播下了最初的种子。"饮水思源、常思感恩，是每个人都应该做的。常思感恩的人，一般有着自信、坚定、善良等美好品格。常思感恩，能使自己保持健康的心态、美好的品格和进取的信念。

我们生活在一个多层次的社会大环境中，都从这个环境中获得了一定的生存条件和发展机会，我们应该感恩。感恩是学做人的起点，世界因感恩而和平安定，人生因感恩而绚丽多彩，家庭因感恩而幸福快乐。常思感恩，说明一个人对自己与他人、社会的关系有正确的认识。在感恩的氛围里，人们对待任何事情都能够平心静气，可以认真务实地工作和生活，能够正视错误和互相帮助，可以维系良好的人际关系。

三、宽以待人

作家亦舒说过：一个成熟的人往往发觉可以责怪的人越来越少，人人都有他的难处。这句话实际上就是告诉我们要宽以待人。宽以待人就是待人处世要宽厚、宽容，它讲的是一种心胸，也是一种格局，更是一种积极的能量。待人犹如器之容水，器量大则容水多，器量小则容水少，器漏则上注而下逝，无器者则有水而不容。

"千里家书只为墙，让他三尺又何妨。"只有宽以待人，才能以积极的心态来面对纷繁复杂的人间百态，才能和不同性格、不同脾气的人融洽相处，才能虚心接受别人的批评。宽以待人，能让我们摆脱不满、愤恨等负面情绪，让我们的生活变得简单平和，给别人以宽容也就是给自己以宽慰和解脱。宽以待人，善待他人，理解他人的苦衷和难处，包容他人的不足和缺点，及时化解彼此间的矛盾和误会，对于施者和受者都是精神上的一次放松，也能够为自己赢得人心、赢得尊重。

四、充满自信

天生我材必有用，每个人都应该充满自信。自信是自我认知的重要一步，拥有自信的人更容易保持正面情绪。自信可以化渺小为伟大、化平庸为神奇，能够使平凡的人做出不平凡的事业，能够让自己的人生充满无限可能。自信的人眼神坚定、走路带风、气场强大，即便站在那里什么都不说、什么也不做，也会让人产生敬畏之心。

除了丧失人格以外，人生最大的损失，莫过于失去自信了。许多人一事无成，就是因为他们妄自菲薄，低估了自己的能力。自甘平庸，是人生的灾难，更是人生的悲剧，而导演这场灾难和悲剧的可能正是我们自己。我们只要相信自己，那么不论多么艰巨的任务都有可能完成；反之，如果我们对自己缺乏信心，即使是最简单的事，也可能会成为一座无力攀登的险峰。

知识卡片

五、饱含热忱

热忱就是热情，它是人内在的一种精神特质，是一种积极的心态，是一个人矢志前行的重要力量源泉。热忱能够激励一个人对工作和生活采取更加积极的行动。只要不失热忱，脚下就会不失前行的力量，你也就能体会到山河浪漫、人间温暖。

哀莫大于心死，说的就是心中热忱的消亡。一个没有热忱的人，就像一辆没有燃料的汽车，是永远不会前进并到达目的地的。人一旦失去热忱，便会浑浑噩噩、碌碌无为，郁郁寡欢、忧心忡忡。

六、淡泊宁静

古人云："非淡泊无以明志，非宁静无以致远。"淡泊，不是无欲无求，不是对人间万物的否定；宁静也不是无所作为，不是没有任何追求。淡泊宁静是思想经过历练后到达的一种崇高境界，是不容易练就的一种修为和素养。

淡泊宁静，才能学会满足，学会放弃，学会开心快乐；淡泊宁静，才能理解别人，善待自己，享受生活；淡泊宁静，才能不去在意别人的评价，避免活在别人的言论里。淡泊宁静本质上就是保持平常心，就是不为名利所牵累，能在平淡的生活中感受到人生的意义。

要做到淡泊宁静并非易事。一些人或贪恋于世间的荣华富贵，或深陷于生命的七情六欲，或执着于个人的荣辱得失。形形色色的欲求让他们迷失了本心与本性，无法安心找寻生命的真谛所在。因此，我们在任何时候，都要清楚自己真正想要的是什么，并且要学会保持平和的心态，才不至于陷入大起大落的情绪状态，才能以更加豁达、敞亮的心态看待人生的荣辱得失。

知识卡片

第三节
管控负面情绪

人的一生几乎不可能一帆风顺，我们总会遇到一些低谷。如果我们不反抗，任凭负面情绪的阴霾肆意吞噬自己，那么我们就只会被焦虑和忧愁持久纠缠。我们与其自暴自弃，不如想办法来管控这些负面情绪。

一、接纳自己

瑞士的心理学家荣格说："对于普通人来说，一生中最重要的功课就是学会接纳自己。"而真正优秀的人，都能接受真实的自己。

（一）认识你自己

"认识你自己"就是要认识自己的特性和价值，增强自信心。世上没有两片相同的树叶，也没有两个完全相同的人。每个人都有自己的特点，而非一个模糊不清的抽象物。我们只有充分认识自己的个性特点，才能把握自己、展现自己、改变自己，并和自己和谐相处，去创造人生的事业，去享受幸福快乐的生活。因此，只有把"自己"的问题弄明白，我们才能明确人生的方向和目标，担起人生的使命和责任。

（二）失败不可怕

有的人一旦遭遇困难、挫折或失败，就会长吁短叹、消沉绝望，甚至全面否定自己。失败本身就是伤害，如果因为失败再让自己情绪失衡，更是得不偿失。每个人都会失败，这是人生不可避免的。我们不要责怪自己，更无须放大自身的缺点与不足，而应该多发现与挖掘自身的闪光点。比如，语文学得不好，也许英语学得很棒；学习不够好，也许篮球打得不错；脑子不够聪明，也许心地很善良。不要低估自己，每个人都有无限潜能。

（三）训练钝感力

对外界刺激保持一定的敏感度，这是正常且必需的，但过度敏感就不可取了。过度敏感的人比较脆弱，也更容易产生自卑情绪，他人不经意的一句话或一个动作，都会引起他们的猜疑、不安或惶恐。训练钝感力，实际上就是培养一种心态，也是培养一种能力：一种快速忘却不愉快的能力，一种接受失败继续挑战的能力，一种坦然面对一切的能力。不要想太多，不要把他人的讽刺、嫉妒、中伤放在心里，所有令人不快的人和事都会随着时间的推移而消散。我们要时刻察觉自己的情绪，当陷入负面情绪的旋涡时，要强制按下暂停键，用行动来转移注意力。

（四）自信的人最美丽

相信自己能，便会攻无不克，不能每天超越一个恐惧，便从未学会生命的第一课。一个人最大的敌人就是不自信，当自己都不相信自己，将自己的勇气和信心都锁进心里的时候，我们就会离自己的梦想越来越远。我们要自信起来，按照自己设定的人生目标砥砺前行；我们要暗示自己"我能行"，将身体最深处的潜能激发出来，成功突破自我。在这个世界上，没有什么事情是不可能的，只要我们敢想、敢试、敢做，那些看起来遥不可及的"不可能"也可能会被我们彻底征服。

二、清除焦虑

面对焦虑时，如果我们能够活在当下，卸下思想包袱，轻轻松松地生活，同时直接采取行动，焦虑就会得到缓解，并最终被清除。

（一）活在当下

古希腊学者库里希坡斯曾说："过去与未来并不是'存在'的东西，而是'存在过'和'可能存在'的东西。唯一'存在'的是现在。"过去的生活已经过去，不可挽回，不能重来；明天还未到来，不可预见，不能彩排。活在当下，就是把关注的焦点集中到正在做的事、目前待的地方、和你一起工作或生活的人上面，全身心地去接纳和体验这一切。倘若总是沉浸在过去的美好或痛苦中，或总是一味期待明天会更好，而对眼前的一切视若无睹，那么你会很难感到快乐；全神贯注于当下的人和事，快乐便会不请自来。毕竟，昨日已成历史，明日尚不可知，只有"现在"才是我们应该珍惜和把握的。

（二）轻轻松松

南怀瑾曾说，看世界上的任何东西，要轻松不要严肃。尤其是眼睛要会看东西，一般人看花，看风景，看到好的花就把眼神盯到花上去，其实这样错了。看花，我们要把花的精神收到我的眼神里来。看山水，我们要把山水的精神收到我的眼神里来。不要把自己的精神放到山水，放到花上，这样才能深入地去理解道法作用下最本质最基础的精神内敛。

我们也常说，身安不如心安，屋宽不如心宽。当前，竞争越来越激烈、工作节奏越来越快、生活压力越来越大，我们要学会拿得起，也要学会放得下，放下才能放松，放下才能放过自己，减轻自己的压力。我们要清除自身的焦虑，卸下思想包袱，一身轻轻松松，人生将会幸福无比。

（三）采取行动

在很多情况下，焦虑都是我们自己把问题想得过于糟糕的结果。本来一件很简单的事，我们却要思虑很久，彷徨、担心、猜忌，设想各种结果。其实，想，都是问题；做，才有答案。摆脱焦虑的最好办法就是采取行动，当我们脚踏实地，一步步往前走时，便会打破因焦虑而虚构出来的"剧情"。例如，"断舍离"一次，去郊外散步，和朋友谈谈心，给父母做一顿饭，打扫一次房间，去野外晒太阳，等等，这些具体的行动都有助于缓解焦虑。

三、摆脱疲劳

在感到疲劳的时候，我们应有张有弛、简约地生活，同时在生活中做一定的调整，适时改变自己，这样我们才能摆脱疲劳。

（一）张弛有度

英国著名精神病理学家哈德菲尔德在《权力心理学》（*The Psychology of Power*）一书中写道："大部分疲劳都源于精神因素，真正因生理消耗而产生的疲劳是很少的。"的确，正面情绪能让人充满热情、精力充沛，而负面情绪会使人意志消沉、身心俱疲。人生应有张有弛，如果始终像一张拉满弦的弓，那么总有一天会射不出箭的。我们应正确处理工作与生活的关系，该工作时就好好工作，该休息时就玩个痛快。好好工作能够提升生活品质，懂得生活也才懂得如何好好工作。

练一练

放松身心

1. 想象自己以一种舒服的姿势躺在床上或坐在摇椅上，体会手臂、腿、背、颈、脸等各个部位的感觉，默默对自己说："我觉得越来越放松。"每天练习几次，你会惊奇地发现这样能大大减少你的疲乏，清除忧心、紧张和焦虑等情绪。

2. 在生活中随时保持放松的状态，让身体像猫一样放松。我们要想精通"松弛术"，就要向猫学习。

3. 工作环境要布置得尽量舒适，环境压抑会造成身体紧张，导致精神疲劳。

4. 每天对着镜子问自己："我做事有没有讲求效率？有没有让肌肉做那些不必要的事情？"这样，你会慢慢养成一种自我放松的习惯。

5. 每天晚上临睡前都回想一下自己今天过得是否有意义，问自己："累不累？"

（二）简约生活

有的人从小就被灌输了这样一种理念：长大了一定要住豪宅、买豪车、穿名牌衣服，这才是生活该有的样子。其实，简约才是生活该有的样子。简约生活不仅仅指非奢华的物质生活方式，更指一种精神层面的生活态度，即富而能俭、贵而能卑、高而能下、满而能虚，自尊自重、自强自立、不卑不亢、不俗不谄，生活简约的人，其内心世界是无比丰盈的，他不会为过上奢华的生活而折磨自己的身心，而让一切顺其自然。简约不等于简单，简约的极致是返璞归真，越简约、越美好。简约生活，可以让自己从那些纷繁而无意义的事情中解脱出来，摆脱那些无谓的疲惫。

（三）适时改变

大部分人在大部分时间里都在重复同样的工作和生活内容，平淡的工作和生活慢慢蚕食着他们的正面情绪，使他们逐渐开始腻烦、不适，最终出现疲劳。对工作产生疲劳后，有人选择离职；对婚姻产生疲劳后，有人选择分居或离婚。而这些举动并没有从根本上改变自己，自己迟早还会产生新的疲劳。因此，适时改变主要是改变自己，改变自己的思想和观念、情绪和状态、注意力和关注点，调整好了之后，继续出发。

四、直面失败

面对失败时，我们需要正视现实、摆正心态，并要抱着事后莫悔的心态。

（一）正视现实

俄国诗人普希金在诗歌《假如生活欺骗了你》中写道："假如生活欺骗了你，不要悲伤……一切都是瞬息，一切都将会过去"，以此来表达积极乐观、勇往直前的人生态度。人的一生难免会遇到各种困难、挫折和失败，但失败并不可怕，关键是看你能否直面失败，并找出失败的原因。

失败是人生的必修课，与失败共舞是我们不得不接受的考试。有的人在失败面前一蹶不振、自暴自弃；有的人却能够直面失败，找出失败的原因，从而进行自我反思，在失败中重拾继续前进的信心，把每一次失败当作垫脚石，为下次迈向成功奠定基础。千万别让自己打败自己，一个对自己失去期望的人很可能永远都不会成功，而一个笑对挫折的人更可能取得成功。

（二）摆正心态

莎士比亚曾说："聪明人永远不会坐在那里为他们的损失而哀叹，而是情愿去寻找办法来弥补他们的损失。"失败感是人在某种需要得不到满足时产生的一种情绪，从一定意义上讲，这种情绪是健康的，它能鼓舞、激励、鞭策我们朝成功的方向继续努力。但是，如果我们长期处在这种情绪中，而不采取积极的行动，那么不仅于事无补，而且会损害身心健康，使取得成功的可能性越来越小。

我们应摆正自己的心态，脚踏实地地努力，露出微笑，满怀信心、热忱和希望，向着目标前进。我们可以借助以下方法摆正心态。一是自我宽慰，想想那些处境比自己更差的人，以增强承受力；二是找知心朋友聊聊天，不要把失望、焦虑等情绪封锁在心里，倾诉可以让自己释怀；三是重新确立目标，并努力完成，一次成功能够帮你很快走出情绪阴影。

（三）事后莫悔

失败过后，大部分人都会产生后悔的情绪，要么后悔当做而未做、不该做却做了，要么后悔应该这样做却那样做了。作为一种强烈的负面情绪，后悔在很多情况下都会对人的工作和生活产生负面影响，也会消耗巨大的心理能量。后悔是最无用的情绪，它对我们的现实生活非但起不到任何积极作用，还容易让我们自怨自艾、破罐子破摔，拖慢我们的行动。

永远不要为自己做过的事情、做过的决定后悔，也不要为某时某事的失败后悔。把宝贵的时间浪费在后悔上，没有任何意义，毕竟往事不可追，过去的事情已经无法改变。失败的最大意义，就是对我们未来的人生有指导作用，能够让我们吃一堑、长一智。

📖 **拓展阅读**

沃尔特·迪士尼的励志故事

迪士尼作为全球成功的 IP 制造巨头，不仅孕育了俏皮快乐的米老鼠和唐老鸭，还塑造了勇敢坚韧的狮子王辛巴、美丽动人的白雪公主，它承载着几代人共同的童年记忆与美好梦想。

约一个世纪过去了，或许大多数人都不记得谁创造了迪士尼的标志，但沃尔特·迪士尼仍然是创造力的标准，他的想象力与商业完美融合，其创造的可爱的卡通人物成了美国流行文化的代名词。迪士尼的"童话王国"的建立当然是从招牌吉祥物米老鼠开始的，但这一切的开始，却并不是轻而易举的。

扫码查看全文

第四节

// 做好他人情绪管理 //

在沟通过程中，人人都会产生情绪，但并非人人都能管理好情绪。不同的情绪，会导致不同的沟通效果。做好情绪管理，不仅要保持自己的正面情绪、管控自己的负面情绪，更重要的是要在他人的情绪将来而未来时，就能提前有所觉察，然后能精准识别，最后使用技巧去控制它。

一、识别他人情绪

（一）语言传达出来的情绪

言为心声，语言是传达情绪最直接的途径之一。人与人之间的交流，大部分都是通过语言来实现的。因此，准确感知他人语言中的情绪，包括气息的轻重、语速的急缓、声音的高低、语调的抑扬，才能准确领会他人话语中隐藏的意思，才能准确地进行沟通。

如果无法准确领会对方语言中暗含的情绪，沟通就会遇到障碍。比如，一个正在就餐的顾客问服务员："请问筷子在哪里？"（意思是："能给我拿一双筷子吗？"）服务员回答说："筷子在服务台。"（意思是让顾客自己去拿）顾客又说："你能给我拿一双吗？"（情绪是生气）服务员说："你没看见我正忙着吗？"（情绪是不耐烦）。再比如，当你不开心时给妈妈打电话，不出 3 句话，妈妈可能就会从你的话里感受到你的情绪变化，便会主动问你是不是在学校遇到什么不开心的事了。

（二）肢体动作传达出来的情绪

在沟通过程中，有相当一部分情绪信息是通过非语言的动作来传达的，如鼓掌表示兴奋、顿足表示生气、摊手表示无奈、搓手表示焦虑等。明显、大幅度的肢体动作可能是"假动作"，具有一定的欺骗性，而有些细微、下意识的小动作则更能真实反映一个人的情绪。因此，当我们在与他人沟通时，我们不但要全神贯注地倾听他人的话语，还要留意他人习惯性的或不经意的小动作，以此来判断他人的情绪变化。比如，你到他人家中拜访，正事说完后，主人瞟了一眼墙上的挂钟，这时，你应当就此打住并跟主人告辞："快到午饭时间了，我就不打扰了，改天再来拜访。"

（三）表情传达出来的情绪

人的表情多种多样，喜怒哀乐尽在其中。我们在沟通中要懂得察言观色，通过对方的表情来把握对方的情绪，掌握沟通的尺度，当进则进、当退则退。

有研究表明，沟通效果在很大程度上与沟通双方的面部表情有关。而通过嘴巴开合的大小、眼睛睁大或微眯、嘴角和眉毛上扬或下垂、眉宇紧皱或舒展，以及面部细微的表情纹都可以识别出他人的情绪。当一个人发自内心微笑时，会眉毛上扬、嘴角翘起、露出牙齿，这证明他的情绪是比较正面的，此时的沟通效果就会好一些。当一个人心生厌恶时，会眼睛微眯、双唇紧抿、下眼睑抬起，这时即便他的言辞再动听，你也不会想和他继续沟通下去。

二、调节他人情绪

"情商之父"丹尼尔·戈尔曼认为，管理自己的情绪是个人能力，而管理他人的情绪则属于社会能力。调节他人情绪的能力主要体现在感召说服的能力、沟通交流的能力、控制冲突的能力、激发他人正面情绪的能力这 4 个方面。

（一）感召说服的能力

"其身正，不令而行；其身不正，虽令不从。"要具备感召说服能力，首先要确保自己品行端正、知行合一，只有成为他人的榜样，你说的话才可能成为他人的行动指南，你的言行举止才会被他人模仿。感召说服，关键是要运用同理心。如果自己觉察不到对方的感受，不理解对方的立场和态度，就不可能具备感召说服的能力。

（二）沟通交流的能力

要进行有效的沟通交流，需要把握两个要素：一是倾听，也就是控制好自己的情绪，冷静耐心地倾听他人的意见，能够借助询问、重复他人的话等倾听技巧来弄明白他人的意思和鼓励他人发言；二是对自己、对他人、对情景有很明确的认知，对自己和他人的沟通目标很明确，能够体察他人的想法和感受并给予建设性的反馈。

（三）控制冲突的能力

控制冲突，就是能够在沟通遇到障碍时妥善管控分歧，迅速平息冲突，使对方意识到冲突不仅不会给双方带来收益，反而会使双方付出高昂的成本。此时，我们也需要运用同理心来理解彼此的需求和顾虑，做出合适的反应，以获取对方的认同并消解冲突。

（四）激发他人正面情绪的能力

激发他人正面情绪需要跳出以自我为中心的框架，理解对方，感受对方的情绪，清楚对方的需求，站在对方的立场做出决策。

故事卡片

农夫在地里种下了两粒种子，很快它们长成了两棵同样大小的树苗。其中一棵树苗一开始就决心长成参天大树，所以它拼命地从地下吸收养料，储备起来，滋润每一根树枝，思考着怎样向上生长，完善自身，因为它相信只有吸收充足的养料，以后果实才会非常丰硕，但也正因如此，在最初的几年，它并没有结果实，这让农夫很恼火。

另一棵树苗也拼命地从地下汲取养料，打算早点开花结果，这样才能证明自己比另外一棵树苗强。不久后，它做到了，这使农夫很欣赏它，并经常浇灌它。

时光飞逝，那棵久不开花的树由于身强体壮，养料充足，终于结出了又大又甜的果实。而那棵过早开花的树，却由于在还未成熟时，便承担起了开花结果的任务，所以结出的果实苦涩难吃，并不讨人喜欢，后来它渐渐地枯萎了。

从这则小故事中，我们可以领悟到急于求成与表现自己的动机虽是好的，但容易使我们因急躁的情绪状态看不清很多事情，从而忽略事物发展的客观规律，导致最终的失败。

51

【本章主要参考书目】

[1] 林建雄. 情绪掌控术：如何掌控你的情绪和身体 [M]. 北京：中国华侨出版社，2011.

[2] 麻友平. 人际沟通艺术 [M]. 3版. 北京：人民邮电出版社，2020.

知识卡片

▶ Bonnie 总要点（知识总结营）

善于管理情绪，才能建立良好的人际关系；善于管理情绪，才能拥有健康快乐的人生。本章从情绪的生理表现出发，讲解了情绪的自我认知、表达与调节；然后讲述了人们该如何保持正面情绪以及怎样管控负面情绪；最后引导读者在与他人的沟通中，学会良好地调控他人情绪，帮助读者了解情绪、掌控情绪并走出情绪陷阱，拥有平和、充实的人生。

▶ Bonnie 带你练（学习训练营）

安徒生的故事

安徒生是丹麦19世纪的童话作家，被誉为"世界儿童文学的太阳"。安徒生最初只是想改写孩提时代听过的童话故事，结果却创作出了大胆的原创作品。一开始人们也许难以理解他幽默与哀思并存的童话，但时间证明了伟大的作品经得起考验。安徒生一生不曾有过孩子，却写出了深受孩子喜爱的童话。安徒生出身寒微，经历坎坷，却写尽了世间的一切美好，想来着实让人动容。每个人都会告别童年，但每个人心中也都会留下属于自己的童话。

请扫码查看完整的故事情节，了解你所不知道的"童话巨人"——安徒生的人生故事，并思考其人生经历带给你的启示。

扫码查看故事

▶ Bonnie 带你行（实践训练营）

扫一扫

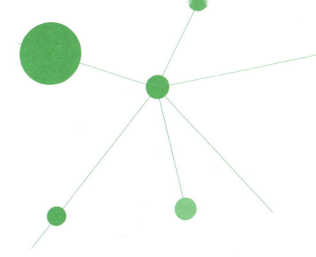

第四章
语言沟通和非语言沟通

📱 名人说

一人之辩，重于九鼎之宝；三寸之舌，强于百万之师。

——《文心雕龙·论说》

▶ Bonnie 说故事（沟通漫画营）

瑶妹说话带有较重的家乡口音，Bonnie 老师告诉瑶妹，发音标准是发言的最基本要求，一定要努力讲标准的普通话。但瑶妹觉得要改掉口音太难了，就忽视了 Bonnie 老师的建议。有一天，班里举办故事大会，瑶妹讲了一个悲伤的故事，台下的同学们却不太能理解。大家更关注她奇怪的口音，几乎没听懂她讲的故事的内容。

常见的沟通难题：

（1）发音不标准，导致发言的效果大打折扣。

（2）发言时带着浓重的口音，可能会引发尴尬和误解。

【错误表达及提示】

提示：

• 公开发言时，要严格要求自己，发音一定要标准，这样也是为了将自己的意思表达得更清楚。

• 平常发言和表演性发言不一样，讲话和表演相声也不一样，不能放在一起比较。

【正确做法及提示】

提示:

- 公开发言时,最好还是说普通话。
- 发音一定要标准。

小结:

(1)跟家里人当然可以说家乡话,但在公开发言时,最好还是说大部分人都听得懂的普通话。

(2)说普通话时,发音一定要标准,这样才能保证别人听懂自己。

▶ Bonnie 来导航(知识索引营)

扫一扫

▶ Bonnie 理目标(学习目标营)

知识目标

① 了解语言沟通、非语言沟通的基本概念。
② 掌握语言沟通、非语言沟通的类别。
③ 理解语言沟通、非语言沟通的技巧与误区。

技能目标

① 能辨别语言沟通和非语言沟通。
② 能恰当地运用语言沟通和非语言沟通的技巧来与人交流。
③ 与人交流时能巧妙地避开语言沟通和非语言沟通的误区。

▶ Bonnie 讲知识（知识学习营）

在人际交往过程中，常用的沟通方式主要有语言沟通和非语言沟通两大类，其中语言沟通是最基础的沟通方式，非语言沟通对语言沟通起加强、辅助等作用。

语言沟通

一、语言沟通的类别

语言沟通包括口头沟通和书面沟通。口头沟通是指借助口头语言来实现信息交流，包括口头汇报、讨论、会谈、演讲、电话联系等。口头沟通能力的强弱，对个人的工作和生活都有举足轻重的影响。本节主要对口头沟通进行阐述。

（一）交谈

交谈是两人或两人以上，为达到交流思想、沟通感情、互通信息、协调行动等目的而进行的口语表达活动。要想取得理想的交谈效果，我们就需要了解谈话的主题（双方感兴趣的话题）、对象（和谁交谈）、时间（选择交谈的时机）、地点（选择交谈的场合）、技巧（表达的艺术）等。

（二）劝说

劝说是以口头沟通的方式，采用适当的方法，综合运用多种信息，通过理性的阐释，以非强制性手段影响别人观念或原有态度的活动。劝说时采用诚恳的态度和婉转的表达方式，往往比充分的理由更容易让人接受。劝说还要根据不同的对象、不同的情况使用不同的语气、语速、声调等。

（三）演说

演说又称演讲或讲演，是指在特定的时间与场合，借助有声语言（为主）和体态语言（为辅），就某个主题或某些现实问题，面向听众发表自己的见解和主张，阐明事理、抒发情感，以感召听众并影响其行为的一种信息交流活动。与其他语言沟通类别不同的是，演说具有一定的艺术性。

二、语言沟通中的修辞技巧

（一）比喻

比喻是一种常用的修辞手法，也就是用与甲事物有相似之处的乙事物来描述或说明甲事物，或者用一些具体、浅显、熟知的事物及道理来说明抽象、深奥、生疏的事物及道理。比喻有三要素，即本体（被比喻的事物）、喻体（用来打比方的事物）和比喻词（用来表示比喻关系的词）。常见的比喻词有像、好像、若、似乎、似的、好似、如、犹如、仿佛、好比等。

采用比喻的手法对想要描述的事物进行描绘和渲染，可以使事物更加生动形象、具体可感，还能引发人的想象，给人以深刻的印象。但在运用比喻的过程中，我们需注意以下两点：一是用来打比方的事物一定要常见，如果本来就不是大家熟知的事物，比喻的目的也就难以达到；二是比喻一定要贴切，如果没有贴切的事物用来打比方，倒不如中规中矩地解释或描述，毕竟对于口语表达来讲，清楚易懂还是应该放在第一位的。

（二）象征

象征是用特定事物，或通过描绘、渲染特定事物来表现某种精神品质或事理。象征可以使抽象的概念具体化、形象化，可以使复杂深刻的事理浅显、通俗、易懂，还可以通过引申，创造一种艺术意境，引起人们的联想，增强话语的表现力和艺术效果。

象征有明征和暗征之分。明征就是象征体、象征意义、联系词在话语中同时出现，如"××××纪念碑是用一万七千块坚硬的花岗石和洁白的汉白玉砌成的。它象征着先烈们的丰功伟绩，寄托着全国人民对先烈的怀念和敬仰之情"。暗征则是通过对象征体进行精细、巧妙的表述来暗示其象征意义，引发人们丰富的联想和想象，如"难怪总是漫漫的长夜了！什么时候才黎明呢？"

运用象征有两点要注意。一是当运用约定俗成的象征时，要准确地把握事物的象征意义、形象地表达寓意。不同的事物具有不同的象征意义，一个象征体也可以包含不同的象征意义，赋予哪一种象征意义，都必须是确定的，无论是明示还是暗示。二是当运用非约定俗成的象征时，要选好象征体，精准把握象征体与象征意义间的联系，以便使人产生联想，为人们所理解。

知识卡片

（三）夸张

夸张是一种运用丰富的想象力，在客观现实的基础上有目的地放大或缩小事物的形象特征，以增强表达效果的修辞手法，也叫夸饰或铺张。人们常常会对事物的形象、特征、作用、程度等做出超越事实的描述，或生动形象，以突出事物的本质特征；或情感分明，以表明自己对事物的态度；或烘托气氛，以增强表达的感染力。但在日常口头沟通中运用夸张时，要有据有节、合情合理，不能脱离客观实际、违背生活常理。在书面沟通中，夸张也不可滥用。文学艺术作品中可适当、恰当地运用夸张，学术论文中则忌用夸张，政论文体中有时可用夸张，但仅限于描述性文字。

在日常生活中，巧妙地运用夸张能够增添生活乐趣，给人以轻松愉快的感觉。比如，早高峰的公交车人满为患，门都关不上，但依然有人在往车里挤。一个小伙子大声说道："嘿！都别挤了！再挤的话，大家都成照片了！"一句话让车里的人笑了起来，正在挤着上车的人也不好意思再挤，只好留在原地等待下一辆车。

（四）比拟

比拟就是借助丰富的想象，把物当成人来写，或把人当成物来写，抑或是把甲物当成乙物来写。把物当成人来写，就是俗称的拟人；把人当成物来写或把甲物当成乙物来写，就是俗称的拟物。恰当地运用比拟，可以增添特有的趣味，能够把事物写得形神毕现、栩栩如生，启发读者想象，使描绘更加生动形象、表意丰富。例如，儿童读物中一般会有这样的表述：大地母亲宽厚仁慈，时间伯伯矫健敏捷，等等。两个形容词短语，把"大地""时间"比作性格鲜明的人，增添了不少趣味。

运用比拟时要注意两点。一是本体和拟体的相似之处要恰如其分地表达出来。把物当成人来写，应该物如其人；把人当成物来写，应该人如其物。例如，"路边的蒲公英开花了，纤柔的茎上顶着的小白花雄赳赳、气昂昂"，此处的比拟就不是很恰当，蒲公英一般并不会给人雄赳赳、气昂昂的感觉。二是比拟要与语言环境、感情色彩和文体风格等相匹配，与描述对象的特点、人物心情的变化、作品表现的氛围等相吻合，尤其要注重感情色彩，爱憎褒贬都要跟人或物的美丑一致。另外，比拟一般多在寓言、童话或科普读物里出现，公文语体、政论语体里则鲜见。

知识卡片

（五）借代

借代是一种说话或写文章时不直接说出或写出所要表现的人或事物，而是借用与之密切相关的人或事物来代替的修辞方法，被代替的叫"本体"，用来代替的叫"借体"。本体一般不出现，都用借体来代替，这样可使语言更加简练、含蓄。

2010 年 11 月 12 日，主持人在解说亚运会开幕式时说："一个大型运动会的开幕式从哪里开始呢？就从这一滴水开始，它是生命的起源，也似乎是这座城市的开始。"有人开玩笑地说，这是一滴水引发的开幕式。主持人用看似平淡的设问，引出"一滴水"的内涵，让人易记易懂。这看似没有联系却又内涵深刻的一句借代，完美诠释了水是生命之源、生命在于运动的道理。

在运用借代时，受语境的制约，应对所借的事物在相关表述中有所交代，还要考虑所处时代、社会文化、受众对象等因素。前些年，网络用语里的热词"大虾"，实际就是"大侠"的谐音，用来代指网络高手，后泛指某方面的高手；热词"小白"，则是代指计算机应用水平比较低的人，也泛指某方面的新手。

（六）对比

对比也叫对照，它是把两种相互对应的事物或同一事物的不同方面并列在一起形成鲜明对比的一种修辞方法。有对比，才有鉴别；有对比，才有差别；有对比，彼此的特征便都得到了强调。对比不同于对偶。对比是内容上"对立"，要求意义相反或相对，如"锲而舍之，朽木不折；锲而不舍，金石可镂"；而对偶是形式上"对称"，要求结构相称，字数相等，如"书山有路勤为径，学海无涯苦作舟"。

对比有两体对比和一体两面对比两种类型。两体对比是把两种对立的事物放在一起进行对比，具有突出矛盾、鉴别美丑的作用，使好的显得更好、坏的显得更坏，大的显得更大、小的显得更小，如"有缘千里来相会，无缘对面不相逢"。一体两面对比是将同一事物的两个不同侧面进行对比，能够把事物说得更透彻、更全面、更鲜明，如"我们的战士对敌人恨之入骨，对人民却充满感情"，一句话将战士截然相反的两种态度展示了出来，体现了战士们爱憎分明的情感。

（七）引用

引用是借用诗文名句、格言警句、文献资料、典故传说等，来表达自己的思想感情。引用可分为明引、暗引两种。明引指直接引用原文，并加上引号，或者只引用原文大意，不加引号，但是都要注明原文的出处。比如，"孔子曰：'三人行，则必有我师。'是故弟子不必不如师，师不必贤于弟子，闻道有先后，术业有专攻，如是而已"，此为明引。暗引是间接引用，只引用原文大意，不加引号，不说明引文出处，而是将引文融入自己的话语。

引用的意义在于，将多种多样的语言材料融入沟通中，产生锦上添花、韵味无穷、寓意深刻等表达效果，使论点更鲜明、论据更充分，不仅能增强说服力，增强启发性，还能体现一个人的知识储备和学识程度。一个人在进行语言沟通时，如果能够适时且恰当地穿插一些经典语录、诗词歌赋等，那必定会给自己的语言增色不少。

引用时要注意3点：一是直接引用必须认真核对引文，确保引文正确无误；二是引文要完整，不可断章取义；三是引文要与表达的主题相符，不能生搬硬套。

（八）排比

排比是一种把结构相同或相似、意思密切相关、语气一致的词语或句子成串排列的一种修辞方法。排比主要有平行式排比和流水式排比两种。平行式排比，即构成排比的几个句子或短语之间是并列关系，如"桂林的山真奇啊，一座座拔地而起，各不相连，像老人，像巨象，像骆驼，奇峰罗列，形态万千"。流水式排比，即构成排比的几个句子或短语之间是承接或递进关系，如"人们常说一天之计在于晨，一年之计在于春，一生之计在于勤"。

用一连串结构相同或相似、内容相关、语气一致的短语或句子来表达某种意思，能够增强气势，突出重点，既可以使语意表达强劲有力、节奏鲜明、层次清晰、语意通畅，又可以增强力量感、节奏感和感染力，如"读书可以使人思维活跃，读书可以使人胸襟开阔，读书还可以使人目光远大"。

但使用排比时，必须有一个明确的中心，确保前后意思既连贯又聚焦。各个短语、句子或段落之间，必须是并列、承接或递进关系，不能是从属或交叉关系。

（九）双关

双关是指利用字词的多义或同音等条件，有意识地使语句表达产生双重意义，言在此而意在彼，也称隐语或者谐音。双关不仅能使话语含蓄、幽默，还能加深语意，引人思考，给人以深刻的印象。

从古到今，从庙堂到乡野，从文人雅士到贩夫走卒，从语言文字到生活习俗，随处可见双关的痕迹。例如，曹植《七步诗》中的"本是同根生，相煎何太急"，语义双关，悲愤犀利，催人泪下；再如《诗经》之《召南·摽有梅》中的"摽有梅，其实七兮。求我庶士，迨其吉兮"，"梅"谐音"媒"，反映出女子感慨韶光易逝，希望有人早日托媒求婚之情，委婉含蓄。双关在日常生活中也很常见。例如，春节到了，大家买豆腐，取"都福"之意；买几条金鱼回来，意指"金玉满堂"；在很多婚礼中会用到的枣、花

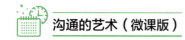

生等用来表达"早生贵子"的美好祝愿；连"1314""520"等数字组合也被年轻人赋予"一生一世""我爱你"等含义。

三、语言沟通中的误区

语言沟通中的误区主要有沟通无重点、沟通少倾听和沟通忽小节。

（一）沟通无重点

在语言沟通过程中，双方都要准确把握语言沟通的关键要素，清晰地表达自身的立场、态度和期望等信息，既要确保自己说清楚了，也要确保对方听明白了，切忌沟通全程无重点、不聚焦。

造成沟通无重点的原因一般有以下几个。

1. 思路不清

所言即所思，说话就是要把脑中所想的意思准确、清楚地表达出来。想明白，是说明白的前提。如果思路模糊、条理不清、逻辑混乱，那么听者势必很难准确领会说者的意思。思路清晰、条理分明、逻辑合理的表达可以达到事半功倍的效果，而冗长繁杂、啰唆重复、颠三倒四的"车轱辘话"很难让听者抓住说者想要表达的重点，甚至还会让听者产生误解以及厌恶等情绪，给沟通带来不好的影响。

2. 语意不清

语意不清，就是说者想要表达的意思不易理解或会产生不止一种解释，也就是既费解又存在歧义。有的人说话吞吞吐吐、含含糊糊，有的人说话故弄玄虚、晦涩难懂，有的人说话词不达意、模棱两可，这些人都很难让对方迅速、准确、清楚地获取、理解自己所要表达的意思。

3. 面面俱到

在语言沟通中，总有人想把很多层意思都在一句话或一次谈话中表达出来，看似面面俱到，实则顾此失彼。一次性表达出来的信息过多，中心思想和重点内容不突出，听者也容易云里雾里、不知所云。一场精彩的演讲，即便时间再长、素材再丰富，也都是紧紧围绕一个主题展开的，听者感知到的都是明确的信息。因此，沟通一定要重点突出、中心明确，切勿过度追求面面俱到。

（二）沟通少倾听

沟通，讲究的是信息的双向流动，也就是说信息一定要在双方之间有来有往。但有的人讲话欲、表现欲或控场欲很强，喜欢掌控话语权，把双向聊天变成了单向演说，这既是一种不谦虚、以自我为中心的表现，更是一种不礼貌、不让别人表达的表现。

沟通少倾听，易给沟通带来以下几点弊端。

1. 挤压了对方的表达空间

老师在讲台上授课或演讲者在台上演说，基本上都是老师或演讲者一人说话，其他人安静地倾听。但人际交往中的沟通则与老师授课和演讲者演说不同，沟通双方只有频繁互动、畅所欲言，才能达到沟通的目的。如果在语言沟通中，一方滔滔不绝，自顾自地充分表达自己的意思，根本不给对方说话的机会和表达的空间，即便他表达得再好，也会招致对方的反感，最终影响沟通效果。

2. 不关注对方的反馈

在语言沟通中，一方将意思表达出来后，只算完成了信息沟通的一半，当另一方接收到信息、做出反应并进行反馈后，信息沟通才算全部完成。如果其中一方过多关注自我表达，那么他就会少有精力去关注对方的反应和反馈，结果可能就是一方表达了 100 句，而对方只入耳入脑了寥寥几句，其中可能还存在语意不明等情况。倒不如少讲一些，多留些时间给对方反馈，然后根据反馈情况再适时调整自己下一步要表达的内容。

因此，语言沟通是交互式的、有来有往的意思表达，是一方"与"另一方沟通了什么，而不应该是一方"对"另一方做了什么。任何一方都既是表达者，也是倾听者，只有同时扮演好这两个角色，沟通才会是积极有效的。双方在沟通过程中都要给对方充分表达的机会，并适时倾听，那么双方也都会给彼此留下一个好印象，从而有利于沟通的顺利进行。

（三）沟通忽小节

人们在语言沟通中，也许都会有些习惯性动作或犯些小毛病，有人认为这是生活小节而不去重视，甚至用"成大事者不拘小节"来宽慰自己。殊不知，就是这些不起眼的小节，时刻影响着自己的形象，降低对方与自己沟通的兴趣，甚至引起对方的反感，最终影响沟通的效果。具体地说，我们在沟通时应该注意以下几点。

1. 咬字不清

个人如果没有从小养成良好的发音习惯，或者由于胆小紧张、口吃等，说话语序混乱、时快时慢、含含糊糊，都会带来咬字不清的结果。但我们只要下决心去改正、去克服，应该都能达到咬字清晰、准确的目的。

2. 话有杂音

有的人说话前喜欢清清嗓子，有的人说话时喜欢夹杂"嗯""啊""这个"等字词，这些杂音和杂词过多出现时，就会使人产生不舒服的感觉，对沟通产生不好的影响。

3. 表达笼统

在沟通时，有人习惯笼统地用一个字或词去表达自己的看法，如"好""行""可以"等。这种表达习惯会让对方觉得你说话空洞无物、沟通水平较低，从而不重视与你的沟通。因此，在表态发言时，我们不仅要用"好""行""可以"等来表达自己的观点和态度，更要说明一下具体好在哪、行在哪。

4. 矫揉造作

在语言沟通中，有人喜欢夹带几个英文单词，有人喜欢说些生僻晦涩的词句，还有人喜欢大量运用唐诗宋词或名言警句，说得有度、用得恰当还可以，反之就是不合时宜、矫揉造作。矫揉造作会给人一种故作高深、卖弄学识、难以接近的感觉，还不如自然平实的语言更容易让人接受。

细节决定成败，人们在沟通中一定要注重小节，千万不要因为某个小节而影响沟通的效果。

想一想

请思考,在网络高度发达的时代背景下,线上聊天能取代线下沟通吗？说出你的理由,并和同学们共同探讨。

扫码查看
观点分享

测一测

下面这句话,哪部分文字是比喻,哪部分文字是比拟？请给出答案并说明原因。

春天像小姑娘,花枝招展的,笑着,走着。（朱自清《春》）

"春天像小姑娘"（　　　）

"花枝招展的,笑着,走着"（　　　）

扫码查看答案

第二节

非语言沟通

非语言沟通是指沟通双方使用除语言符号以外的各种符号,包括语音、语调、语气、肢体语言、眼神等来传递信息,以达到沟通的目的。语言沟通和非语言沟通常常"结伴而行",有时非语言沟通比语言沟通更能传达出人们的真实想法。

一、目光接触

常言道："眼睛是心灵的窗户。"目光接触,是人际沟通中最能传神的交流方式之一,也是非语言沟通重要的信息来源。有效的目光接触可以促进双方的沟通,加强沟通的交互作用。诚挚的目光能够反映出纯真的心地,适当的目光接触可以表达对彼此的关注,自信的人比缺乏自信的人通常更易主动进行目光接触,但过多的目光接触又会增加对方的心理压力。目光的方向、眼球的转动、眨眼的频率，也都能够表达特定的意思、流露特定的情感，例如，当你左顾右盼时，对方就会觉得你对本次沟通不太重视或者心不在焉。因此，在非语言沟通中，目光的作用忽视不得，平时应该有意识地培养自己用眼睛"说话"的能力。

（一）注视

注视是指集中精力、集中目光去看某人或某物，通常表示注意、重视和关注。在注视别人时，我们需要注意以下几点。

第一，直视与长时间的凝视可能被认为是对私人空间的侵犯。

第二，与人交谈时，视线接触对方脸部的时间应占全部谈话时间的 30% ~ 60%。

知识卡片

第三，听对方说话时，几乎不看对方的脸部，那一般是企图掩饰什么的表现。

第四，眼神闪烁不定通常代表一个人心里有鬼或在说谎。

（二）瞳孔大小

瞳孔的放大和缩小属于微表情。一般来说，瞳孔放大传递出正面的信息，瞳孔缩小则传递出负面的信息。例如，产生爱、喜欢或兴奋等情绪时，瞳孔就会放大；而产生戒备、愤怒等情绪时，瞳孔就会缩小。

发表在《心理科学进展》期刊上的一篇论文揭示[1]，人际交流时，人们的瞳孔大小会不自觉地随着对方瞳孔大小的变化而变化，这种变化进而也会影响人们的决策。具体来说，瞳孔放大是一种感到安全的信号；瞳孔缩小则是一种感到危险的信号。

63

二、面部表情

面部表情在非语言沟通中也有着重要作用。人的面部表情蕴含着丰富的信息，身份不同、职业不同、受教育程度不同的人，可能有着不同的面部表情。一个人的面部表情是内心情绪的外在体现，通过面部表情可以大致判断出一个人的情绪和态度。喜、怒、哀、乐、悲、恐、惊等情绪都有相应的表情，热情、冷漠、喜欢、厌恶、友善、敌对等也都有相应的表情。人们不仅要学会利用表情来表达自己的情绪和态度，更要看得懂别人的表情，以做出正确的回应。

知识卡片

① 杨晓梦，王福兴，王燕青，等. 瞳孔是心灵的窗口吗？—— 瞳孔在心理学研究中的应用及测量 [J]. 心理科学进展，2020，28（7）：1029–1041.

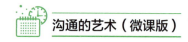

（一）从表情看心态

表情是心情、情绪、氛围的"晴雨表"。眉飞色舞、笑逐颜开，说明沟通的气氛非常融洽；表情凝重、严肃认真，说明沟通可能进行得不太顺利。通过表情的细微变化也可以看出对方是否对沟通感兴趣，如眼神的朝向可以反映对方是在倾听、思考还是漠不关心，咬着嘴唇则表明对方可能在做心理斗争或下决心等。

（二）从表情看情绪

两个不同的人在同一情绪影响下的表情可能大不相同。遇到高兴的事情时，有的人可能开怀大笑，有的人则可能抿嘴浅笑。总是面带笑容、面部肌肉自然放松的人，情绪一般都是比较积极的；而常常愁眉苦脸、面部肌肉紧张的人，情绪往往是比较低落的。

（三）从表情看性格

面部表情与面部的肌肉活动有关，习惯性的表情会使肌肉产生记忆，从而反映出一个人的性格。眉心有个"川"字的人，可能心思比较重，压力比较大。眼神沉着坚定的人，一般都是正直、刚强、坚毅的人；眼神明亮、欢乐、有神的人，一般都是活泼乐观的人；眼神呆滞空洞的人，一般都是内向、忧郁、多愁善感的人。

三、体态语言

体态语言即身体语言，是心理语言的外在表现，是传情达意的方式之一。体态语言能传达特定的态度和含义，人们常常使用身体运动和动态姿势来传递信息或强调所说的话，使自己的表达方式更为丰富。体态语言大致包括身势语言、空间语言和情态语言。

（一）身势语言

身势语言亦称动作语言，是指人们通过手、肩、臂、腰、背、腿、脚等身体部位做出表达某种具体含义的动作符号，较为典型的就是手势语和姿态语。

1. 手势语

手势语通过手和手指活动来传递信息，包括握手、招手、摇手、挥手和手指动作等。手势语可以表达友好、祝贺、欢迎、惜别、不同意、为难等多种语意，直观地体现人们的心理状态。

不同的手势往往具有不同的含义。例如，摆手表示制止或否定，双手外推表示拒绝，双手向外摊表示无可奈何，双臂上扬表示激动，挠头或挠脖颈表示困惑，拍脑袋表示自责或醒悟，竖起大拇指表示夸奖，等等。

2. 姿态语

姿态语是指通过坐、立等姿势变化来表达语言信息的"体语"，也是一个人思想感情和文化教养的外在体现之一。例如，身体略微偏向对方，表示热情和感兴趣；微微欠身，表示谦恭有礼；身体后仰，表示轻视和傲慢；身体侧转或背向对方，表示厌恶、反感或不屑一顾。

（二）空间语言

空间语言指的是社交场合中人与人身体之间所保持的距离。很多人都善于使用空间语言来表明对他人的态度和与他人的关系。空间语言是无声的，但它对人际交往却有着潜在的影响和作用，有时甚至决定着人际交往的成败。在非语言沟通中，一方如果感觉空间距离低于自身的要求或者最小空间受到他人侵犯的时候，就可能会觉得不安，进而会通过一定的反抗行为来保卫自己的安全空间。因此，大家在与人交流时，一定要把握好空间距离，让对方感到舒适。

心理学家霍尔最早对人际沟通中的个人空间距离进行了研究，并把个人在人际沟通中与他人之间的常见的空间距离划分为 4 种，如图 4-1 所示。

1. 亲密距离

亲密距离是指有亲密接触的人在交往时的空间距离，一般为 0 ～ 50 厘米。

2. 个人距离

个人距离是指有亲密友谊的人之间的空间距离，一般为 50 ～ 130 厘米。

3. 社交距离

社交距离是指非个人化或非公务性的社会交往的空间距离，一般为 130 ～ 400 厘米。

4. 公共距离

公共距离是指政治家、演职人员等公众人物与公众正式交往时的空间距离，一般在 400 厘米以上。

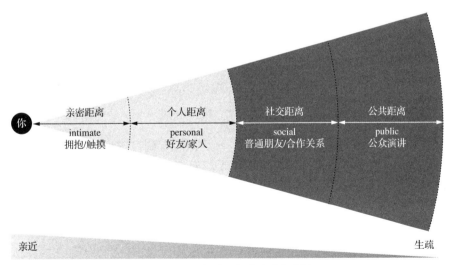

图 4-1　亲密关系与个人空间距离

（三）情态语言

情态语言是指通过面部表情所表达出来的信息。这是人类区别于其他动物的特征之一。情态语言可以表达人的心理状态，也可以改变他人的心理状态。

1. 眉毛

眉毛能表达人们丰富的情感。例如，舒展眉毛表示愉快，紧锁眉头表示遇到麻烦或表示反对，眉梢上扬表示疑惑、询问，眉尖上耸表示惊讶，竖起眉毛表示生气。

2. 眼睛

眼睛是人体传递信息最有效的器官之一。在社交场合，正视对方两眼与嘴部形成的三角区表示尊重对方。凝视的时间不能超过5秒，长时间凝视对方会让对方感到紧张、难堪。如果面对朋友、同事，你可以用从容的目光来表达问候、征求意见，这时目光可以多做停留。切忌迅速移开目光，以免给人留下冷漠、傲慢的印象。

3. 嘴巴

嘴巴可以表达生动多变的感情。例如，紧闭双唇表示严肃或专心致志，嘴巴张开成O形表示惊讶，噘嘴表示不高兴，撇嘴表示轻蔑或讨厌，咂嘴表示赞叹或惋惜。

四、身体接触

身体接触是表达某种强烈情感的方式。每个人都有身体接触的需要，这是人的一种本能，例如，婴儿接触温暖、松软的物体时，会平静愉悦。在非语言沟通中，必要的身体接触可以产生良好的沟通效果，如有力的握手可以传递彼此的互信，一个温暖善意的拥抱可以安慰一颗受伤的心灵，拍拍孩子的肩膀可以鼓励孩子勇敢前行。

（一）人际关系的不同阶段，身体接触程度会有所不同

在双方关系发展之初，身体接触相对较少；在亲密共处的发展阶段，身体接触的频率会明显增加；在关系稳定或恶化阶段，身体接触的频率又会减少。

（二）身体接触应注意的问题

与女性相比，男性比较避讳与同性接触身体；而与男性相比，女性对与异性发生身体接触更为谨慎。另外，接触部位也要注意，人际沟通中最常接触的身体部位应该是手。关系亲近的可以拍一拍肩、扶一扶肘；关系一般的，一定要谨慎进行身体接触，一些无意的、开玩笑的接触也有可能被认为是不礼貌或冒犯。

五、副语言

副语言是指语言的非词语方面，如音色、音量、音调、语速等，又称类言语。副语言可以表达语言本身所不能表达的意思，是人们理解语言表达内容的重要线索。

俗话说："锣鼓听声，说话听音。"在不同的场合，同一句话用不同的语气、声调说出来，可以表达不同的甚至是相反的意思和情感。例如，公司职员在圆满完成任务之后，上司对他说"你真行"，这是一种赞许；如果这个职员没有完成任务，上司对他说"你真行"，这时的意思就大相径庭了，它是一种批评和责备。因此，恰当地运用副语言，也是保证沟通顺利进行的重要条件。

知识卡片

（一）语气

从语气角度来看，句子一般分为陈述句、疑问句、祈使句和感叹句4种。在日常沟通中，大家要根据沟通情境来正确运用语气，并准确判断对方语气，避免沟通出现差池。

（二）音调

音调可以传递讲话者的情绪和态度等非语言信息。强烈的愉悦、恐惧和愤怒等情绪都会使音调升高，而情绪低落、态度冷淡、身体疲倦的时候，声带的肌肉会相应放松，讲话的音调也会随之降低。

（三）音色

音色是指声音的感觉、特征，人们常说的嗓音柔美、沙哑，都是从音色角度来说的。一般来说，男人的声带粗而厚，声音往往比较低沉和饱满；女人的声带细而薄，声音大多比较高亢而单薄。底气十足的声音让人觉得坚定、自信和充满力量，单薄的高音则让人觉得刺耳、烦躁。

（四）语速

语速是指讲话的速度，它可以反映一个人的情绪和态度。说话者语速快，给人的感觉是兴奋、有表现力和说服力。但是语速过快，则会让听者感到紧张、不自在，甚至无法准确领会说话者所要表达的意思。语速比较慢、说话慢条斯理的人也许会给人一种慵懒、无精打采和冷漠的感觉，但也有人觉得讲话慢的人更真诚、更有想法，也更有趣一些。

（五）音量

音量又称响度、音强，是人耳对所听到的声音大小强弱的主观感受。轻柔的声音使人愉悦舒适，但过小的声音会让人觉得胆怯、自卑；高亢的声音让人倍感振奋，但过高的声音会让人不适，给人以咄咄逼人、过分自大的感觉。

六、衣着打扮

有句古话说得好，"人靠衣装马靠鞍"。衣着打扮能够反映出一个人的身份、职业、形象和气质，出席不同的场合应有不同的衣着打扮。

衣着打扮本身是不会说话的，但不同的衣着打扮却能代表不同的身份信息、不同的文化属性等，人们常在特定的情境中以穿某种衣服来表达心中的思想。在销售交往中，人们总是恰当地选择与环境、场合和对手相称的衣着，衣着是销售者"自我形象"的延伸扩展。同样一个人，穿着打扮不同，给人留下的印象不同，对交往对象也会产生不同的影响。因此，沟通者可以从对方的衣着打扮中获取相关信息，从而选择合适的沟通方式。

（一）穿着较为简单朴素的人

这类人一般比较中规中矩、讲究原则。在面对这类人时，尽量做到言简意赅、突出主题，用简明的条框式思维去与对方交流，便可获得良好的效果。

（二）穿着较为花哨的人

这类人大多活泼开朗、喜欢表现自我。在与此类人交流时，切忌过于强势地指出他们的一些弱点，要委婉、善意地通过沟通来使对方接受我们的意见，这样既不伤害他们的自尊心，也可以达到预期目的。

（三）穿着较为奇特的人

这类人大多思想另类。在面对这类人时，我们要有主动沟通的意识以及耐心沟通的态度，切忌贸然将自己的思想和观念强加于他们身上。

（四）穿着较为休闲的人

这类人一般为人比较亲切、随和，做事脚踏实地，不擅长用花言巧语去欺骗和捉弄他人，一般也会主动向你示好。与这类人沟通，一般都比较有利于问题的解决。但需要注意的一点是，我们在语言上要把握好分寸，点到即止。

（五）穿着西装的人

这类人性格一般比较成熟、沉稳，遵守社会的规则，重视组织的纪律和制度，但可能缺少活泼的个性和浪漫的情趣。在面对此类人时，我们要有原则地和他们交流，才能达到沟通的目的。

测一测

盖瑞·查普曼在他所写的《爱的五种语言：创造完美的两性沟通》一书中，提到一位心理学家这样的观点：

在每个孩子心中，都有个"情绪的箱子"等着被填满爱。当一个孩子真正感觉到被爱，他才会正常地成长。但是，当箱子空了的时候，这个孩子就会有问题行为。多半的问题行为都是由"空箱子"对爱的渴求所激发的。

当你渴望被爱和付出爱时，你是否知道如何准确表达你的爱，并让对方收到？每个人学习的如何表达爱的语言，最初就是从原生家庭而来的，但就算是亲兄弟、亲姐妹，也有可能说着不同的爱的语言。每个人都有自己主要采用的爱的语言，依个人的成长经验和需求，爱的语言可分为：①肯定的言辞；②对礼物的接受；③服务的行动；④高质量的相处时间；⑤身体的接触。

扫码参与五种表达
爱的语言小测验

猜一猜

请你猜一猜以下微表情、微动作代表什么含义。

（1）单肩抖动；

（2）注视对方的眼睛；

（3）把手放在自己的眉骨之间。

扫码查看答案及
更多微表情、
微动作解析

【本章主要参考书目】

[1] 李占文，钟海. 人际沟通与交往 [M]. 2 版. 北京：科学出版社，2016.

[2] 王用源. 沟通与写作：语言表达与沟通技能 [M]. 北京：人民邮电出版社，2020.

[3] 张志钢，刘冬梅. 人际沟通 [M]. 3 版. 北京：人民卫生出版社，2015.

▶ Bonnie 总要点（知识总结营）

本章主要讲述了语言沟通和非语言沟通的含义和类别，能够帮助大家辨析语言沟通和非语言沟通。同时，本章也阐述了语言沟通与非语言沟通的技巧与误区，以帮助大家在沟通中处理好自身的语言因素与非语言因素，从而提高沟通的效果。

▶ Bonnie 带你练（学习训练营）

拿破仑·希尔的故事

拿破仑·希尔讲述了一段亲身经历，那是他与一位老妇人之间的沟通故事。老妇人通过巧妙的非语言沟通帮助自己达到了目的。

请扫码查看完整的故事情节，并结合拿破仑·希尔的故事谈谈非语言沟通在人类交际中的重要地位和作用。

扫码查看故事 扫码查看解析

▶ **Bonnie 带你行**（实践训练营）

扫一扫

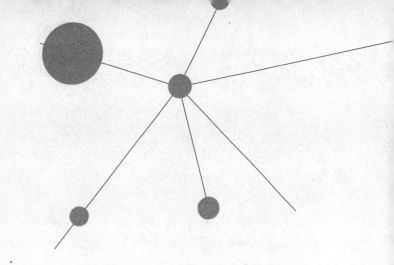

第二篇

沟通技巧与方式

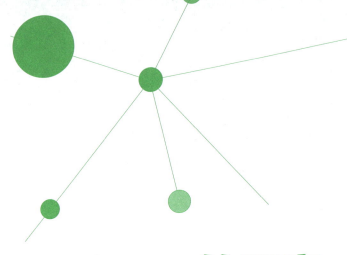

第五章
沟通技能、策略与技巧

📱 名人说

做一个好听众，鼓励别人说说他们自己。

——戴尔·卡耐基

▶ **Bonnie 说故事**（沟通漫画营）

瑶妹参加 Bonnie 老师组织的沟通实践活动——学院小记者活动，她被安排采访自己的高数老师。瑶妹想来想去，只想到一个采访问题：如何才能快速提高数学成绩？可这个问题实在太普通了，瑶妹想问点独家的或者更加新奇有趣的问题，但绞尽脑汁也想不出来。

【错误表达及提示】

情景一

提示：这个问题问得很没水平，连老师自己都说很难回答。

情景二

提示：这样的问题问了也是白问，因为答案是显而易见的。

【正确做法及提示】

提示：采访别太严肃，
可以问一些轻松、日常的问题。

提示：学会假设，
可以无中生有地提问。

提示：除了学习问题，你还可以问工作问题。

小结：

（1）采访的问题并不一定非要是工作中的、严肃的话题，生活中的、轻松的话题有时能使采访对象更加立体、有血有肉。

（2）采访的问题并不一定都是客观存在的，假设性的问题可以让采访对象自由发挥，使采访内容更加丰富。

（3）采访高数老师，不要死死盯住"数学"本身，要学会发散思维，问一些与采访对象有关的问题。

▶ Bonnie 来导航（知识索引营）

扫一扫

▶ Bonnie 理目标（学习目标营）

知识目标

① 了解沟通技能、策略与技巧。
② 理解双向沟通、换位沟通、理性沟通与目标沟通的含义。

技能目标

① 与人沟通时能够做到有效倾听、表达、提问与反馈。
② 能运用双向沟通、换位沟通、理性沟通与目标沟通等策略与人交流。
③ 能正确地赞美、批评、劝慰、拒绝沟通对象。

▶ Bonnie 讲知识（知识学习营）

第一节
// 沟通技能 //

　　沟通是一门学问，要想在沟通中游刃有余，必须具备有效倾听、有效表达、有效提问、有效反馈四大技能。

一、有效倾听

　　倾听不等同于听见，你能听见对方说话，并不代表你就是一个称职的倾听者。一个称职的倾听者不仅能认真倾听别人讲话，而且能领会别人讲话的内涵；不仅能听懂别人说出来的话，而且能揣摩别人没有说出来或没有说完的话，甚至还能通过观察肢体语言来看出语言信息和非语言信息不一致的地方。

（一）有效倾听的原则

1. 尊重性

　　倾听不仅是对别人的尊重，也是对自己的尊重。在与人沟通时，不管对方的年龄、相貌、身份、职业和文化程度如何，都应给予对方尊重，尤其要尊重对方的价值观、人格和权益，这是有效倾听的前提。倾听，需要耐心，不要随意打断他人正在进行的讲话。停顿，甚至是较长时间的停顿，也并不意味着说话者已讲完，有的人只是需要时间来思考接下来该说什么以及怎么说。在和有口吃等语言障碍的人沟通交流时，更要注意耐心倾听，永远不要试图打断某人或替别人说完一句话，要让说话者按照自己的节奏说完。当对方说完后，你可以问他们问题或反馈你所听到的信息，以验证自己是否准确无误地理解了他们的讲话。

2. 专注性

　　对待他人要专注。倾听要想有效，必须要专注，专注于当前说话者所传递出的所有信息，把其他事情都从脑海中抛开。倾听时，人难免会开小差，思绪容易飘忽不定，要学会在分心的时候迅速抓住自己的注意力并使之集中到说话者身上。避免干扰，也是有效倾听的重要保证，如自觉把手机调至静音状态。

3. 客观性

　　在倾听过程中，有人习惯从自我角度出发去揣摩对方的说话意图，或根据个人的好恶有选择地倾听，或断章取义，这种夹带太多个人主观因素的倾听会导致倾听结果的不客观，容易误读、误判、误解别人的意思。倾听者应站在说话者的角度，专注地倾听对方所说的每一句话，细心领会对方话语之中透露出来的信息，不要让个人习惯、喜好、偏见掺杂到对方所说的内容中去，也不要急于对对方所说的内容进行价值评判。

4. 共情性

　　共情要求倾听者从说话者的角度去理解对方的观点、了解他们的担忧。人都有被理解、肯定、认可和欣赏的心理需求，只有这些心理需求被满足之后，才可能去考虑其他事情；只有消除了心理上的顾虑，才会致力于发展双方的关系和解决共同关注的问题。沟通中最忌讳先入为主，要敞开心扉接受他人的想法和观点，并尽量去理解说话者，哪怕说话者说了一些你不赞同的话，也要继续倾听，待他们说完之后再发表评论。

5. 完整性

沟通是语言沟通和非语言沟通相互交织的过程，在很多情况下，非语言沟通的占比甚至更大一些。因此，我们除了要用耳朵认真倾听对方说了什么之外，还要用眼睛来观察对方是如何说的，包括手势、面部表情等，这样才是完整的沟通。准确把握非语言沟通，能够帮助我们理解他人所讲的重点内容和细微差别，也能够让倾听更加有效，这也是为什么语音通话不如视频通话那样直观、准确、有效。

（二）有效倾听的技巧

我们要做到有效倾听，就要掌握一定的技巧，也就是要准确把握事实、意图、感受三要素，有效倾听也称"3F 倾听"[①]。"3F 倾听"是一种具有同理心的倾听，也就是不仅要听明白别人讲的话，还要听明白别人讲话背后的情绪和意图。图 5-1 所示为"3F 倾听"模型。第一个 F 是 Fact，就是事实，即倾听对方语言所描述的事实；第二个 F 是 Feel，就是感受，即认真感受对方语言背后的情绪和观点；第三个 F 是 Focus，就是意图，即准确判断出对方语言背后的真实意图和需要。这就是倾听的 3 个层次——事实、感受和意图。

图 5-1 "3F 倾听"模型

1. 倾听事实（Fact）

倾听事实是指不用自己的想法和固有观念来评判对方所说的话，客观接受对方表达出来的信息，准确把握对方话语中的客观事实，保证不带任何偏见。

2. 倾听感受（Feel）

倾听感受是指在倾听事实的同时，通过语音、语调及肢体语言等去感知对方的情绪。

---

① "3F 倾听"是根据非暴力沟通倡导者马歇尔·卢森堡和汤姆·斯通的研究结果发展出来的倾听技法。

3. 倾听意图（Focus）

倾听意图是指把握好对方真正需要什么，其真正的意图是什么。有些人并不擅于表达自己的意图，说出来的话跟真正的意图会有很大的差异。

案例分析

"3F 倾听"的使用分析

对方说得比较多的话题是钓鱼，而且说自己总能钓到很多鱼。一说到钓鱼，对方总是情绪激动，眉飞色舞。这个时候可以根据"3F 倾听"来分析，如图 5-2 所示。

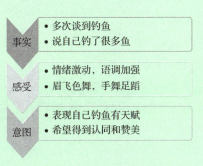

图 5-2　"3F 倾听"步骤

通过分析，我们可以得出对方的意图是希望别人能够赞美他在钓鱼方面的天赋。这个时候，你就要思考：你自己的意图又是什么，是想赞美他，还是想打击他？这个时候"3F 倾听"模型可以帮你找到答案，如图 5-3 所示。

由此可见，"3F 倾听"不仅仅是倾听别人的事实、感受和意图，更重要的是倾听之后能够明白自己的意图是什么，该如何用自己的感受来表达某种事实。

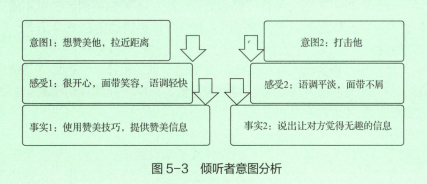

图 5-3　倾听者意图分析

知识卡片

---- 拓展阅读 ----

倾听路上的 10 只"拦路虎"①

建议："我想你应该……"。

比较："这算不了什么。你听听我的经历……"。

说教："如果你这样做……你将会得到很大的好处"。

安慰："这不是你的错，你已经尽最大努力了"。

回忆："这让我想起……"。

否定："高兴一点。不要这么难过"。

同情："哦，你这可怜的人……"。

询问："为什么你不早说？"

辩解："我原想早点打电话给你，但昨晚……"。

纠正："事情的经过不是那样的"。

大家可以背诵这 10 个句子，时刻提醒自己在倾听别人讲话时尽量避免使用这些句子。

二、有效表达

沟通是发送和接收信息的过程，其中发送信息就是表达。在日常工作、生活中，人人都需要表达，但未必人人都能做到有效表达，比如那些不善言辞或不懂表达技巧的人。

（一）有效表达的原则

1. 清晰性

清晰性是有效表达的首要原则。清晰，就是要清楚准确。很多情况下，不管是基于语法的要求，还是基于行文的要求，抑或是基于表现力的要求，人们需要对表达进行修饰、包装。但无论如何修饰或包装，表达都要清晰，不能模棱两可，更不能产生歧义。如果讲都讲不清楚，那么就更不要指望别人能够理解你表达的深刻含义了。

2. 简练性

简练，就是用尽量少的文字去传达尽量多的信息，用简单、通俗、易懂的话去描述中心思想。一个好的说话者会让自己的表达简洁、简明、简练。句子越冗长，对方越难以准确捕捉你想要表达的信息和意图。

3. 生动性

生动就是通过优美的语言、精巧的设计或是动人的情感使表达更富吸引力，从而去感染听众，使之有听下去的欲望。另外，完美的逻辑、修辞的运用、流畅的节奏、激昂的语调等都能起到增加生动性的作用，同样能够让你的表达打动听众。

4. 流畅性

表达的流畅性在沟通中也很关键。当你在表达的过程中停顿太久或者使用过多的"嗯""这个""那个"等口头语时，就会使表达的内容如同散落的珍珠一样，不能被有机地串联起来，从而无法有效地传递相关信息。

---

① 卢森堡. 非暴力沟通 [M]. 北京：华夏出版社，2009.

（二）有效表达的技巧

1. 明确信息接收者

沟通之前，首先要明确与谁沟通会最有效果、最有效率、最能解决问题。例如，在推销产品时，我们首先要了解谁是负责采购的关键决策者，从而将其作为重点的沟通对象。在明确信息接收者后，我们应该对其进行简单的分析。信息接收者的性别、个性、年龄、文化层次等不同，其利益要求、需要解决的问题也会有所不同，必须采用不同的方法与其进行有针对性的沟通，提高沟通的有效性。第一，我们应了解信息接收者的个性，俗话说，"见什么人说什么话"，在与沉着冷静、内向拘谨的人沟通时，就要严肃、认真一些；第二，我们应了解信息接收者的性别、年龄、文化层次等因素，并根据这些因素的差异选择恰当的沟通方式，如和老年人沟通时就需要多一些耐心；第三，我们应考虑信息接收者的情绪，每个人都是有情绪的，任何一种极端的情绪都可能阻碍沟通的有效进行。

2. 确定恰当的表达内容

作为表达内容的本体，信息应当即时、清楚、直接且具有激励性。信息本身的有效性直接决定着表达的有效性。有效表达就是对方能够清晰地捕捉到沟通者所要传递的有效信息。第一，信息应当即时。大多数人应该都有过这样一种经历：当你痛苦或生气的时候，迫切想通过某种方式立即发泄或传达你的感受，延误沟通会使你的情绪恶化。第二，信息应当清楚。信息要完整准确地反映你的思想、情感、需要和观察，在表达过程中不能遗漏任何有价值的信息，也不能用含糊或抽象的信息来简单应付。第三，信息应当直接。直接就是指自己说出来的目的与自己真实的沟通目的是一致的。伪意图和潜台词会破坏亲密关系，会使你处于一个操控别人而非平等待人的位置。第四，信息应当具有激励性。具有激励性是指表达的信息能让对方耐心、有兴趣地听下去，不至于掉头而去。

3. 选择合适的信息传递方式

当前，信息传递的方式多种多样，包括电话、电子邮件、即时在线交谈、论坛发帖、会议沟通、面对面交谈等。不同的信息传递方式会产生不同的表达效果。首先，我们要根据表达内容的轻重缓急来选择信息传递方式。重要且紧急的事件需要表达时，面对面交谈是不错的选择；若两人的空间距离较远或时间紧急来不及面对面交谈，那么电话沟通或视频通话也是很好的办法。其次，我们要根据表达内容的不同来选择信息传递方式。比如，要和领导或同事分享一份文字报告，表达的内容就是报告的内容，我们就可以选择以电子邮件的方式将报告传给领导或同事；而与公司客户沟通，传递什么信息是次要的，增进与客户之间的感情和信任才是主要的，我们此时应选择面对面交谈。

4. 选择适宜的信息传递时机

孔子在《论语·季氏》里曾说："言未及之而言谓之躁，言及之而不言谓之隐，未见颜色而言谓之瞽。"这句话有3层意思：一是不该说话的时候说了，叫作急躁；二是应该说话的时候却不说，叫作隐瞒；三是不看对方的脸色变化而贸然开口，叫作闭着眼睛瞎说。因此，我们要想达到预期的表达目的、取得较好的表达效果，不仅要选择与时代背景、彼时彼地的情境相符的说话内容，还要精准地把握信息传递的时机。该说的时候不说，就会错失良机。我们不注意所处的环境和氛围，不顾及他人的情绪和心情，在不该说的时候却抢着说，则很可能引起对方的误解甚至反感。另外，我们还要注意控制

表达时间的长短，时间过长容易造成双方沟通疲劳，使对方不能及时消化你所表达的信息及内容，时间过短则易造成沟通不充分，难以达到预期的表达目的。

三、有效提问

有倾听、有表达的地方，自然就会有提问。那么，什么是有效提问呢？有效提问就是"能让被问者不假思索就乐意回答，并能为提问者带来新发现的提问"。有效提问能够激发对方思考，给对方以创新空间，甚至能够帮助对方发现之前一直被忽略的某个重要问题。

（一）有效提问的原则

1. 目标性

提问者在提问时一定要目的明确、意图清楚，要紧紧围绕某个方面的内容来设计问题、提出问题，让对方答疑释惑，最终达到自己的某种目的或实现某种意图。

2. 明确性

为使对方能够准确理解自己所提的问题，达到提问的预期目的，提问者应简洁明了地表述问题，不要使用模糊不清的语言，以免对方不知所问或答非所问。

3. 针对性

提问者应根据对方的年龄、身份和教育背景等，有针对性地提出不同难度和深度的问题，同时还要注意采取有针对性的提问方式，这样才有可能得到有价值的回答。

4. 适宜性

提问应坚持适量、适度、适时3个原则。适量是指所提问题的范畴及数量要适当，范畴不能太大，数量不宜过多。适度是指问题的难度或深度要适中，不问可能超出对方能力范围或对方不便回答的问题。适时是指提问的时机要恰当，过早会扰乱双方沟通的节奏，过晚会延长双方沟通的时间。

（二）有效提问的技巧

1. 营造安全的沟通氛围

提问者要真诚提问，充分尊重对方的感受，尽量让对方放下戒备，感受到安全，这样才能使对方愿意分享自己的观点、想法和答案等。有些提问会让对方觉得是一种挑战，尤其是过多的封闭式提问很容易让对方感到十分被动，甚至还有可能产生被审问的感觉，这种氛围下的提问大概率不会取得较好的效果。

2. 延迟判断，带有好奇心

提问者应摒弃先入为主或想当然的思想，对事实进行客观解读并形成理性判断，不在提问中过度掺杂自己的主观想法；拥有开放的心态，对情境和他人保持高度的好奇心，要带着真诚探询的精神进行提问。

3. 基于同理心倾听

提问不是捕风捉影，而是要在倾听的基础上去发掘、明确提问信息。提问者要富有同理心地去倾听对方的感受、需要和请求，适时做出富有同理心的回应，基于听到的信息进行提问，请求对方有针对性地给予说明或澄清，而不是不顾对方的感受去提出一些尖酸刻薄的问题。

4. 有针对性

提问要紧紧围绕对方谈论的主题，突出重点、一语中的，既有针对性又具体化。提问者要确保提问时用语的准确性和简洁度，使对方能够理解你的提问并做出有针对性的回答。

5. 明确提问的目的

提问者要明确提问的目的，确保提出的问题能够辅助沟通目标的实现。在特定情境中，提问者可以在明确提问目的的前提下，利用不同类型的问题来达到自己的目的。一般来说，开放式提问能够使提问者收集并掌握更多的信息，基于倾听的引导式提问能够使提问者挖掘更多、更深层的信息，封闭式提问能够使提问者对所获取的信息进行确认并得出明确的结果。

知识卡片

四、有效反馈

一个完整的沟通过程，除了倾听、表达、提问，还包括反馈。反馈就是在沟通过程中，信息接收者向信息发送者做出回应的行为，以告诉对方自己的意见、建议和想法，包括对个人行为的评论以及个人行为对他人所造成的影响等。反馈主要分为给予反馈和接受反馈两种情况。

（一）有效反馈的原则

1. 真实性

有效的反馈要基于描述的事实或复述的内容。如果是对对方的某个观点做出反馈，那么就需要先确认自己是否正确理解了对方的意思。最好先复述一遍对方的内容，待对方确认后再进行反馈。

2. 具体性

反馈是针对具体问题的反馈，因而必须是具体的。"整体讲得不错，但还有值得商榷的地方"就属于一种比较空泛的反馈；"你刚才针对培训形式的想法很有突破性，但似乎没有就预算情况进行说明"则属于具体的反馈。

3. 引导性

反馈要能够引发对方的反思，使其有更大的思考空间，找出更多的可能性，并做出自主性的改变。反馈是触动式的而非强制式的，如"刚才我听到你说……，你背后的假设是……"。

4. 适宜性

适宜是指适时和适量。反馈要适时，但又不能太唐突，最好是一部分内容有了相对完整的表达时，及时针对这部分内容做出反馈；反馈内容也不宜过多，否则容易使对方的发言变得碎片化。

5. 同理心

反馈要有同理心，要把握对方的需要，了解对方的感受，设身处地地为对方着想，以对方最乐于接受的方式进行反馈。比如，你可以采用先跟后带的方式，即先顺应对方的表达和感受，再提出你的反馈，这样能够强化反馈的效果。

（二）有效反馈的技巧

1. 给予反馈的技巧

给予对方反馈相对比较困难，特别是那些对于复杂信息的反馈。过于直接的反馈可能会激发对方的排斥、反感、愤怒等情绪；过于委婉的反馈又可能会让对方无法意识到你已经给出的反馈，使反馈失效。

给予反馈有以下几种技巧。

（1）客观地描述事实

客观描述你所知道的事实或已发生的事情，对事实进行描述而尽量不做主观评价或判断，确保事实真实可靠，不会冒犯和侮辱对方，不至于引发对方的反感或愤怒，以引导对方自觉纠正错误观点或改正不良行为。比如，"你真不可靠"可以委婉地表述为"你说11点前会把电子邮件发给我，可我现在还没收到"。也要尽量避免"你总……"或"你从来都……"式的表达。

（2）表达感受

描述完事实之后，你就可以坦陈自己的感受了，以使对方感知到其中的逻辑，这也是沟通需要的。比如，"因为我没收到你的信息，我的工作进度受到了影响"或"我很喜欢你加的那些故事，它们能让我更快地理解相关概念"。反馈时，你要根据可能产生的效果来设计自己要讲的话，避免使用批评或贬低他人的措辞，多用"我……"，少用"你……"，这样会使对方感受到的威胁比较小。比如，"我认为你不必那样做"或"我觉得你可以尝试另一种方式"。

（3）关注反馈的影响

在表达完自己的感受后，你还应该关注自己的反馈可能带来哪些合理的、现实的和不带偏见的影响。第一，你要尊重他人，先认同和接受对方的观点，注重反馈对他人产生的价值，而不是图一时之快；第二，你要考虑对方的需求，把反馈重点放在能对他人所产生的价值上，而不是敷衍了事；第三，你要观察对方的反应，若对方感到不适，你要及时做出补救，比如说"如果我的话让你感到不舒服，我深感抱歉"。

（4）推进深入的讨论

有效反馈的最后一步是推进深入的讨论，即用问题的形式来询问对方的观点和态度，包括如何认识你的反馈、如何看待你的反馈所产生的影响、是否认同你的反馈等，如"那么，你怎么看？"或"我认为应该这么做，你是怎么想的呢？"。这一步的作用在于让人应承而非应付，让对话不再是单方面表达，而是双方都有机会反思、表达，并合力解决问题。

2. 接受反馈的技巧

"泰山不让土壤，故能成其大；河海不择细流，故能就其深。"每个人都应该虚怀若谷，能够接受别人的反馈尤其是批评的意见，以全面深刻地认识自己的不足，这有助于我们不断完善自我、提升自我并达成目标。但是，大多数人都喜欢听赞美的话，听不得任何批评的声音，以下方法将有助于我们接受他人的反馈。

（1）克服"反馈应激情绪"

当听到批评、指责等反馈时，大多数人都会产生委屈、抵触、不服等"反馈应激情绪"。产生这些情绪也很正常，但我们一定要保持理性、冷静，不可过度情绪化，以免产生隔阂或激化矛盾。一是我们不要立即为自己找借口，不要忙于解释或辩解，过一段时间再来看看那些反馈，情绪和感觉可能就会不一样了；二是我们要预设场景，练习控制收到批评等负面反馈之后的情绪和反应，整理一些回复的思路与话术。

（2）区分"人"与"事"

按理说，只要反馈的内容切中要害且合情合理，那么是谁反馈的就不重要了。但现实情况是，反馈者的身份还是会在很大程度上影响我们接受反馈的态度和效果。如果沟通双方的关系不太好，那么就很容易将对方反馈的内容与个人好恶等情感交织到一起。在这种情况下，无论一方在何时何地以何种方式来做出某种反馈，都会被另一方看成是不怀好意的，从而会拒绝倾听、接受与改正。

为避免这种情况发生，我们一定要区别对待反馈的人与反馈的事，尽量消除对个人的偏见，避免因"对人不对事"而失去有价值的反馈信息。这也是为什么在很多情况下，我们习惯讲一句"我这是就事论事，对事不对人"，而后才进行反馈。

（3）把反馈视作成长机会

反馈有的客观、有的不客观，但无论是什么样的反馈，也无论是谁做出的反馈，只要我们耐心对待、虚心接受，都有可能挖掘出反馈的价值，使自己受益。优秀的人之所以优秀，就是因为他们能够正视他人的反馈，并把每次反馈当成修正自我的机会，即便他们可能并不完全认同反馈的人和反馈的事。当然，我们并不要求所有人都要百分之百地听从他人的反馈，这需要每个人对反馈的事做出自己的判断，做到全盘认领、批判吸收。

83

测一测

倾听技能测试[①]

你是一个懂得倾听的人吗？朋友遇到烦心事，第一时间想起的人是你吗？请根据你的实际情况回答表5-1倾听技能测试表中的问题。测试得分越高，表示你越符合对应条目中的相关描述。请在每道题后面的5个空白处任选一个并填写分值，"几乎从不"对应1分、"很少"对应2分、"偶尔"对应3分、"经常"对应4分、"几乎都是"对应5分。

表5-1　倾听技能测试表

类别	描述	几乎从不	很少	偶尔	经常	几乎都是
第一部分：态度	1. 你喜欢听别人说话吗？					
	2. 你会鼓励别人说话吗？					
	3. 你不喜欢的人说话时，你也注意听吗？					
	4. 无论说话者是男或是女、是年长或是年幼，你都注意听吗？					
	5. 朋友、熟人、陌生人说话时，你都注意听吗？					

① 余玲艳. 管理沟通艺术 [M]. 北京：清华大学出版社，2018.

续表

类别	描述	几乎从不	很少	偶尔	经常	几乎都是
第二部分：行为	6. 别人说话时，你是否会目中无人或心不在焉？					
	7. 你是否注视说话者？					
	8. 你是否忽略了足以使你分心的事物？					
	9. 你是否微笑、点头以及使用不同的方法鼓励他人说话？					
	10. 你是否深入考虑说话者所说的话？					
	11. 你是否试着指出说话者所说的意思？					
	12. 你是否试着指出说话者为何说那些话？					
	13. 你是否让说话者说完他的话？					
	14. 当说话者犹豫时，你是否鼓励他继续说下去？					
	15. 你是否重述说话者的话，弄清楚后再发问？					
	16. 在说话者讲完之前，你是否避免批评说话者？					
	17. 无论说话者的态度与用词如何，你都注意听吗？					
	18. 若你预先知道说话者要说什么，你也注意听吗？					
	19. 你是否询问说话者有关其所用字词的意思？					
	20. 为了请说话者更完整地解释其意见，你是否询问？					

将20道题的相应分值加起来，就是你的得分。你的测试得分为：（　　　）

你的得分为90～100分，代表你是一个优秀的倾听者。

你的得分为80～89分，代表你是一个很好的倾听者。

你的得分为65～79分，代表你是一个稍微改进的倾听者。

你的得分为50～64分，代表你是一个需要大幅改善的倾听者。

你的得分在50分以下，请反思自己是否真的在倾听。

练一练

读下面的小故事，看师父是如何运用"3F倾听"来听大徒弟汇报的。

从前，一位师父收了两个徒弟。有一天，小徒弟在厨房洗碗，一不小心把刚刚洗好的碗给打破了一个。这时，大徒弟碰巧看到了。大徒弟非常生气，于是急忙跑到师父那里打小报告，说："师父，师弟刚刚在厨房又打破了一个碗，他总是粗心大意。"师父听完，双眼微闭，回答说："我知道了，你是希望他做事要认真，要珍惜物品。我相信，你永远也不会打破碗。"大徒弟听完师父的一番话，顿时醒悟，深感羞愧。

请回答：

1. 第一层：师傅听到的事实是什么？

2. 第二层：大徒弟的感受是什么？

3. 第三层：大徒弟的意图是什么？

扫描二维码查看
答案与解析

第二节
// 沟通策略 //

每个人都知道沟通的重要性，但未必每个人都知道如何沟通。沟通不仅仅是说话，也不是说得越多，沟通就越好。良好的沟通是要讲究策略的，沟通策略大致包括双向沟通、换位沟通、理性沟通和目标沟通4种。

一、双向沟通

（一）双向沟通的含义

双向沟通的概念是从大众媒体学中演化而来的，它是指信息发送者和接收者之间的地位是处于持续变化当中的，二者通过相互的有效协商和沟通最终达成有效的共识。有效的双向沟通信息准确性较高，接收者有反馈的机会，能够产生平等感和参与感，增加自信心和责任心，有助于建立双方的感情。

（二）双向沟通与单向沟通的比较

从时间、信息和理解的准确程度等不同因素来看，双向沟通与单向沟通的区别如表5-2所示。

表5-2　双向沟通与单向沟通的区别

因素	区别
时间	双向沟通比单向沟通需要更多的时间
理解的准确程度	双向沟通会使信息接收者理解发送者意图的准确程度提高
沟通的置信程度	双向沟通中，信息接收者和发送者都比较相信自己对信息的理解
满意度	双向沟通的信息接收者和发送者的满意度均比单向沟通高
噪声	由于与问题无关的信息较易进入沟通过程，双向沟通的噪声比单向沟通要大得多

（三）双向沟通的应用

双向沟通在人们的工作和生活当中最为常见。不管是例行公事，还是命令传达，不管是座谈讨论，还是商务谈判，不管是家庭聚餐，还是朋友聚会，双向沟通都更能发挥出其优势。父母与子女之间的沟通理应属于双向沟通，但大部分父母很少能够听取子女的意见，这使得父母与子女之间的双向沟通更像是单向沟通。

二、换位沟通

（一）换位沟通的含义

换位沟通就是指人们在沟通时要懂得换位思考，善于从对方的角度来思考问题，把握对方感兴趣的"点"。沟通是我说你听、你说我听的双向互动过程，只有双方都把对

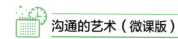
方的话听到心里去了，沟通才算完成。良好的换位沟通就是要站在对方的立场上思考，从对方的角度出发进行沟通，而不是一个人自说自话。

（二）换位沟通的原则

1. 要具备强烈的、以对方为中心的意识

沟通是为了达到某一目的或满足某种需求，或为了向他人输出自己的观点，或为了维持良好的人际关系，或为了说服对方。无论哪一种沟通，都要以对方为中心，要洞察对方的内心世界，弄清楚对方的真实想法和心理状况，而不能只顾尽情地表达自己，陷入"自嗨式沟通"的怪圈。

2. 要做到双面思考

双面思考就是辩证思考，即要认真对待与我们意见相左的观点。在换位沟通时，我们要习惯性地照顾对方，弄清对方的立场和态度，久而久之，就能培养出双面思考或多面思考的能力。

3. 要控制说话时长

几句话就能讲明白的事情，偏偏要讲大半天，不仅听者不胜其烦，而且浪费大把时间。因此，在沟通时，我们要有意识地控制自己的说话时长，不啰唆、不重复，尊重对方的时间。

三、理性沟通

（一）理性沟通的含义

一个理性的沟通者应该尊重人性内在的必然需求，应有明确的目标和良好的大局观念，应会很好地控制自己的情绪。两个尊重人性、尊重规律、讲道理的沟通者，更能开展理性沟通；两个动辄情绪化、冲动、任性和鲁莽的沟通者，很难进行理性沟通。情绪化是非理性的，会破坏理性沟通的效果。

（二）理性沟通的原则

1. 坦白陈述自己的想法

实事求是、开诚布公永远是理性沟通的首要原则。讲话者要一五一十地坦白陈述自己内心的感受、感情、痛苦、想法和期望，绝不在背后说教、批评、责备、抱怨、攻击。

2. 分辨言语的意义

言者无心、听者有意或言者有意、听者无心，都不能达到理性沟通的目的。表述重要的、关键的信息时，讲话者最好加以反复说明和强调，倾听者也要适时复述某些重要信息，以便确认是否存在误解。

3. 分清感觉与事实

理性沟通，讲求的就是理性，不能跟着感觉走，凭感觉判断是非。理性沟通必须建立在理性基础之上，主动降低对主观感觉的依赖程度，以客观事实为准绳，以理性求共识。

4. 勇于承认自己的局限

大大方方地承认自己有不懂的地方，不但可以使沟通者在懂的方面更有说服力，而且可以消除对方的防御心理，使对方也勇于承认自己的不足。示弱比示威更易赢得人们的认同与体谅，双方都退让一步，沟通也会容易许多。

5．控制情绪

理性沟通客观上需要双方都有平和的情绪。情绪化难免会使沟通效果打折扣。纵有一脑子的理性思想，如果没有良好的情绪做保障，那么表达再多也只能是发泄；心里想着理性，语调却阴阳怪气，沟通也会变了味道；嘴上喊着沟通，脾气却比谁都大，双方可能不欢而散。

四、目标沟通

（一）目标沟通的含义

目标沟通是将信息通过听、说、读、写等思维载体，以演讲、会见、对话、讨论、信件等方式准确、恰当地表达出来，并使对方接受的沟通方式。目标沟通主要指组织内人员的沟通，尤其是管理者与被管理者之间的沟通。实现目标沟通须具备两个必要条件：一是信息发送者要清晰地表达信息的内涵，以便信息接收者能准确理解；二是信息发送者要重视信息接收者的反应并根据其反应及时调整信息的传递，免除不必要的误解。

（二）目标沟通的成立

目标沟通成立的关键在于信息的目标程度，信息的目标程度决定了沟通的目标程度。信息的目标程度又主要取决于信息的透明程度和信息的反馈程度两个方面。

1．信息的透明程度

当一条信息作为公开的公共信息出现时，就要确保大部分信息接收者都能准确理解信息的内涵，而不应该出现信息不对称的情况；同时，信息接收者有权利知晓与自身利益相关的信息，否则就有理由对信息发送者的行为动机产生怀疑。

2．信息的反馈程度

目标沟通是一种动态的双向沟通行为，信息发送者应该得到充分的信息反馈。只有沟通的主、客体双方都充分表达了对某一问题的看法，目标沟通才真正具有意义。

案例分析

守住你的沟通目标

新的一年，某公司业务部门的刘部长收到了上级领导给业务部门下达的业绩指标。刘部长认为，以部门现在的人手肯定完不成业绩指标，想找领导沟通一下。

刘部长的目标是向领导表达自己部门的难处，并请求加人；而领导认为，业务部门不需要增派人手，业绩指标的设置也是合理的。于是，二人的沟通陷入了"合理 vs 不合理"的僵局。

请问：如果你是刘部长，你会采取什么行动来达成自己的沟通目标？

扫码查看参考案例解析。

扫一扫

理性的人如何与感性的人沟通

　　理性的人与感性的人可以在尊重彼此差异的前提下进行沟通，做到异中求同、同中存异。那么他们之间具体是如何沟通的呢？请先自行思考，而后扫描右侧二维码进行学习。

扫一扫

第三节

沟通技巧

　　交往有方法，沟通有技巧。小到朋友、家庭，大到单位、社会，善用沟通技巧的人，无不生活顺心、工作顺意。日常工作和生活中常见的沟通技巧主要有赞美、批评、劝慰、拒绝4种。

一、赞美

　　歌德说："最真诚的慷慨就是赞美。"在人际交往中，赞美可以拉近双方的距离，使彼此之间的关系更为和谐。

（一）赞美的途径

1. 外在的具体形象赞美

　　一个人外在的具体形象包括长相（五官、头发等）、身材（高矮胖瘦）、穿着（衣服、鞋子、帽子、配饰等）以及言谈举止等。爱美之心人皆有之，对一个人的外在形象给予适当的赞美，大都会使人心情愉悦、信心满满。

2. 内在的抽象形象赞美

　　一个人内在的抽象形象包括品德、学识、涵养、技能、气质等。一般来说，外在形象反映内在形象，内在形象决定外在形象。内在形象是比较深层次的、长久的、稳定的，对一个人的内在形象进行赞美，是对一个人更高层次的肯定。

3. 间接的赞美

　　假借他人之口来表达自己的赞美就是一种典型的间接赞美。间接的赞美有时比直接的、当面的赞美具有更明显的效果。直接的赞美，不免有恭维、奉承之嫌，而间接的赞美更容易被人接受。

4. 人格品质的赞美

　　人格品质是一个人最本质的特征，也是一个人最宝贵的东西。对一个人的人格品质进行赞美，那将比对其他任何方面的赞美都更有说服力，像赤子之心、高风亮节、厚德载物等词都是对一个人人格品质的赞美。

（二）赞美的技巧

1. 真诚

真诚是赞美的基础，只有由衷的、发自肺腑的赞美，才能体现出赞美的效果。虚伪的、言不由衷的赞美无疑是一种讨好、奉承和谄媚，只会招致他人的不快、反感和厌恶。另外，赞美也不能是无中生有、生搬硬套的，就像不能夸一个胸无点墨的人学富五车一样。

2. 适时

赞美的时机非常重要，恰逢其时、合乎时宜的赞美能够产生意想不到的效果。当你发现对方有值得赞美的地方，就要及时、大胆地赞美，千万不要错过机会。比如，孩子考了高分，一句适时的赞美就能够激发他更上一层楼的动力；当他人评优评先、事业成功之时，适时送上一句赞语，就如锦上添花，令人格外舒畅。

3. 适度

俗话说，过犹不及。赞美也要适度，恰如其分、点到为止的赞美才能达到最好的效果。赞美之词不能滥用，过度的恭维、空洞的吹捧会让有的人感到不舒服、不自在，甚至肉麻、难受、厌恶，不仅不利于建立和谐的人际关系，反而可能使双方都处于尴尬的境地。

4. 具体

赞美一定要具体，要说到点上，不能含含糊糊、人云亦云。赞美越具体，证明你对对方的了解越深入、对其优点的把握越到位，被赞美的人也会更愉悦。比如，孩子的考试成绩比上次有了进步，父母尽量不要说"这次成绩不错，进步很大"，而可以说"你的数学上次考了61分，这次考了76分，整整上升了15分，继续加油"。

5. 差异

赞美要因人而异，不能千篇一律。每个人的优点、长处和闪光点都各不相同，精准、突出个性的赞美比泛泛的赞美更能取得良好的效果。因此，我们在赞美时要有所侧重、投其所好。

二、批评

（一）批评的技巧

1. 选择恰当的时间和场合

批评，一要批得有理、评得有据，二要恰逢其时、场合适宜。不注意时间和场合，批评的效果会打折扣；注意时间和场合，批评才会达到更好的效果。在合适的时间与场合，采用合适的方法来开展批评，能有效维护对方的自尊心，对方也更容易接受，如父母尽量不要在公开场合尤其是当着其他孩子的面批评自家孩子。

2. 目的明确，对事不对人

对同样的一个人或一件事进行批评，不同的人可能会采取不同的批评方式，如对人不对事或对事不对人。在人际交往过程中，如要开展批评，我们应主要针对事情本身的错与对、黑与白，而不要进行人身攻击。把批评的矛头对准事，我们才能分清是非、对症下药；不分青红皂白地对人加以批评，不仅于事无补，还可能把事情搞得更糟。

3. 尊重人格，话语不伤人

每个人都有自尊心、羞耻感，都不想让别人批评自己，更不想被恶语中伤。因此，批评一定要建立在尊重的基础上，不能含有贬低、诋毁、侮辱等字眼。批评时要做到语

不伤人，很考验一个人的修养和境界，一个有涵养的人会十分注意自己的批评措辞，既能充分表达自己的批评意见，又留有余地，也不给别人造成实质性伤害。

（二）批评的方式

1. 幽默的批评

只要运用得当，严肃的批评和幽默的批评都能达到批评的预期目的，甚至幽默的批评效果更好。幽默的批评是指以褒代贬、反话正说，通过表面幽默风趣的肯定，以实现实质上的否定；或用幽默的调侃代替生硬的批评，让被批评者在轻松愉悦的笑声中接受教育，意识到自己的缺点和错误。幽默的批评要注意分寸，不要让幽默的批评变成取笑、讽刺、挖苦，否则极有可能起到相反的作用。

2. 含蓄的批评

上文说到，人都是有自尊心的，一针见血、直言不讳的批评固然能够对当事人起到一定的积极作用，但副作用也是显而易见的。直白的批评会挫伤人的自尊心，引发孩子的逆反心理、朋友的不满情绪等，不利于良好人际关系的构建。含而不露、巧妙暗示对方存在的问题和不足，使之虚心、冷静地正视和接受自己的错误，既能达到批评的目的，又能促进彼此关系进一步发展。

3. 有度的批评

批评要把握好"度"，要有褒有贬，不能全盘否定；要心态平和，不能怒发冲冠、劈头盖脸；要用词中性，不能尖酸刻薄、变相挖苦；要点到为止，不能喋喋不休、翻来覆去。度，就是要辩证地开展批评，用一分为二的态度来看待人和事，切忌"一棍子打死""一叶障目，不见泰山"的批评行为。

4. 温暖的批评

温暖的批评能够促进人们自省，自觉反省自身的不足，也可以激励人们自强，积极改正缺点。温暖的批评是欲抑先扬的批评，如"我很欣赏你这次的工作表现，如果你能把文案再稍微地完善一下，那么效果可能就更好了"。

5. 差异化的批评

因材施教被认为是应对教学中个体差异的一种有效方法。同样，批评也要因人而异、有所区别，我们要根据不同的对象采取不同的批评方法和批评言辞。比如，批评那些自制力强、很少犯错的人，只需含蓄指出问题所在即可；批评那些自制力弱、经常犯错的人，那就要加大力度，以使其从思想深处真正意识到自己的错误。

三、劝慰

（一）劝慰的方法

1. 语言沟通很重要

劝慰，离不开语言上的劝解安慰和交流沟通。我们要善于运用无微不至、体贴周到的语言来化解对方的思想疙瘩、消除对方的不良情绪、安抚对方的受伤心灵。如果对方当前的境况也是你曾经的遭遇，那么你就可以把自己当初的心路历程分享给对方，引起对方的共鸣，使对方意识到每个人其实都不容易，都会经历这样或那样的事情，然后让对方慢慢地自我调整、走出阴影。

2. 倾听对方的苦恼

当一个人情绪不好的时候，往往会特别希望有一个人来认真倾听自己的苦恼。这个时候，安静的倾听往往比语言上的宽慰更能让一个人平静下来。当一颗心沮丧的时候，它需要的是温柔倾听的耳朵，而非逻辑清晰、条理分明的脑袋。善于用耳朵去倾听对方的声音，不要急于追问事情的前因后果，也不要急于做任何判断，要给对方足够的时间和空间，让对方自由表达内心的感受。

3. 要对症下药

在劝慰对方之前，我们要先搞清楚对方遭遇了什么样的事情、事情的前因后果是什么、事情的症结在哪里等，再去思考如何劝慰。面对不同的人和不同的事，我们一定要采取不同的劝慰方式。对方如果大倒苦水，你就静静倾听；对方如果沉默寡言，你就劝说开导。

4. 走进对方的世界

劝慰他人最大的障碍，往往在于劝慰者无法理解、体会、认同他人所面对的苦恼。无法对他人的苦恼感同身受，劝慰者就无法对症下药，无法做出适宜的劝慰行为，导致该倾听的时候却迫不及待地进行语言上的劝说开导，或该劝解宽慰的时候却坐在一边默不作声。劝慰者要善于站在对方的角度、走进对方的内心去看待对方面临的问题，并思考如果自己也遇到同样的问题，希望别人如何来劝慰自己。

5. 善用同理心

劝慰者应将心比心，能够将当事人换成自己，设身处地去感受和体谅他人，想对方之所想，急对方之所急。劝慰者应有优秀的洞察力与心理分析能力，能从他人的表情、语气中判断出他人的情绪，并引导他人不知不觉地将内心的想法、感受说出来，使人觉得自己被理解、包容。同理心不是同情心，不需要你迎合别人的感情，而是希望你能够理解和尊重别人的感情，并充分考虑到自己的劝慰可能引起的后果，给人以真诚、信任、尊重、平等的感觉。

6. 多陪伴

每个人都有一颗渴望温暖、关爱的心，如果有一个懂你的人给你多一点陪伴，就能帮助你走过情绪的低谷期。陪伴是治愈消极情绪的最佳良药，需要你付出一定的时间、精力、耐心和爱心。陪伴的方式有很多，可以一起聊天、逛街、散步、聚餐，或者就是简单地一起晒太阳。越是平和、朴素的陪伴，越能体现出双方良好的人际关系，也越能让人更快地从低谷期走出来。

（二）劝慰的禁忌

1. 不以为意

一般来说，人的喜怒哀乐等情绪都是暂时的、短期的，一段时间过后就会归于平静。但你不能因此在劝慰别人的时候，就表露出没什么大不了、很快就会过去的意思。这样的劝慰是冷漠的、无效的，对他人的情绪是无视的，也等于告诉对方根本不该有这些情绪，或暗指对方小题大做、内心不够强大等。常见的不以为意的劝慰就是："哎呀，这很正常，没什么的，不用放在心上，你要想开一点。"

2. 轻易下定论

很多事情的是非对错都是仁者见仁，智者见智的，每个人的立场不同，得出的结论就有可能不同。有人习惯于把自己的思想灌输到别人的脑子里去，或用习惯性的眼光与思路去给别人下定论。作为一个劝慰者，不要试图扮演一个公正严明、不偏不倚的法官，不要对他人正在经历的事情做出判断，哪怕你有可能是对的。在劝慰别人时，要倾听对方诉说，由对方吐露心声、申诉辩解，不要轻易就下"我觉得你这样有点自私""我觉得是你不对""他应该不是这样想的，你误会他了"等定论。

3. 比惨

比惨是一种自我调节和应对方式，在人生不顺遂的时候，我们往往用比惨来安慰自己和劝慰别人。当别人抱怨自己的艰难时，有些人的第一反应不是如何去安慰对方，而是难以克制地想倾诉自己的痛苦和不幸。低自尊者可能会在比惨中通过幸灾乐祸使自己的感觉更好一些，但对于高自尊者来说，其更希望得到更多、更深入的共情，而不是比惨。因此，在劝慰他人时，尽量不要说："你这种情况我也经历过，而且比你惨多了，你这都不算什么。"

4. 贸然提建议

心理学认为，当别人向你倾诉的时候，不是为了获取你的意见和建议，而只是想要发泄一下负面情绪而已。因此，在劝慰别人时，尤其在弄清楚全部事实之前，尽量不要贸然开口提建议，以免过于武断，还容易得罪人，除非别人真心想听你的建议或你的建议足够专业。提建议，最好是等对方情绪稳定之后，因为情绪波动大的时候，任何建议都很难入脑入心。

四、拒绝

（一）拒绝的方法

1. 条件应承法

条件应承法是指通过设置前提的方式，看似答应别人的请求，实则巧妙地拒绝了对方。比如，当别人向你开口借钱时，你可以说："借钱没问题，不过我之前已经借出去了很多，现在手头也比较紧，等别人把欠款还给我了，我再借给你。"这样，对方在一段时间之内应该不会再向你开口借钱了。

2. 借人推托法

当别人向你寻求帮助时，你可以表示在这之前已经有人找你寻求过同样的帮助了，但是你竭尽全力也没帮上什么忙；或者表示你很想帮忙，但你又做不了主，需要与父母或配偶等人商量。这两种委婉的表述方式都可以使求助的人知难而退。

3. 礼貌谢绝法

不知道如何开口拒绝的时候，可以试着和对方保持距离，减少联系。有些请求看似非常合理、客气，实则像"糖衣炮弹"，不答应的话会伤了彼此的和气，答应的话又会违背自己的心意和原则。在这种情况下，你不要立即拒绝，告诉对方你先看看有无时间、是否方便，或者直接告诉对方"谢谢你这么看得起我，但我的能力确实有限，恐怕没法帮到你，很抱歉"。

4. 幽默风趣法

如果找你帮忙的人和你关系特别好，你想要拒绝但又不想说得太直白，只能告诉对方："我也想帮忙啊，可是办这事儿好比上天摘月亮，实在是难啊。"这种拒绝方法幽默地表示了自己真的无能为力，减少了拒绝时的尴尬和对双方关系的伤害。

5. 暗示拒绝法

暗示拒绝法是指通过一些委婉的暗示让对方感知到你的态度，使其知难而退，比如，可以说"我正打算出去办……事"。如果实在不好意思开口拒绝，那么你也可以通过身体姿态等非语言方式把自己拒绝的意思传递给对方，如摊手、摇头、摆手、叹息、耸肩、皱眉等。

6. 转移补偿法

自己表明拒绝态度后，为减轻、消除对方的不良情绪，可以考虑在其他方面或以其他方式给予对方一定的补偿或帮助，以转移注意力，维系正常的关系。比如，可以说："实在对不住，这件事我的确是爱莫能助，不过我可以帮你打听一些消息，希望能帮到你。"

7. 自我保护法

自我保护法就是以该请求可能会伤及自己的声誉、权益等为由直接拒绝别人，如"这件事你可实在是太难为我了，而且风险实在太大了，超出了我的能力范围，如果我答应你的话，那我可能会承担极大的责任。"

（二）拒绝的技巧

1. 不要立刻就拒绝

当一个人跟你提出请求，如果你立刻拒绝，会让人觉得你对他有意见，或认为你态度有问题、冷漠无情。如果不是立刻拒绝，而是拖延一段时间，他可能就会觉得这是你的能力问题，是你爱莫能助而已。

2. 不要轻易地拒绝

轻易地拒绝别人，往往会失去许多帮助别人、获得友谊的机会。对那些举手之劳的事情或者合情合理的要求，应视情况给予帮助或礼貌回绝，给彼此关系留有余地。

3. 不要在盛怒之下拒绝

当你正在生气的时候，别人向你提出请求，一定要让自己先冷静下来，再决定是否拒绝。因为，如果你带着生气等情绪拒绝别人，尺度把握不好的话，容易给对方造成伤害，也会破坏彼此之间的关系和感情。

4. 不要无情地拒绝

表情冷漠、语气冰冷、毫无通融余地的拒绝会让人倍感难堪，即便不能提供帮助，也应尽量婉言拒绝、晓之以理，使对方能够理解体谅，最大限度地顾全对方的尊严、维护双方的关系。

5. 不要傲慢地拒绝

任何一个人都不喜欢盛气凌人、傲慢不恭、桀骜不驯的人。同样，当你傲慢地拒绝一个人的时候，也是很难让人接受的。即便要拒绝，也应态度和气、充满善意，让人感受到你对他的尊重。

93

📗 **拓展阅读**

三条拒绝话术

很多人并不懂得如何得体地拒绝别人，即便是自己不想做甚至是做不到的事，也会应承下来。他们不想让对方看不起自己、讨厌自己或憎恨自己。

其实，拒绝并不意味着得罪别人。相反，有的时候因为你不懂拒绝而会给对方带来麻烦。得体地拒绝对方，是有诀窍的。

一是你在拒绝对方时，并不一定非要把理由说清楚；二是如果你不想做，就不要给对方模棱两可的答复，要让对方明确地知道你不想做；三是如果你想要维持双方之间的关系，一定要提出一个替代方案。

希望以下三条拒绝话术能够帮助你得体地拒绝别人。更多拒绝话术需要你在实践中不断总结。

【话术一】

• 不合适的说法：应该能吧。

• 合适的说法：可以、不行。

【话术二】

• 不合适的说法：我现在有点忙。

• 合适的说法：我这周抽不出时间，下周可以。

【话术三】

• 不合适的说法：我其实挺想的，但是……。

• 合适的说法：我时间上不方便。

扫码查看沟通话术总结

练一练

我会赞美

每年的 9 月 10 日为教师节。老师是我们成长路上的灯塔，你喜欢的老师又是哪位呢？请你利用所学内容，写一段赞美这位老师的文案。

【本章主要参考书目】

[1] 李占文，钟海. 人际沟通与交往 [M]. 2 版. 北京：科学出版社，2018.

[2] 龙璇. 人际关系与沟通技巧 [M]. 2 版. 北京：人民邮电出版社，2020.

[3] 张志钢，刘冬梅. 人际沟通 [M]. 3 版. 北京：人民卫生出版社，2015.

▶ Bonnie 总要点（知识总结营）

本章首先阐述了有效倾听、有效表达、有效提问、有效反馈这 4 种常见的沟通技能，以帮助读者进行有效沟通；接着阐述了沟通的 4 种策略，即双向沟通、换位沟通、理性沟通与目标沟通，以帮助读者打升沟通思维；最后基于生活场景，提出了赞美、批评、劝慰、拒绝 4 种沟通技巧，以帮助读者提升沟通水平。

▶ Bonnie 带你练（学习训练营）

史蒂夫·乔布斯的批评艺术

史蒂夫·乔布斯作为苹果公司的联合创始人和一位具有传奇色彩的创新者，展现了他独特的批评艺术。他以鲜明的个人风格和对完美的不懈追求，展示了如何在领导团队成员和创新过程中有效地运用批评艺术。

案例1：启发式批评。乔布斯经常使用启发式的批评方法来激励他的团队成员深入思考和创新。他会提出富有挑战性的问题，鼓励团队成员从不同角度看待问题，激发他们的创造力和解决问题的能力。

案例2：直接而坦诚的批评。乔布斯以其直接和坦诚的沟通方式著称。当面对不达标的工作时，他会直截了当地指出问题所在，同时提出清晰的改进方向。这种方式虽然有时候可能显得尖锐，但目的是取得更高水平的成果和提高工作效率。

案例3：建设性批评。除了直接的批评之外，乔布斯还擅长提供具体的、建设性的反馈。他不仅指出问题，还提供具体的建议和改进方法，帮助团队成员理解如何改进他们的工作，从而达到更高的标准。

乔布斯的批评方式和方法，蕴含着高超的领导智慧，值得我们深入领悟与学习。

1. 看完乔布斯的批评艺术，请你反思你之前的批评方法存在哪些不足。

2. 彼得·德鲁克被誉为"现代管理学之父"，他在管理领域的贡献很大，影响深远。德鲁克在与团队成员和学生的交流中，展现了高效且建设性的批评艺术。德鲁克认为，好的批评应该像教练一样帮助他人认识问题，并提供改进的方向。他经常用提问的方式，让被批评者自己发现问题和找到解决问题的方法，而不是直接给出答案。从德鲁克的批评方法中，我们可以学到：有效的批评不应该伤害他人的自尊心，而应该鼓励和指导他人，帮助他人自我成长和改进。通过适当的方式和态度进行批评，可以使批评成为一种积极的、建设性的交流方式，促进个人和团队的发展。扫描下方二维码查看相关案例。

▶ **Bonnie 带你行**（**实践训练营**）

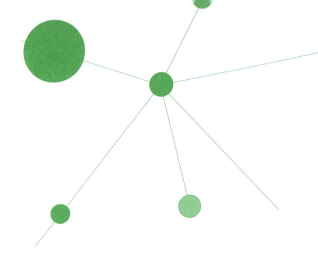

第六章
沟通方式和沟通礼仪

💬 名人说

管理者的最基本功能是发展与维系一个畅通的沟通管道。
——切斯特·巴纳德

▶ Bonnie 说故事（沟通漫画营）

▶ Bonnie 来导航（知识索引营）

扫一扫

▶ Bonnie 理目标（学习目标营）

知识目标

① 了解电话沟通的特点。
② 理解网络沟通的禁忌。
③ 掌握书面沟通的注意事项。

技能目标

① 领会面对面沟通的礼仪。
② 反思你在日常网络沟通中的不足并改正。
③ 运用沟通礼仪相关理论，取得良好的沟通效果。

▶ Bonnie 讲知识（知识学习营）

第一节

面对面沟通

在互联网技术普及之前，面对面沟通是非常普遍且最为主要的一种沟通方式。当前，依托高度发达的互联网技术的社交软件虽然给人们的沟通提供了无限的可能性，使人们不必再高度依赖面对面的方式来完成沟通，但面对面沟通在很大程度上依然具有不可替代的作用。不论是在工作中向上级汇报、给下级指示以及与同事交流，还是在生活中与家人、朋友以及陌生人进行互动，面对面沟通都更加直观真实、高效可信且无距离感。因此，我们应了解并掌握面对面沟通的方式和礼仪，以使沟通更顺畅、更高效，更易达到目的。

一、如何有效地面对面沟通

（一）营造融洽的沟通氛围

面对面沟通对氛围的要求是比较高的。在轻松活跃、热烈融洽的氛围里，沟通双方更容易放下戒备、畅所欲言，也更容易达到目的；反之，在严肃紧张、压抑沉闷的氛围里，

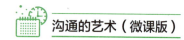

是很难产生较好的沟通效果的。

（二）激发对方讲话的意愿

沟通是一种双向互动，不是单向活动，若沟通双方或其中一方的讲话欲望不是很强，那么沟通就有可能陷入僵局。不是所有的人都是健谈、善谈的，有的人比较内向腼腆、沉默寡言，虽有交流的欲望，却不知从何谈起。这就需要沟通的一方率先发出友好信号，主动寻找沟通话题，努力消除对方的戒备心和紧张感，激起对方的谈话欲望。只要你的某个话题使对方产生了兴趣，对方就有可能发表一些言论。

（三）表现出兴趣和热情

沟通双方的任何一方在发言时，另一方如果给予积极的、热情的反馈，就会使对方更加自信、健谈，从而也会使沟通氛围更加融洽、沟通效果更加良好。这种积极的、热情的反馈包括保持微笑、认真倾听、点头认同、鼓掌赞许等，这些肢体语言都能很好地表达出自己对对方讲话内容是充满兴趣的，对这次沟通是饱含热情的。

（四）尽量避免冲突

人与人之间的沟通要想达成高度统一的意见，还是有一定难度的。双方一般都会从自己的立场出发、围绕自己的核心利益来开展沟通。当意见不统一的时候，双方可以进行辩论、谈判、博弈，取"最大公约数"，做到求同存异、两全其美。任何一方都要保持克制，切忌冲动，避免出现互相指责、牢骚抱怨、激烈反驳甚至肢体冲突等情况。双方如果真心想要达到预期的沟通目的，那么就要清醒冷静、有礼有节、理性克制地进行沟通，不能逞口舌之快而影响沟通的最终效果。

（五）善于制造、领会停顿

在工作和生活中，我们经常会遇到说话非常快的人，你很难跟上他说话的节奏和思路。一个善于沟通的人，懂得如何在沟通中制造适当的停顿，也能准确理解他人在讲话中制造的停顿。为什么要停顿呢？原因有三：一是表达期望，希望得到对方的反馈，此时一方有必要给予一般性的插语或轻轻鼓掌，鼓励另一方继续讲述；二是让对方有时间来思考和消化自己刚讲的东西，使对方跟上自己的思路；三是思维突然中断，另一方应及时帮助其接通原来的思路，如告诉对方"你刚刚说到的这个问题，后续怎么处理呢？"

（六）利用一切可能的机会

沟通有正式沟通和非正式沟通两种形式。前者一般都会在既定的时间和地点进行，后者则会在随机的时间和地点进行。如果因一方比较忙等导致正式沟通很难实现，那么另一方就应该利用一切可能的机会来进行非正式沟通。比如提前得知一方在单位开会，另一方就可以提前到会场外等候，等其散会后，把相关事项沟通一下。在对方毫无准备的状态下，这种沟通往往也会产生预期的效果。

二、面对面沟通的礼仪

（一）称呼礼仪

人与人在进行面对面沟通时，首要的就是打招呼。合适的称谓会给双方都留下良好的印象，也有利于后续沟通的顺利进行。尤其在公务、商务等正式场合，称呼的礼仪显得更为重要。在公务、商务等活动中，称呼要正确、规范，应使用尊称，并遵循"就高不就低"的原则。比如，小周是一家公司的总经理助理，有一次小周陪同公司的王涛总经理参加商务洽谈会，在把王总介绍给对方公司的陈总认识时，小周介绍道："陈总您好，这位是我的老板；老板，这位是陈总。"事后，王总严厉地批评了小周。因为，"老板"一词大多用于公司内部或其他非正式沟通的场合，并不适用于商务洽谈会那样的正式场合，而且"老板"一词既不能体现姓氏，也不能体现官方职务，会给对方带来称呼上的困扰。

（二）介绍礼仪

常见的介绍包括自我介绍和为他人做介绍。在做自我介绍时，姓名、单位、部门、职位这4项基本信息必不可少，这些信息不仅会帮助对方对我们自身的情况有整体的了解和把握，而且也有利于双方接下来的沟通。在为他人做介绍时，"尊者有优先知情权"是最基本的礼仪。你应先将主方介绍给客方、将职务低的介绍给职务高的，如果双方职务相当，那么应将年轻者介绍给年长者、将男士介绍给女士。你为他人做介绍时，应多用敬词，要清晰地说出得体的称谓，有时还可用一些赞美词来介绍对方。尤其在较正式的场合，介绍语也应郑重一些，如以"领导您好，请允许我向您介绍……"的句式作为开头。在非正式的沟通场合，为他人做介绍可以稍微随意一些，你可以用"让我介绍一下""我来介绍一下""这位是……"等句式作为开头。

（三）递接名片礼仪

递接名片在商务场合应用得较多，一般是职位低的人把名片呈递给职位高的人。递交名片一般应遵循以下礼仪：一是双手呈递，将名片置于手中，用拇指轻轻压住名片靠近自己的两个角，其余四指托住名片背面；二是将名片的文字正向面朝对方，以便对方阅看；三是边呈递名片边寒暄，比如说"张总您好，我是小李，请多关照"，以示恭敬；四是当有多人时，应按照由近及远或按职务由高至低的顺序呈递名片；五是如果他人没有回递名片，应尽量避免向他人索要名片，以尊重对方的意愿，如实在需要，应采用比较委婉的方式进行索取，比如说一句："王总，我能否有幸跟您交换名片？"

同样，在接受名片时，你也应遵循一定的礼仪：一是能用双手的话，就绝不用单手接过名片；二是接过名片后，你应马上阅读，并说出重要信息，以示重视；三是对递名片一方的寒暄语及时做出回应，比如对方说"张总您好，我是小李，请多关照"，那么你可以回应"您好，不要客气，有机会多交流"；四是如果多人向你递交名片，你应尽量记住每张名片的主人，千万不要叫错；五是如果自己没有名片或者没带名片，你应主动向对方表达歉意，并如实说明情况；六是要认真对待对方的名片，你可将名片放置于名片夹中或收于包内。

（四）手势礼仪

除了语言交流之外，手势应该是面对面沟通中运用最广的交流方式，最为常见的手势是介绍手势和引导手势。介绍手势的动作要领：当一方向另一方介绍第三人时，介绍人手心向上，四指并拢，虎口微微靠拢，手掌位置约与肩同高，五指指向第三人，眼睛跟随手指方向动态地看向另一方与第三人。引导手势有很多种，从动作角度来讲分为直臂式、曲臂式、横摆式、斜摆式等，每一种手势都有具体的技术要求和标准姿势。但无论使用哪一种手势，大家都应记住，在任何时候，你都要用手掌，而不能用手指，来做手势，用手指来做手势是一种不规范、不礼貌的举动。

沟通小故事

小公主的愿望

从前，有一个小公主生病了，她对国王说，如果她能拥有月亮，病就会好。国王立刻召集全国的智士，要他们想办法摘到月亮。

大臣说："月亮远在三万五千里外，比公主的房间还大，而且是由熔化的铜所做成的。"

魔法师说："月亮有十五万里远，用绿奶酪做的，而且有皇宫的两倍大。"

数学家说："月亮远在三万里外，又圆又平，像个钱币，有半个王国大，还被粘在天上，不可能有人能拿下它。"

国王又烦又气，只好叫宫廷小丑来弹琴给他解闷。小丑得知一切后，心想每个人说的月亮的大小和距离都不一样，必须先问小公主她自己心中的月亮到底是什么样的、有多大、多远。于是，小丑便去探望小公主，并问小公主月亮有多大。小公主说："应该比我拇指的指甲小一点吧，因为我只要把拇指的指甲对着月亮就可以把它遮住。"小丑又问月亮有多远，小公主说："不会比窗外的那棵树更远，因为有时候它会卡在树梢那里。"小丑接着问月亮是用什么做，小公主斩钉截铁地回答："当然是金子啦！"

比拇指指甲还小、比窗外那棵树还要近、用金子做的，这样的月亮当然可以拥有！小丑立刻找来金匠，定制了一个金质的小月亮并穿上金链子，送给小公主当项链。小公主特别高兴，病很快就好了。

人际交往提示：在沟通的时候，人们常常忽略了对方真正想要的是什么，在没有面对面沟通的时候，如果一方根据自己的固有思维去判断他人的想法和需求，沟通往往很难取得实质性的、令人满意的效果。我们在经过面对面沟通后，了解了对方的想法，再采取符合期望的行动，沟通的效果才会显现。

想一想

请思考，在互联网技术迅速发展的背景下，面对面沟通仍然是无可替代的吗？说出你的想法和理由，并和同学们共同探讨。

扫码查看
观点分享

第二节

// 电话沟通 //

以前，人们的沟通方式除了面对面沟通，还有书信往来。当前，随着手机的普及，电话沟通已经成了大部分人首选的沟通方式。电话沟通具有方便、快捷等特点，几乎不受时空等客观条件的限制，一部电话即可联通四海。

作为人与人沟通的一种方式，电话沟通在满足人们沟通需求的同时，能够一并反映出个人的素养、办事风格、精神风貌等。通过电话沟通，两国领导人能够共商大事，两家企业能够签下亿万元的订单，但也有人办不成一件小事。因此，正确地了解电话沟通、掌握一定的沟通技巧，是我们每个人在沟通中的一门必修课。

一、电话沟通的注意事项

当彼此之间距离较远，无法及时当面沟通或需沟通的问题比较简单没必要面对面沟通时，可以采用电话沟通的方式。

（一）打电话的注意事项

1. 提前在头脑中拟好通话提纲。
2. 确认电话号码是否有误。
3. 向对方清楚表明通话目的。
4. 以问候开头、以道谢结尾，使对方感受到你的诚意和友善。
5. 打长途电话尤其是国际长途电话时，要计算好时差，以免打扰对方工作或休息。
6. 结束通话前，要确认通话目的是否达到。

（二）接电话的注意事项

1. 如果听到电话铃声，应及时接听，尽量不要让电话响太久。
2. 接通电话先问好，再自报家门，同时确认对方的姓名、单位、职业等信息，以及来电的意图。
3. 如果对方持续表达时间较长，尽量不要一直保持沉默，应运用"嗯""是的"等插入语来做出回应，使对方知道你一直在听。
4. 接公务电话尤其是上级来电时，应迅速准备好纸和笔，认真做好记录。
5. 接电话过程中，如有突发情况必须中断通话，应简要告知对方，待事情处理完毕，尽快向对方回电并表示道歉。
6. 如果对方打的是工作单位的办公电话，而且找的人暂时不在岗位上，可以问对方紧不紧急、需不需要代为传达或转达。
7. 不管是在工作场合还是在其他公开场合，接电话的声音都要适中，过高会影响他人，过低又会导致对方听不清。

101

二、电话沟通的礼仪

（一）打电话的基本礼仪

1. 先酝酿通话内容，再拨出电话

事先把想要沟通的事项在脑海中过一遍或在本子上整理记录下来，然后再拨电话，以免想到什么讲什么，出现前言不搭后语等情况。

2. 先看好时间，再打出电话

早晨 8 点之前、晚上 10 点以后，你应尽量不要拨打他人电话。如需对方回复或帮助解决有关问题，最好在上午打，此时人们思维最清晰、办事效率最高。

3. 通话时间切忌过长

打电话应言简意赅、说明来意、速战速决，不要过多占用他人的工作和休息时间，拨打单位的办公电话切忌聊闲天，有话则长、无话则短。

4. 通话要有礼貌

拨打他人电话，在某种程度上都是对别人的一种打扰，因此语气要客气，先谦虚地自报家门，再对打扰对方表示抱歉。你向对方发出邀请时，要注意态度，应以商量的口吻和对方确定见面时间。如果是给上级或长辈打电话，应由上级或长辈先挂断电话。在公共场合打电话，你要注意长话短说，不要大声喧哗。

（二）接电话的基本礼仪

1. 及时接听电话

尽量在电话铃响两次之后接通电话，以免有怠慢失礼之嫌。如果办公电话离自己较远，那听到铃响后就应该迅速起身，你应快速走过去接听电话。如果电话铃响了很久才拿起话筒，你应该先向对方道歉，说明情况，请求谅解。

2. 第一句话应礼貌友善

对于通话双方来讲，接通电话后说的第一句话非常重要，你要礼貌、和气、友好地打招呼，使对方心里倍感温暖和愉悦，对你产生较好的印象，这样也会使对方产生强烈的沟通欲望。如果是他人来电找人，那你应说"请稍等"或"对不起，本人不在，请稍后再次拨打"；如果是对方拨错了电话，你也要温和地告诉对方"不好意思，你打错了"。

3. 保持良好的接听姿态

接电话的同时，不要吸烟、喝水、吃东西，更不要边接电话边和身边的人小声说话。接听电话时要保持良好的站姿或坐姿，不要躺着接听电话，那会让对方感觉到你的懒散与漫不经心。即便双方都看不见对方，也要当作对方就在眼前，尽可能地注意自己的姿态。嘴与话筒之间，应保持适当距离，控制好音量，声音不要过高或过低，也不要对着话筒粗重地呼吸或打喷嚏。

4. 正确挂断电话

在接听电话的过程中，如有其他重要电话拨进或有突发事件，应抱歉地告诉对方"不好意思，我过会给你回电"。在沟通事项结束之后，一般应由打电话的一方提出挂电话，接电话的一方也应有明确的结束语，说一声"谢谢"或"再见"，不可只管自己讲完就

挂断电话。

知识卡片

5. 警惕诈骗

接到陌生来电或来电人没有表明身份时，你应主动问清对方的姓名、单位或职业等信息，以免遇到电信诈骗。

第三节

// 网络沟通 //

电话沟通以电话为沟通媒介，网络沟通则以互联网为沟通媒介。相对于电话沟通来讲，网络沟通不仅可以实现一对一的沟通，还可以实现一对多、多对多的沟通。通过互联网技术来实现信息沟通，人与人之间的思想、感情、观念和态度可以得到更充分的交流，而且沟通的成本更加低廉。

知识卡片

一、网络沟通的礼仪

（一）电子邮件沟通礼仪

1. 主题鲜明，准确传达电子邮件的要点，不发送没有主题或没有实际意义的垃圾邮件；不将工作中的电子邮件发送到他人的私人邮箱。

2. 在给陌生人发送电子邮件时，应介绍自己的详细信息或在电子邮件中注明自己的身份；在给上级发送电子邮件时，应使用准确的称呼、合适的敬语和恰当的语气。

3. 使用纯文本或易于阅读的字体，确保电子邮件正文拼写和语法正确；避免使用不规范的用语或符号，不要使用花哨的图片；在正文中应对附件做简要介绍。

4. 及时回复对方的电子邮件，但不过分期许他人回复信件的时效性；当对方没有及时回复电子邮件时，应委婉问询，不要无端猜测或暗责对方。

5. 不随意转发来路不明的电子邮件，尤其是带有附件的电子邮件，除非你确定此电子邮件对别人确有价值。

6. 除非工作需要，否则尽量避免群发电子邮件，以防收件人地址大量公开或泄露；两个人商量的事情牵涉到第三方时，应该将电子邮件抄送给第三方。

（二）微信、QQ 等社交软件沟通礼仪

1. 不要随意添加陌生人或不太熟悉的人为好友，也不要强求别人添加自己为好友，因为加或不加自己为好友是别人正当的权利。

2. 当别人的线上状态为"忙碌"/"出差"的时候，尽量不要主动拨打语音或视频通话。

3. 互发信息的时候，尽量把要沟通的内容压缩到 10 句之内，多用完整的长句，少用零碎的短句或无用的词句。

4. 不要随意给他人发送没有注明出处和内容的链接，强制推送内容给对方不太礼貌，未经查证的链接还容易让对方的计算机或手机感染病毒。

103

（三）抖音、哔哩哔哩等视频软件沟通礼仪

1. 做网络文明人，尊重他人的劳动成果，不随意转载他人作品；不自诩高人一等，不恶意抨击对方的知识层次，不使用侮辱性质的字眼。

2. 不做鉴定师和价值判断人，不断章取义，不抓住对方的某句话借题发挥，不发表有辱网络生态的言论和评论。

3. 对待与自己意见不同的声音，可以视而不见，如果想要说服对方，就说出自己的理由，而不是用脏话攻击对方。

二、网络沟通的禁忌

（一）少用外文或专业术语

少部分人在通过 QQ、微信等工具进行网络聊天时，喜欢时不时地蹦出几个英文单词，极个别的人还会冒出几个日、韩国家的语言符号，其本人可能没有感觉这有什么不妥之处，但对于其他人来说未必如此。除此之外，专业术语也尽量少用，隔行如隔山，他人很可能听不懂这些专业术语，除非你是和专业人士在进行交流。因此，在日常网络沟通中应当注意，少用生僻晦涩的词句或外文。

（二）少用语音，多发文字

用语音信息沟通非常方便，节省了双方文字输入的时间，也解放了彼此的双手，使人可以边通话边做事。但语音信息沟通的弊端也是显而易见的，如对方在工作和学习中不方便听语音信息，将语音转换成文字又会产生一定的转换误差，有的语音还需要反复听才能听清或领会对方的意思。而通过编发文字信息来进行网络沟通就更稳妥一些，文字表达出来的意思不容易使对方产生误解，过一段时间也方便回头查看。

（三）慎用网络语和表情包

网络语和表情包是网络沟通中最常见的沟通符号，深受广大年轻网民的喜爱。和家人、朋友或同龄人进行网络聊天时频繁使用网络语或表情包倒也没有太大问题，但如果与领导、客户或年长的人交流时，过多使用网络语和表情包可能会让领导和客户觉得你态度不认真、工作不严谨，此外，年长的人可能无法准确领会某些网络语和表情包的含义，造成理解有误。

（四）不要乱改字体

计算机或手机操作系统默认的字体具有普遍的适用性和较强的美观性，大部分用户都习惯使用这些默认的字体，但也有少部分人尤其是年轻人喜欢使用一些小众的、自认为很有个性的字体。你如果使用这些字体与他人进行网络沟通，可能会使对方一时难以适应，造成阅读困难。因此，如果你是在和上级领导、工作对象进行网络沟通，那么你应充分考虑对方的体验感，尽量使用系统默认的字体。

（五）及时给对方回应

网络沟通不同于面对面交流，网络信号不佳、手头正忙等原因，都可能使收信人无法及时接收并回复发信人的语音或文字信息。面对面交流时，沟通双方可以及时感知对

方当前的状态，但网络中的语音或文字沟通就很难做到这一点。不管是出于什么原因没有及时回复、甚至忘记回复上级领导或业务客户的信息，都可能让对方觉得自己被怠慢、被疏忽、不被重视，觉得你不礼貌。因此，你如果没有及时回复他人信息，在事后一定要抓紧回复并说明原因，争取对方的理解。

（六）正确使用沟通语

面对不同的网络沟通对象，应使用合适的、礼貌的沟通语。在和上级领导沟通时，你应使用严肃认真、谦虚谨慎的沟通语；在和业务客户沟通时，你应使用严谨专业、不卑不亢的沟通语；在和亲朋好友沟通时，你可以随意一些，但也要做到尊重、礼貌、和气。

知识卡片

第四节

书面沟通

书面沟通是一种以文字为主要媒介的信息传递方式，主要包括公务文书、商务信函、启事、海报、合同等形式。书面沟通比较实用，一般不受空间的限制，沟通成本相对较低。在互联网技术高度发达的今天，书面沟通在日常生活中的占比有所降低，但在公务、商务等场合，书面沟通依然有着不可替代的重要作用。

一、书面沟通的优点与缺点

（一）优点

1. 白纸黑字、直观可见、严谨准确、便于保存。
2. 可以非常正式，也可以比较随意。
3. 篇幅可长可短，形式灵活多样，内容可以仔细推敲、反复修改。
4. 面向特定的群体或个体，一般有约定俗成的、较为一致的规范。
5. 文本可以复印、复制，可以把相同的文本发送给很多人。
6. 减弱面对面沟通、电话沟通、网络沟通中的那种紧张局促情绪，写作人可以从容地表达自己的思想。

（二）缺点

1. 起草文本需认真构思、缜密思考，易耗费较多的时间。
2. 起草文本需谋定后动、慎重下笔，一旦定稿或加盖公章，很难撤回或反悔。
3. 起草、传送直至对方接收文本的过程较长，不能当场或及时反馈。
4. 需要更强的文字组织能力，对很多人来说有一定的难度。
5. 当收到不想反馈的文本时，接收者可以装作视而不见、不予理会；待对方问起时，接收者可以用没收到、看不懂或还没来得及看等理由来推卸责任。
6. 工作和生活中有很多不方便当面拒绝的事情，可以用书面形式来回绝，为无正当理由的回绝提供了渠道。

105

二、书面沟通的注意事项

书面沟通之前，你要做好几件事：一是明确写给谁、写什么、为什么写，沟通对象、沟通内容和沟通目的不同，所采用的写作方法、格式和内容也就不同；二是认真分析沟通对象的特征，充分表达沟通对象需要的信息，以激发沟通对象的兴趣；三是列出写作大纲、确定文本类型、结构和内容，方可撰写初稿、修改编辑、最终成稿。

书面沟通应注意以下几点。

（一）主旨鲜明、观点明确，切忌不知所云

行文必有用意和目的，因此，文本无论长短，主旨必须鲜明突出、观点必须清楚明确，使沟通对象能够准确理解和把握"你想干什么"。

（二）结构合理、层次清晰，节省阅读时间

好的文本不仅内容上言之有理、言之有物，而且结构上也是言之有序。结构合理、层次清晰，就是把要说的话用文字自然、连贯、完整、周密、艺术地表达出来，使沟通对象一目了然、节省时间。

（三）合理用词、注意语气，符合沟通对象身份

不同的沟通对象有不同的教育经历、文化背景和职业特点，势必会有不同的沟通偏好和沟通习惯。因此，你应该充分考虑沟通对象的各方面特征，有针对性地遣词造句，以免造成沟通对象根本没看懂你写的是什么。该严谨的，切忌口语化；该活泼的，切忌学术化。

（四）注意跟踪、等待反馈，确保达到目的

为避免文本送达延迟或没有送达，你应在文本送出后及时致电沟通对象，告知对方自己已经将文本送出，请对方注意查收，如果可能的话，也希望对方回电告知自己已经查收。你应主动给沟通对象留下自己的联系方式，并表示自己会十分期待对方的反馈。也只有对方给予了反馈，一次有来有回的书面沟通才算完成。

知识卡片

想一想

请思考，电话沟通和书面沟通分别适用于哪些情境？说出你的想法，并和同学们共同探讨。

扫码查看
观点分享

▶ Bonnie 总要点（知识总结营）

本章介绍了面对面沟通、电话沟通、网络沟通和书面沟通等沟通方式及相关沟通礼仪。首先，本章介绍了面对面沟通的有效方式和礼仪；其次，本章介绍了电话沟通的有效方式和礼仪；再次，本章说明了网络沟通的礼仪和禁忌；最后，本章明确了书面沟通的优缺点及注意事项。

▶ Bonnie 带你练（学习训练营）

不同沟通方式运用得当皆可发挥功效 [①]

案例一：

阳阳是一个调皮的学生，常常在课堂上捣乱。有一天，第一节是音乐课，课堂上阳阳一会儿打扰前面的同学，一会儿又哼曲子……结果，因为他不遵守纪律，全班每位同学都被扣了一颗星。

第二节是思想品德课，朱老师走进教室的时候，学生们便纷纷告状，说阳阳今天做了什么事。而阳阳坐在位置上，低头不语，好似犯了天大的错误。等学生们一一说罢，朱老师便请阳阳到讲台上。他慢吞吞地挪了上来，看上去情绪很低落。

"阳阳，我想听听你的想法。"朱老师说。

阳阳默不作声。

"那么，就让朱老师站在你的角度，感受一下你此时内心的想法吧！"朱老师关切地看着阳阳，说道，"我想，你听到同学们如此说你的不是，一定感到很没面子，你也一定没有想到同学们对你竟有如此大的意见。"

阳阳一个劲儿地点头。

"那么，你认为同学们对你有这么大的意见，今后在班级里还能交到朋友，还有人愿意和你玩吗？"说到这里，阳阳的泪水一下子奔涌而出，他一边抽泣一边说："没有了，没有人愿意和我玩了！"

朱老师看时机成熟了，便顺水推舟，说道："如果你想让大家都认可你，愿意和你玩，那么，今后上音乐课，你如何做才能赢得同学们的尊重与好感呢？"

案例二：

清朝康熙年间，有个大学士名叫张英，有一天他收到一封家书，说家里人为了争三尺宽的宅基地，与邻里发生了纠纷，要他利用职权打赢这场官司。张英阅信后，坦然一笑，挥笔写了一封信，并附诗一首："千里家书只为墙，让他三尺又何妨？万里长城今犹在，不见当年秦始皇！"家人接信后，主动让出三尺宅基地。邻居见了也觉得理亏，自觉让出三尺地，于是，两家之间形成了一条六尺宽的巷子，成就了"六尺巷"的佳话。

"让他三尺"，此举避免了邻里之间剑拔弩张、对簿公堂，被传为佳话。

[①] 麻友平. 人际沟通艺术 [M]. 3 版. 北京：人民邮电出版社，2020.

请你想一想：

1. 案例一中的朱老师和案例二中的张英分别采取了什么样的沟通方式？

扫码查看答案

2. 如果你是朱老师和张英，你会如何做好有效沟通？

请你找一找：

1. 朱老师遵守了这种沟通方式的哪些礼仪？

扫码查看
观点分享

2. 张英在使用这种沟通方式时，遵循了哪些原则？

扫码查看
观点分享

▶ **Bonnie 带你行**（实践训练营）

扫一扫

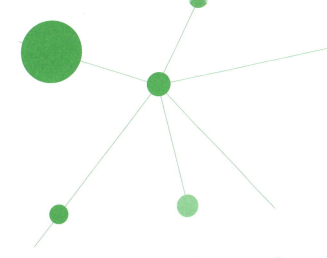

第七章
消解人际沟通中的障碍与冲突

名人说

倾听对方的任何一种意见或议论就是尊重，因为这说明我们认为对方有卓见、口才和智慧，反之，打瞌睡、走开或乱扯就是轻视。

——托马斯·霍布斯

▶ Bonnie 说故事（沟通漫画营）

不当表达：

良好表达：

▶ Bonnie 来导航（知识索引营）

▶ Bonnie 理目标（学习目标营）

知识目标

① 了解常见的沟通障碍。
② 理解冲突产生的原因。
③ 了解克服沟通障碍的方法。

技能目标

① 掌握克服沟通障碍的方法。
② 反思自己在人际沟通中的不足并改正。
③ 运用人际沟通相关理论化解沟通中的冲突。

▶ Bonnie 讲知识（知识学习营）

// 消除人际沟通中的障碍 //

沟通障碍是指信息在传递和交换过程中，意图受到干扰或误解，导致沟通失真的现象。不论是面对面沟通、电话沟通，还是网络沟通、书面沟通，都不可能是一帆风顺的，因为沟通过程中始终存在着大量不可控的因素，这些因素会对沟通产生影响或干扰，造成沟通障碍。沟通障碍主要分为3类：发送者的障碍、接收者的障碍和信息传播通道的障碍。

一、常见的沟通障碍

（一）过滤

沟通中的过滤，就是指人们故意操纵信息，例如，下级对上级"报喜不报忧"，下级并没有撒谎，只是把很多不想汇报的信息给过滤掉了。沟通渠道越长，组织机构越庞大，纵向层次越多，信息被过滤的可能性就越大。过滤既包括从发送者到接收者的过滤，也包括从接收者到发送者的过滤；既包括从上级到下级的过滤，也包括从下级到上级的过滤。另外，组织的奖励制度对于信息过滤行为也有很大的影响。奖励越注重形式和表象，人们就越会有意识地按照上级的偏好来过滤信息。

（二）选择性知觉

简单来说，选择性知觉就是人们只看到他们想看到的东西，并将其作为主体，而其他的事情在他们的眼里都成了背景。实际生活中，选择性知觉的运用十分广泛，如老师用白色粉笔在黑板上写字，利用黑白两色形成极大的反差，从而引起学生的注意。选择性知觉是潜意识的，人们经常会被一系列的认知偏差、感知偏差和动机偏差误导，因而改变自己的判断和决定，然而却不会感觉到自己被误导。在沟通过程中，一方会根据自己的需求与兴趣，有目的地把某些信息作为知觉对象，而忽略其他的信息。因此，要想取得良好的沟通效果，沟通双方在沟通之前都应问一下自己：我是否受到了某种动机的驱使？我在沟通时是否会夹杂自身的预期？我是否要与那些和我有不同预期和动机的人交换意见？

（三）情绪

良好的情绪状态是保证沟通活动正常进行的必要条件，情绪不对，沟通就会出现障碍。比如，新来的领导非常严肃，看起来难以接近，下属在面对面汇报工作的时候，十分紧张，没有很好地把该汇报的内容汇报出来。这就是紧张情绪对沟通造成的障碍。因此，当因为某些事情产生不良情绪时，最好不要沟通或暂停沟通，待情绪平复之后再进行沟通。

沟通小故事

教你一个控制情绪的小妙招[①]

有一位脾气很暴躁的老朋友来看我，我问他脾气好些没有，他说自己脾气更大了，问我有没有办法控制。我说："有一个办法很简单，当你要发脾气的时候，你赶快做个气功，把嘴巴一张先吐一口气，再用鼻子吸气，然后问自己要不要发脾气。"

---

① 麻友平. 人际沟通艺术 [M]. 3 版. 北京：人民邮电出版社，2020.

111

他照做了，过了一个多月他来看我，他说："嘿！你的办法真有效。当我要发脾气的时候，我把嘴一张，吐口气，再把气一咽，就不生气了。"这是个好办法，当你要发脾气时，你告诉自己停一秒，忍一下，忍不住的话，你干脆做个气功，嘴一张，呼一口气。

人生气时，的确有一口气。人一生气，气机就变了，经脉也乱了。我常看年轻人爬楼梯，不过几层，上楼后就坐那里气喘吁吁的，这是因为他不懂张嘴吐气这个窍门。爬高时不要闭嘴，嘴巴要微微张开哈气，才不会累。

这个窍门，是武术老师传授的。爬山时，我们跟不上武术老师，在后面拼命跑，看见武术老师在前面健步如飞，我们怎么跑也跟不上。武术老师回过头来说："张嘴！"嘿！一张嘴果然轻松了。

（四）观念、知识水平等的差异

不同个体的思想观念、个性脾气及知识水平等各有不同且互有差距，这也会造成沟通障碍。观念不同，看待沟通信息的视角就不同；个性脾气不同，处理沟通信息的方式也不同；知识水平不同，理解沟通信息的层次更不同。另外，地域上的差异也会对沟通造成障碍。例如，南方人有时就理解不了北方小品演员的"笑梗"和"包袱"。

（五）非语言信息

在沟通过程中，人们往往还会通过手势、表情、眼神以及空间距离等非语言信息来进行交流。尤其在跨文化沟通中，我们要时刻注意自己的表情、动作以及音量等，同时也要注意对方的表情、眼神以及体态等，避免引起误会，不利于双方关系的建立。另外，空间距离过远虽然会减少面对面沟通的机会，但是会增加双方之间不能准确理解所传递信息的机会，从而产生沟通障碍。

二、克服沟通障碍的方法

（一）及时反馈

反馈的意义在于让双方都能及时知晓自己传达的信息是否被正确接收和执行。因此，沟通双方有必要定期沟通情况、相互交换信息、疏导不同意见，尽早认识自己的不足并自觉地采取行动来弥补不足。很多沟通障碍都是反馈不及时、不经常造成的。当发送者问接收者是否明白自己表达的意思时，接收者的答复就是反馈。为了确认信息是否按照原有意图被接受，一方还可以询问有关该信息的一系列问题，最好是让接收者用自己的话来复述信息。及时反馈可以是语言反馈，也可以是非语言反馈。比如，销售主管要求下属明天提交上个月的销售报告，当有人未按时提交时，销售主管实际上就得到了反馈。一般的给予反馈的流程如图7-1所示。

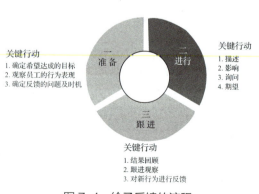

图7-1 给予反馈的流程

112

（二）简化语言

简化沟通语言，不等同于沟通语言简单化。简化是在充分理解沟通思想和观点之后，用自己的思维方式让沟通语言更加简洁明白；而简单化则是盲目地省略，甚至忽略了内心的思想，说出来也是不清不楚，让对方感到无所适从。在沟通中，语言表达要精练准确、通俗易懂，尽量不要使用过于专业、晦涩难懂的词语，也要避免模棱两可、含糊其词的表述。我们应针对不同的接收者来科学组织措辞、尽量简化语言，去除语言中的理解障碍以及拖沓啰唆的表述，在确保准确传达意图的基础上，还要确保接收者方便记忆而不易遗忘、准确理解而不会误解。

（三）积极倾听

倾听有积极倾听、消极倾听，有主动倾听、被动倾听。完全不听、看似在听实则没有入脑入心、选择性地听，都属于消极倾听。积极倾听是专心、专注地听，是带有同理心地听，身上所有的接收器都能主动打开，能随时看着对方，能主动站在对方的立场上去观察、去感受、去理解。积极倾听是一件辛苦的事情，需要倾听者集中精力，真正理解说话者所说的内容，就像认真听课的学生一样，学生在一堂课结束后会和老师一样疲惫，因为学生在倾听时投入了大量的脑力和精力。

知识卡片

（四）控制情绪

与人沟通时，我们要有礼有节、微笑示人；当对方的话令人不舒服时，我们可插入一个新话题，使对方不能继续下去；当对方的话实在太过激了，使我们有冲动的倾向时，我们可以选择做几组深呼吸或去洗手间冷静一下；当对方的话随时可能激化矛盾时，我们不妨先行告辞，待双方都冷静之后，再约时间继续沟通。

（五）注意非语言信息

非语言信息在语言沟通中占有很大比重，能够使语言表达更准确、有力、生动、具体。非语言信息大都有着丰富的含义，在不同的场合也有着不同的作用，但在大多数情况下，非语言信息都是和语言相辅相成、相得益彰的。因此，我们要善于调整和控制非语言信息，有效借助非语言符号来传递沟通中不同阶段的意向变化的信息，确保这些信息和语言相匹配并起到强化语言的作用。

知识卡片

想一想

请思考，在沟通中，哪些非语言信息是消极信号？给出你的观点，并和同学们共同探讨。

扫码查看
观点分享

第 二 节
// 化解人际沟通中的冲突 //

冲突是指不同的行为主体由于目的、手段等方面的分歧而导致的行为对立状态。只要是沟通，多多少少都会存在信息不对称、认知不相同、目标不统一、立场不一致等造成的沟通障碍。越深层的沟通障碍越难被察觉、越难克服，也越容易导致冲突。

一、冲突产生的原因

（一）组织结构差异

相当一部分冲突都是由组织结构差异引起的。组织内部的分工不同，利益目标自然也不相同，从而导致组织内部各层次、各部门、各单位、各岗位的分化。组织越庞大、越复杂，组织分化越细密，信息越不对称，沟通就越困难。为了追求各自的利益或荣誉，组织内部就会发生垂直或水平方向的冲突。

（二）个体差异

每个人的受教育程度、素养、社会背景、工作经历等各不相同，由此塑造了每个人不同的价值观、性格、需求和作风，形成了个体差异。这种个体差异极易导致冲突的发生。

二、冲突的类型

一是从规模上划分，有人与人、人与组织、组织与组织之间的沟通冲突。

二是从性质上划分，有价值冲突、思想冲突、经济冲突、政治冲突、文化冲突、宗教冲突等，其中尤以价值冲突最难调和，因为它与价值观紧密相连。

三是从方式和程度上划分，有辩论、口角、打斗等。

三、冲突的化解方法

（一）回避

回避是指冲突发生时，其中一方或双方采取的逃避、退缩或中立的态度。当引发冲突的问题微不足道或只是暂时的，不值得耗费时间和精力时，当其中一方的实际权利与解决冲突所需要的权利不对称时，采取回避的态度可能比较明智。但回避并不能从根本上解决冲突，而且涉及重要问题时，尽量不要回避。

（二）平滑

平滑是指尽量弱化冲突双方的差异，着重强调双方的共同利益，以降低冲突双方的紧张程度。当冲突双方处于一触即发的紧张局面时，当为了稳住目前的团结局面、避免分裂时，当冲突的根源是个人素养原因而很难调解时，采取平滑的方式可能会取得临时性的效果。但平滑着眼于从情感上争取缓和冲突的可能性，并没有着眼于解决冲突本身，效果相对有限。

（三）强迫

强迫是指冲突一方利用奖惩等不对等权利来支配另一方，迫使另一方服从自己的决定。一般情况下，强迫只能使冲突的一方满意。如果你经常采用强迫的行为来解决冲突，那么这种行为会被视为一种无能的表现。当为了双方关系的长期存在和进一步发展必须采取某些临时性的非常措施和紧急行动时，强迫会发挥一定的作用。

（四）妥协

妥协是指冲突一方或双方做出让步以达成某种协议。在某些情况下，你尽量不要过早地采取妥协的方式。比如，沟通双方没有搞清楚冲突的根本原因所在，只是就事论事，这时你如果妥协，并不能从根本上解决问题，还可能会错失解决冲突的更好方法。

（五）合作

合作是指冲突双方能够正视冲突的深层次原因，以寻求对双方都有利的解决方案。合作被认为是解决冲突的最佳方式，在核心问题上，沟通双方都能及时交流和交换信息，都能在充分了解对方想法的基础上再提出自己的想法，最终实现共同目标。

沟通小故事

大学生寝室作息冲突

李明和王强读大学时住在同一间宿舍。李明性格内向、勤奋好学，习惯早睡早起、作息比较规律。王强性格也比较内向，平时话不太多，但他却不怎么爱读书，在校大部分时间都在玩游戏，而且经常玩到深夜才睡觉，第二天睡到很晚才起床。李明和王强的作息时间存在很大差异，两人心里都觉得是对方影响了自己的休息，并因此产生了矛盾。由于两人性格内向，在矛盾刚刚出现的时候，他们并没有把自己心里的想法和不满直接告诉对方。随着时间的推移，他们开始变得暴躁，开始公开指责对方。李明指责王强玩游戏玩得太晚，而且边玩游戏边发出声音。王强指责李明每天起床太早，导致自己经常被吵醒。双方迟迟没有找出一个让彼此都满意的解决方法，最后矛盾升级，双方发生了肢体冲突。辅导员给他们二人调换了宿舍才算把问题解决了。

▶ Bonnie 总要点（知识总结营）

本章介绍了人际沟通中的障碍与冲突及其消解。在人际沟通中，我们想要达到期望的沟通目的，首先，必须正确认识与看待人际沟通中存在的障碍，针对不同的障碍找出不同的方法加以克服；其次，人际沟通中也可能出现一系列冲突，我们想要合理化解冲突，就必须先明确冲突产生的原因，再将冲突归类；最后，找出合理化解冲突的方法。

▶ Bonnie 带你练（学习训练营）

大学生宿舍人际冲突

宿舍是大学生人际冲突的多发地点，宿舍中的人际冲突常是大学生人际冲突的集中表现。人际关系问题尤其是宿舍人际冲突，几乎是每一个大学生都必须面对的。

案例一：

某4人间宿舍住着金某、潘某、罗某和王某4位女生。金某由于习惯以自我为中心，大二下学期近一个月来，经常与宿舍其余3人产生矛盾。罗某等3人对金某的态度十分冷淡，多次在夜晚闲聊时对金某冷嘲热讽，让其十分难受。冲突有不断升级的趋势，同学间互信的基础完全破裂，宿舍间人际关系急剧恶化。为避免情绪化的严重后果发生，后来金某经辅导员调解，另换了宿舍，矛盾才暂时平息。

案例二：

胡某是学院拉丁舞协会会长，由于该协会没有专门的工作室，所以胡某经常把协会的一些工作带到宿舍来做，她本人又不善于安排时间，经常工作到深夜。这样既影响了宿舍其他同学的休息，也给她自己带来了很大压力。同学贾某睡眠质量不好，长期受胡某影响，终于有一天，胡某半夜还在台灯下工作，贾某于是再也忍不住，说了胡某一句："你能不能不要每天弄到这么晚？"结果胡某由于连日来的压力过大加上贾某的指责号啕大哭，寝室矛盾立即爆发，整层楼的同学都被吵醒了，甚至惊动了宿管老师。后来，胡某和贾某的矛盾在辅导员的调解下才得以解决。

案例三：

某大二宿舍中的谢某曾因患有轻度焦虑症而休学一年，情况好转才复学。其睡眠质量不高，很容易惊醒，而同宿舍的林某不爱学习，平时性格也大大咧咧。谢某则性格敏感多疑。由于林某的个人行为经常影响谢某休息，两人因此小摩擦不断。有一天因为一件小事，两人发生了口角，林某出言不逊大骂谢某，为此谢某痛哭不已，直到辅导员出面调解才暂时熄火，但两人关系一直没有缓和，互相不搭理对方。

案例四：

某大三宿舍的几位女生之间平时因为生活习惯、性格等不同，有一些小矛盾。后来该宿舍竟然出现了打群架的情况，并且宿舍的成员分成了两派，女生们各自把自己的男朋友也搅进了冲突之中，情况万分危急。后来，辅导员得到消息，赶来调解，才使事态没有恶化，渐渐平息。

请你想一想：

1. 4 个案例中，冲突产生的原因分别是什么？

2. 4 个案例中，辅导员分别采取何种方式平息了冲突？

请你找一找：

1. 在你的大学生涯中，有没有宿舍发生冲突的时候？如果没有，寻找你身边的宿舍冲突案例。

2. 结合案例，如果你是辅导员，你会采用哪些方式来处理这些冲突呢？

▶ **Bonnie 带你行**（**实践训练营**）

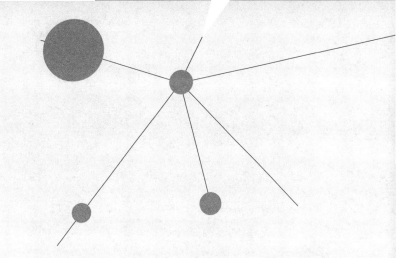

第三篇

生活与职场中的沟通艺术

第八章
生活中的沟通

名人说

与人交谈一次，往往比多年闭门劳作更能启发心智。
——列夫·托尔斯泰

▶ **Bonnie 说故事**（沟通漫画营）

▶ **Bonnie 来导航**（知识索引营）

扫一扫

▶ **Bonnie 理目标**（学习目标营）

知识目标

① 了解家庭中的沟通的基本类型。
② 了解亲子关系的社会性特征表现。
③ 认识原生家庭的概念。

技能目标

① 领会与家庭成员沟通的核心要点。
② 反思日常交往中的不足并改正。
③ 运用恰当的沟通方法，建立良好的家庭关系。

▶ **Bonnie 讲知识**（知识学习营）

第一节
// 家庭中的沟通 //

沟通之于家庭，就像呼吸之于生命，良好的沟通能让家庭和睦美满，使家庭成员之间有着强烈的思想共鸣和通畅的感情交流。本节将从不同家庭成员之间的沟通分析家庭中的沟通方法。

一、亲子关系的社会性特征表现

亲子关系指父母与孩子的关系，它是家庭中纵向关系或者代际关系的核心，也是最基本的家庭关系。就其自然属性来说，亲子关系是一种血缘关系，并且有绝对的稳定性、天然的感情联系和血浓于水的骨肉之情。亲子关系一旦确立，就会始终存在并伴随人的一生。不同类型的亲子关系具有相应的社会性特征表现。

（一）父母对孩子较为忽视

这一类父母大多只会为孩子提供食宿和衣物等基本的物质支持，而不会提供精神支持，也不会对孩子表现出爱和期待。他们既不关心孩子，也不对孩子提要求或对孩子的行为进行控制，甚至对孩子抱有拒绝或敌意的态度，更有甚者还经常打骂孩子，与孩子缺乏交流和沟通。这类父母教育出来的孩子在成年后一般很难信任别人，也很难和别人建立稳定的关系，社会适应能力和自我控制能力往往也比较差。

（二）父母对孩子较为专制

这一类父母严厉且不民主，往往认为自己永远是正确的，孩子必须绝对服从。这一类父母习惯于控制孩子的行为，不觉得有对孩子解释原因、说明理由的责任和必要，一旦孩子出现偏差就予以惩罚。在这种教养方式下，父母和孩子的关系是不平等的，感情上也比较疏远。孩子会较多地表现出悲观、焦虑、易怒等负面情绪，在行为上也缺乏自信心、好奇心、独立性、灵活性和创造性，在道德发展上往往不够成熟。父母的严格管教使孩子错误地认为，不持异议地服从他人才是处理人际关系和解决问题的最佳方法。

（三）父母对孩子较为容忍、放任

这一类父母对孩子采取放养的模式，过分容忍、放任自流，疏于引导、忽视教育。这一类父母很少对孩子提要求，但对孩子的物质要求往往会尽力满足。他们错误地以为，满足孩子物质层面的要求，就可以代替自己对孩子精神层面的关心。在这种教养方式下成长的孩子成熟得较晚，自我控制能力差，任性、缺乏恒心和毅力，对父母表现出很强的依赖性；在工作中不服从管理，不善于与人合作，不懂得尊重别人，很难严格要求自己，缺乏执行计划的毅力。

（四）父母对孩子较为民主

这一类父母既注重让孩子自主发展，也注重培养孩子遵守纪律和规则的良好习惯。这一类父母会合理地引导孩子的认知和行为，重视孩子的表现，能及时、正确且恰当地对孩子予以表扬或惩罚。他们注重与孩子的交流，会向孩子说明自己行使权力的理由。这种建立在关心爱护、尊重理解基础上的权威，对孩子的成长大有裨益且具有指导作用。这一类父母不仅与孩子关系亲密，而且还是子女的榜样。在这种教养方式下长大的孩子自信、成熟、理性、乐观向上、善于与人交往。

二、大学阶段亲子关系的特点

知识卡片

亲子关系是每个人人生中的第一个人际关系，父母无法选择孩子，孩子也不能选择父母，无论双方是否愿意，双方都必须接受这种关系。在大学阶段，亲子关系具有以下几个特点。

（一）亲子间的间接交往方式

有相当一部分大学生远离家乡、异地求学，与父母见面的机会很少，只能通过打电话、发短信或者微信等方式进行联系和沟通。当前，这种联系和沟通的次数也在逐渐减少，有些大学生只有在需要用钱时才会想起父母。在这种情形下，父母对孩子的影响力和控制力大为减弱。

（二）亲子间感情的不平衡

这种不平衡表现为：父母的感情明显地偏向于孩子，父母把感情的重心都放在孩子身上；而孩子的家庭离心倾向却显著增强，进入大学后更意味着他们开始踏上自己的人生之路，逐渐脱离父母的管束，进而追求精神上的独立。他们对社会和人生的看法与父母的看法有着较大的差异，这常常会造成双方缺少共同语言。即使是放假回家，有些大学生与父母沟通、交流的时间也远远少于与朋友相处的时间。

（三）亲子关系在大学不同阶段存在差异

大一新生刚刚离开家乡和亲人，进入一个陌生的环境，和父母的感情还处于比较亲密的阶段；大二学生学业比较紧张，和同学也有了深入交往，有了自己的朋友，与父母处于若即若离的阶段；大三和大四的学生经过大学的熏陶，得到了锻炼和成长，思想也日渐成熟，慢慢地对父母有了更多的理解、体谅和尊重，同时，他们还面临着就业压力，会更多地寻求来自父母精神上的支持，这一阶段的亲子关系已趋于稳定和成熟。

三、与父母沟通

周国平说："对亲近的人挑剔是本能，但克服本能，做到对亲近的人不挑剔，则是种教养。"父母是我们最亲近的人，他们渐渐老去，需要我们的包容与照顾。在对待父母的态度里，往往藏着我们最真实的人品，决定了我们的一生。

123

（一）多与父母沟通

父母与子女在思想观念、行为方式、生活环境、社会责任、社会地位等方面可能大不相同。子女应该主动与父母沟通，经常与父母交流，用心体会父母养育自己的艰辛，学习父母真实而宝贵的人生经验，虚心听取父母的教诲，接受父母正确合理的建议和要求。即使与父母的意见相左，也不要公开顶撞，而要用温和、委婉的方式表明自己的看法，使父母在得到尊重和心理满足的同时，平心静气地分析并最终愉快地接受自己的意见。

（二）主动理解父母

就像世界上没有两片完全相同的树叶一样，人与人也是完全不同的，我们应该尊重别人与自己的不同，包容别人和自己的不同，求同存异无疑是最好的相处方式。两代人之间难免有所谓的"代沟"，父母与子女在很多方面势必会存在较大差异。尽管父母这代人阅历丰富，但有时也会做出一些在子女看来匪夷所思、莫名其妙的事情。子女要主动理解、多学习观察父母分析与处理问题的方式和方法，借鉴父母的人生经验，少走弯路。

（三）积极倾诉心事

子女应该主动和父母谈谈自己的学习、老师和朋友，无论是高兴的事还是不高兴的事，子女都可以与父母一起讨论。与父母分享你的喜怒哀乐，会让父母越来越关心你。和父母多谈一些他们关心的话题，拉家常，聊父母感兴趣的事，不要只交流自己关心的事。子女要寻找机会或创造机会与父母交流，如和父母一起做家务、做运动、看电视。边做事边交流，会使沟通更为自然。

（四）学会倾听父母

除了倾诉之外，子女更要学会做好的倾听者。当你认真倾听父母说话的时候，你其实已经向父母表明，父母对你而言是很重要的，你对父母所说的话很重视，你很在意父母的思想和观念，你很爱父母。在倾听的时候，你要看着父母，用你的心来倾听，适时给父母回应，让父母知道你在倾听，同时不要轻易打断父母的话，也不要去岔开话题。

四、与子女沟通[①]

沟通是家庭中最重要的教育方式，父母与子女的沟通质量直接影响家庭教育和家庭关系的质量。面对孩子，如何有智慧地进行沟通，是每一对父母的必修课。

（一）注意方式，有声沟通与无声沟通并举

家庭教育的方式是很重要的，大部分父母可能会认为，和子女沟通就是和子女说说话，交流彼此的意见。当然，和子女交谈是一种重要的沟通方式，也是一种常用的沟通方式，是有声的沟通。除此之外，还有无声的沟通。比如，子女在学校受到老师的表扬或者考了好成绩，当子女把这些自己觉得很得意的事告诉父母时，父母可以竖起大拇指表示赞扬，可以笑着点头表示肯定，还可以和子女拥抱表示鼓励等。当父母意识到子女想要和自己沟通时，不管自己手头多忙，父母都应该尽量给子女以适当的回应，因为此时子女是很渴望父母能关注自己的。如果父母及时地予以回应，子女就会觉得自己在父母心中是重要的，否则子女会觉得父母只知道忙于工作或家务，没有把自己看得那么重要，于是和父母沟通的积极性就会受到打击，这既不利于以后的沟通，也会降低子女对父母的信任感。而事实上，子女在父母心中真的很重要，只是父母在忙于生计的时候，可能会无意识地疏忽了和子女的交流，并不是不关心子女。

（二）耐心倾听，学会站在子女的角度思考

父母感觉和子女无法正常沟通，其中一个原因就是父母没有很好地倾听子女所说的话，不知道子女心里想什么、在关注什么、需要些什么。有时候，父母给子女买了一个玩具、一件衣服或者几本故事书，心想子女肯定会喜欢，结果是子女喜欢玩具车父母却买了玩具枪、子女喜欢色彩鲜艳的衣服父母却买了黑白色的衣服、子女喜欢看科幻书父母却买了童话故事书。因此，父母要注意倾听子女所说的话，懂得换位思考，这样才能知道子女心里到底在想什么，知道子女喜欢怎样的玩具，喜欢穿怎样的衣服，喜欢看怎样的书，才能做到沟通无障碍。

每一对父母都希望自己的子女能够好好读书、考上重点大学，有的父母天天都把"好好学习"挂在嘴边，而不去关心子女最近学习情况如何、有没有什么困难、身体和心情怎么样。在这种情况下，父母还一味地念叨"好好学习"，只能招致子女的反感，甚至与子女发生冲突。

（三）创造条件，营造和谐温馨的沟通氛围

父母和子女沟通，要把握好时机。子女放学回家后就去专心致志地写作业，不希望

---

① 吕彩萍. 家庭教育中父母与子女沟通的策略 [J]. 当代家庭教育，2020(2)：32.

有人打扰，这时候父母应尽可能地不要去打扰他们，等他们做完作业后再去沟通。父母要创造条件，尽量多地和子女沟通。例如，趁着周末，和子女一起看画展、听音乐会，或者去户外走一走、进行一次野炊。父母还要善于营造温馨和谐的沟通氛围。比如，和子女一起看电视的时候，父母可以边看边与子女交流对电视节目的看法和心得；子女做完作业后，父母可以和子女一起下下棋、聊聊时事等。父母要鼓励子女多说话，多发表自己对人生的感悟，多谈谈自己对事物的见解，要允许子女说的话不成熟，不要让子女害怕说错话而不敢说话。当子女的思想、观点和言论偏颇或错误的时候，父母要委婉地予以纠正和引导，使子女树立正确的世界观、人生观和价值观。子女在这样的家庭氛围中成长，一定会觉得舒适、快乐，一定会变得自信、阳光，与父母的沟通一定会顺畅。

知识卡片

沟通小故事[1]

一位父亲有一个 5 岁的儿子和一个 3 岁的女儿。孩子们总会把玩具扔得到处都是，这位父亲非常烦恼，每天回家都为收拾玩具而发愁。后来，这位父亲想了一个好办法。他让儿子把小三轮车当火车，任命儿子为"列车长"，让女儿把小推车绑在儿子的小三轮车后面当车厢，并将这个游戏命名为"开火车游戏"，孩子们一听，开心得拍手叫好。每到太阳落山的时候，孩子们就把所有的玩具，收拾整齐装到车厢里，然后女儿坐在"火车"上，儿子开着"火车"在屋子里绕来绕去。这样一来，收拾玩具的难题就轻松地解决了！

亲子沟通技巧提示：在与子女沟通的过程中，父母可以通过子女看得见的方式，让子女理解你想让他们明白的道理，这样往往能够让沟通更顺畅有效。

五、与兄弟姐妹沟通

亲情是弥足珍贵的，而有兄弟姐妹是一种幸运。兄弟姐妹之间的情感也需精心维护，在遇到摩擦时需采用合适的方式去应对。

（一）互相尊重

除了父母之外，血脉相连的兄弟姐妹应该就是这个世界上最亲的人了。但即便是再亲近的关系，也要有边界，要彼此尊重。千万不能错误地认为，兄弟姐妹都是自己人，不用过于客套，想说什么就说什么。只有相互尊重，照顾彼此的感受，大家沟通起来才会自然、无障碍。

（二）相互帮助

兄弟姐妹要互帮互助，协力取得事业上的进步，一起实现各自的人生价值，把生活过得有滋有味。

125

---

① 卡耐基. 卡耐基口才的艺术与人际关系 [M]. 马剑涛，肖文键，译. 北京：中国华侨出版社，2010.

（三）共理家事

一个家庭的幸福要靠全家人的共同努力，兄弟姐妹作为家庭中的年轻人，更应成为料理家事的主力。每一个人都应尽己所能，为家庭多办实事。比如，周末一起回家，帮父母做一下家务，聊一下近期的工作和生活，这样既增进了了解，又促进了家庭的团结。

（四）保持关系

兄弟姐妹之间，本来如同手足，有着不可分割的关系，不要因为这样那样的原因变得冷漠和疏远，让亲情蒙上阴影。兄弟姐妹少些自私和算计，多些关爱，才能使亲情长久。搁置争议、忘记纷争、宽容大度，兄弟姐妹才能和睦相处。

沟通小故事

与君世世为兄弟

苏轼和苏辙不仅以才华著称于世，其兄弟情也感动了后人。苏辙曾说："我小时候跟着哥哥跋山涉水，有危险时总是哥哥照顾我。"他曾经写诗说："自信老兄怜弱弟，岂关天下少良朋。"苏轼初任凤翔签判时，是兄弟二人第一次远别。苏辙从汴京（今河南开封）送他到郑州西门之外，又独自骑马夜返。

元丰二年（1079年），由于政治上的派别斗争，苏轼被关进了监狱。苏轼在狱中几度想要自杀，可又料想苏辙亦必不肯独生，只得放弃了轻生念头。一天，平时给他送饭的儿子苏迈去筹钱，临时代为送饭的人不知父子俩事先暗中"若有不测，则送鱼"的约定，送了一条熏鱼。苏轼见状大哭，自料必死，写下两首诀别诗给苏辙。宋神宗读了，也为其深情和才华感动，其中一首的最后两句是："与君世世为兄弟，更结来生未了因。"

苏辙读罢，也放声大哭，上书请求以自己的官职为兄赎罪，结果未获批准，自己还遭牵连，被贬了官职。苏辙不仅没有丝毫怨言，还将哥哥的家小接到自己家中安顿。苏轼64岁病逝，苏辙遵兄遗愿，将其葬于河南郏县，亲撰《亡兄子瞻端明墓志铭》，其中有："抚我则兄，诲我则师。"11年后，苏辙也病逝，与兄长安葬在一起。

从《人世间》中看正气凛然、手足情深的家族精神

影视剧《人世间》通过叙述周氏三兄妹的人生故事，让观众深刻感受三兄妹的人生道路各有不同而又各显风采，展现了一种独具穿透力和感染力的人生美学智慧。

在剧中，周家三兄妹分别呈现出刚正、雅奇和憨实的人生景致，并且一道在人生道路上找到了属于自己的幸福。促成这一圆满结局的原因有很多，其中至关重要的便是周家手足情深的家族精神。这种手足情深的家族精神促使周家三兄妹在各种磨难中彼此扶持，相互帮衬，齐心协力经营起和谐的大家庭。

在这种家教传统和家族精神的延伸处，我们还可以看到以"六小君子"为代表的乐观互助的底层气象。

第二节

应酬沟通

应酬的本义就是交际往来，也常指为了自己的相关利益，做一些自己不情愿做的事情，说一些自己不情愿说的话，去一些自己不情愿去的地方。应酬是讲究沟通艺术的，是以人性需求为基础的，我们只有把握好应酬对象的心理诉求，才能构建起良好的人际关系网。

一、初次见面

人与人第一次交往过程中给彼此留下的印象，将会在对方的头脑中占据主导地位。在首次见面时，给对方留下深刻又美好的印象，不仅能够体现出个人良好的修养，同时对日后的合作、相处也有极大的帮助。在应酬场合，常常会出现需自我介绍、居中介绍及集体介绍等情况。

（一）自我介绍

如果我们想结识某人，往往需要采取主动的自我介绍方式，比如说"您好，我是……，见到您很高兴"，以此来获取对方的回应。我们也可以采取被动的自我介绍方式，先婉转地询问对方，比如问"先生您好，请问怎么称呼您"，待对方做完自我介绍后再顺势介绍自己。自我介绍必须诚实坦率、谦逊有礼。巧妙得体的自我介绍，可以为双方交往打开良好局面，也可以展现一个人良好的交际风度。

自我介绍的基本程序是：先向对方点头致意，得到回应后再向对方介绍自己，同时递上事先准备好的名片。在自我介绍时，我们可以掌心向内，右手轻按左胸，但不能用拇指指向自己；表情自然亲切，双眼注视对方，举止庄重大方，神态镇定且充满自信，表现出渴望认识对方的热情。

做自我介绍时，我们要注意把握时机，如选择在初次见面或对方比较有兴致的时候。自我介绍的内容要繁简适度，时长一般不超过半分钟，特殊情况下不宜超过一分钟。如果对方表现出想认识自己的强烈意愿，我们则可以在报出本人姓名、供职单位及职务的基础上，再简略介绍自己的籍贯、学历、爱好、专长或者与某人的关系等。当然，我们在进行自我介绍时应该实事求是，既不能把自己拔得过高，也不要刻意贬低自己。介绍用语应该柔和适中，不宜用"最""第一""特别"等表示极端的词语。做自我介绍时，除了用语言之外，我们还可以借助介绍信、工作证或名片等信物证明自己的身份，以增强对方对自己的信任感。

（二）居中介绍

居中介绍就是把一个人介绍给其他人。负责居中介绍的人员，一般是公关礼仪人员、东道主、在场地位最高或与被介绍双方都相识的人。善于为他人做介绍，可以使你在朋友中具有更高的影响力。

居中介绍者在介绍之前应当先了解当事人双方各自的身份、供职单位等基本信息，并确认双方有无相识的意愿或自己有无居中介绍的必要。居中介绍者应坚持让受到特别

尊重的一方享有先了解另一方的优先权原则，将职位低的人介绍给职位高的人，将年轻者介绍给年长者，将年龄和职位相当的男士介绍给女士，将客人介绍给主人，将个人介绍给团队，将晚到者介绍给早到者。

居中介绍者在做介绍前应先向被介绍双方打招呼，使双方都有思想准备。居中介绍者一般应站在被介绍双方之间进行介绍。介绍其中一方时，应微笑着用自己的视线把另一方的注意力吸引过来。正确姿势是抬起前臂，五指并拢伸直，手掌向上倾斜，指向被介绍者，但居中介绍者不能用手拍被介绍人的肩、胳膊和背等部位，更不能用食指或拇指指向被介绍的任何一方，这些动作会给人带来不适的感受。因此，居中介绍者应该注意介绍过程中的姿态礼仪，以示对双方的尊重。

在为他人做介绍时，居中介绍者的态度要热情友好，介绍语要简明扼要，还要把握分寸，一般不介绍私人生活方面的情况。同时，居中介绍者在介绍时要公正客观、兼顾双方，避免因过分赞扬其中某一方而给另一方以厚此薄彼的感觉。在较为正式的场合，居中介绍者可以说"尊敬的……，请允许我向您介绍一下……"或"尊敬的……，这就是我向您常提起的……"。居中介绍者介绍完毕后，不要立即离开，而应继续给双方交谈提供相关话题，居中介绍者可有选择性地介绍双方的共同点，如相似的经历、共同的爱好等，待双方可以单独交流后，再去招呼其他客人。

（三）集体介绍

在大型公务活动和社交聚会等场合中，有多方参加且各方均有多人时，一般需采用集体介绍的方式。集体介绍讲求顺序，通常也有先后之别。当被介绍双方的地位、身份大致相似时，应先介绍人数较少的一方；当被介绍双方的地位、身份存在差异时，应把人数较少的一方放在最后进行介绍。

集体介绍分单向介绍和多向介绍两种。单向介绍，如演讲、报告时，介绍者往往只需要将演讲者、报告人介绍给广大的参加者即可。多方介绍的顺序可以是由长至幼，也可以是由近而远，或以负责人身份为准，或以单位规模为准，或以单位名称的英文首字母顺序为准，或以抵达的时间为准，或以座次为准，或以距介绍者的远近为准。

二、人际称呼

在人际交往中，善于运用适当的称呼方式是建立稳固和亲密关系的重要一环。通过选择合适的称呼方式，人们可以创造出舒适的交流环境，加深彼此之间的情感联系，建立更加深入和有意义的人际关系。

（一）称呼原则

1. 礼貌

礼貌是人际称呼的最基本原则。每个人都希望被他人尊重，而合乎礼节的称呼正是表达自己对他人的尊重和表现自己有修养的一种方式。在社交接触中，称呼对方要用尊称，比如"您"（您好、请您）、"贵"（贵姓、贵方、贵校）、"大"（尊姓大名、大作）、"高"（高寿、高见）、"尊"（尊父、尊夫人）、"贤"（贤弟、贤侄）等。

2. 尊崇

一直以来，中国都有从老、从大、从高的传统。对同龄人，可称呼对方为哥、姐；对副科长、副处长、副厂长等副职，一般也是就高不就低，直接以正职相称。随着时代的发展，尊崇原则有了一些变化，如见了比自己大十来岁的女性，称呼其为姐姐可能比称呼其为阿姨更利于开展沟通交流。

3. 适当

不少年轻人喜欢称年长的陌生人为师傅，虽亲热有余，但文雅不足，且普适性较差。因此，我们还是要根据交际对象、场合和双方关系等因素来选择适当的称呼。在与多人打招呼时，我们还要注意亲疏远近和主次关系，一般以先长后幼、先亲后疏、先高后低、先女后男为宜。

（二）称呼礼俗

1. 方式

称呼方式有很多。一是直呼姓名，如张涛、王娟，这适用于年龄、职务等均相仿的同学或好友；二是称姓名（姓氏）和职务，如张涛处长、王主任；三是只称职业，如服务员、乘务员、医生；四是称职称或职衔，如教授、少校；五是拟亲称，如翟叔叔、周阿姨；六是使用一般称呼，如先生、小姐等，这是最普遍、最常见的称呼方式。

2. 场合

在正式场合，称呼应注重对方的身份、职务、职称、职衔等；在非正式场合，我们可以按辈分、血缘关系等称呼。在涉外活动中，我们应遵循国际通行的称呼惯例：对成年男子称先生，对已婚女子称夫人、太太，对未婚女子称小姐，对年长但不明确婚姻状况的女子称女士，这些称呼一般均可冠以姓名、职称、职衔等；对部长以上的官方人士，一般可称阁下或称其职衔；对有学位、军衔、技术职称的人士，可称教授、上校等。

129

（三）称呼禁忌

1. 不使用绰号和庸俗的称呼

随意给人起绰号是很不礼貌的行为，相当于语言欺凌、语言暴力。而不分场合地称呼别人为哥们儿、姐们儿，不仅难登大雅之堂，而且会使对方不悦。

2. 不使用不吉利的称呼语

中国人历来就忌讳不吉利的字或词语，如"死"字就让人很不舒服，但百年之后、去世、过世、辞世、病故、病逝、长逝、长眠、仙逝、作古、远行这些词语就让人容易接受一些。

三、聚会

日常生活中，聚会应酬是很多人经常经历的事情，不论是在职场中和同事聚会，抑或是与亲朋好友相聚，都有许多需要注意的细节。

（一）成功的自我介绍

聚会为人们提供了沟通的平台，人们可以在聚会上通过自我介绍

知识卡片

知识卡片

来加深他人对自己的认识与了解。聚会人数较多时，自我介绍应当简洁，尽量不要占用过多时间，以防影响别人介绍。自我介绍还要体现出自己的个性特点，必要时可以说一下自己的经历、特长等，尽量使人听后能留下印象并产生与自己沟通的欲望。另外，自我介绍还应充分考虑聚会类型，在不同类型的聚会上应该有不同的自我介绍重点。

（二）恰当的交流了解

在聚会中，不论是与友人聊天，还是与陌生人交谈，都应该避免谈论一些隐私话题，如"您多少岁了""您薪资多少"等。在聚会这种公共场合谈论这些涉及个人隐私的话题，会让人产生被冒犯的感觉，也会使自己看起来很不礼貌。

（三）谦逊的沟通姿态

在聚会中，我们既要大方地表达自己的观点与态度，又要避免絮叨不休令人生厌。如果对方表现出想了解更多的意愿，自己可以再进一步发言。我们要保持谦逊随和的态度，关注他人感兴趣的话题，不刻意谈论深奥、生僻的话题。我们要注意塑造自身的角色，自知偏于呆板者应活泼些，自知偏于拘谨者应大方些，自知偏于严肃者应和蔼些，自知偏于傲慢者应谦逊些，自知偏于锋芒者应含蓄些。

四、拜访

拜访是重要的社会交往活动，它可以联络感情、交流工作、增进友谊，尤其是走亲访友，或者到有关人士家里请教问题或寻求帮助等。我们要想让拜访达到预期效果，则需遵守如下礼仪规范。

（一）访前做好预约

预约是开展拜访沟通的首要原则。一般而言，在决定拜访他人之前，我们应该提前联系被拜访者，约定宾主双方都认为合适的会面时间和地点，并准确告知对方自己的拜访意图和同行人数。拜访应避开大家公认的休息时间，尤其应避免在深夜去拜访他人，如果确实万不得已需要在休息时间拜访他人，那么见面后应当首先表示歉意并说明原因，且拜访时间不宜过长。另外，在对外交往中，未事先约定的拜访属失礼之举。

（二）遵守约定见面

宾主双方约定了会面时间和地点之后，就不要随意改变，以免打乱他人计划。客人应该准时赴约，可以早一点到，但不能迟到，否则有失礼数。如因故迟到，客人应向主人道歉；如因故失约，客人应事先告知主人，并恳请择日再约。

（三）登门拜访明礼

如果是到他人家中拜访，那么在进入主人住所之前，应轻轻叩门或按门铃。若主人是熟人或亲属，那可在敲门后立于门口；若是初访或主人身份为上级，则应侧身站在门口一侧，待有人开门相让，方可进入；若带有鲜花、水果等礼物，宜在进门之初便送给主人。当主人把你介绍给其家人时，应该面带微笑，热情地向对方点头致意或握手问好；见到主人的长辈应恭敬地问安，并问候主人家中的其他成员；当主人示意请坐时，你应道声"谢谢"并按主人指示的座位入座；当主人上茶时，你要起身，用双手接过并道谢；

如又有来访客人，你应起身相迎，必要时，你应主动告辞。

（四）适时起身告辞

初次拜访以半小时为宜，一般性拜访以不超过一小时为宜。拜访目的达到，见主人显得疲乏，或还有其他事，或还有其他客人，你就应起身告辞。假如主人留客心诚，执意强留用餐，你应表示感谢再留下用餐；饭后应停留一会儿再走，不要吃完便走。辞行要果断，不要"告辞"说过几次，却口动身不移。辞行时要感谢主人的盛情款待，并向其他客人道别，出门后应请主人留步。

五、迎访客人

接待客人要讲究礼仪技巧，只有热情周到，礼貌待客，才能交到朋友，获得尊重。

（一）预做准备

来访一般分为礼节性来访、事务性来访和私人来访3种。礼节性来访一般时间较短，主人待客要热情周到，事后还要注意礼尚往来；事务性来访一般时间略长，主人要想方设法替访客节省时间，并尽可能地使客人满意而去；私人来访大多是消遣娱乐活动和闲谈等，沟通氛围相对轻松愉快。

无论接待哪一类客人，尤其是接待应邀而来的客人，主人事先都应做好必要准备，包括做好室内外的卫生，"洒扫门庭以迎嘉宾"，还应备好待客用的茶水、水果、点心等。如留客人吃饭，主人还得预备丰盛可口的饭菜；如访客中有小朋友同来，主人还需预备一些玩具和儿童图书。为了向客人表达敬意，主人还要特别注重自己的仪表。

（二）待客以礼

客无亲疏，来者当敬，主人对来访客人都应表示热情欢迎。接待客人进屋，应主人在前，客人在后。进入客厅后，为了表示对客人的敬意，主人应该请客人在上座就座。室内的上座包括比较舒服的座位、较高一些的座位、面向正门的座位和宾主并排就座时的左座等。客人一旦落座，主人就不要再劝其换位。

在待客过程中，主人应处处体现对客人的恭敬与谦让，热情献茶或奉上糖果、点心。在与客人谈话时，主人的态度要诚恳热情，不要频频看表，也不要显出厌倦或不耐烦的样子，如果确有急事要办，应向客人说明并致歉。

（三）礼貌送客

在人际交往中，良好的开场就像一束美丽的鲜花令人愉悦，完美的告别就像一杯香醇的美酒令人回味。善始善终是拜访沟通应坚持的准则，热情迎宾、冷淡送客会很失礼并给客人留下不好的印象。当客人起身告辞时，主人应婉言相留，这是情感的自然流露，并非多余客套。当客人准备握手告别时，主人方可出手相握，切不可在送客时先起身或先出手，以免有厌客之嫌。

迎客时主人应走在客人前面，送客时主人应让客人走在前面。送客一般应送到门外或楼下，目送客人远去时，可挥手致意并道以"欢迎再来"。和上司一起送客时，要站在上司的侧后方。

131

六、问候

问候，看似是一件小事，如一个简单的微笑，一句简单的问好，甚至是一个善意的目光，却能展现一个人的精神风貌，让人如沐春风。发自内心的真诚问候，在给他人带来愉悦的同时也有利于自己的身心健康。

（一）问候的形式

问候的形式通常分为日常问候和特殊问候两种。

1. 日常问候

一是按时间问候，如"早安""晚安"等。二是按场合问候，如在社交商务场合，见面都应互致问候，若毫无表示或漫不经心，则会被认为是傲慢无礼的表现。三是祝愿式问候，如"祝好""身体健康"等。四是关心式问候，如"您身体还好吧""近来还顺利吧"等。

2. 特殊问候

一是节日问候。在节日到来之前，向他人及时送去自己的问候，这是沟通感情、表明心迹的最简便又有效的方式。二是喜庆时的问候或道贺。如他人事业有成、乔迁新居时，向其表示祝贺并致以问候。三是不幸时的问候或安慰。如他人事业受挫或遭家庭变故，应该向其表达同情和安慰，并给予必要的帮助。

（二）问候的方式

不管是日常问候还是特殊问候，一般都采取口头问候、书信问候、贺卡或明信片问候、电话问候等方式。在致以问候的同时，如有条件可适当送些礼物来表达心意。

（三）问候的礼节

晚辈应先问候长辈，年轻人应先问候老年人，下级应先问候上级。男性应先问候女性，但年轻女性应先问候比自己年长的男性。总之，主动问候，是尊重他人的表现，即使比对方年长，主动问候也于己无损，只会多增加一份友情。

七、探望

在生活中，人们难免会遇到亲朋好友患病、住院等情况，前往探望、慰问是人之常情，也是一种礼节。探望病人时需注意如下礼仪。

（一）掌握探视时间

探视病人，除了要严格遵守医院规定的探视时间之外，更要为病人着想，探视者要尽量避开病人治疗和护理的时间，也要尽量避开病人吃饭和睡觉的时间。如病人在家休养，则以下午探访为宜，且探访时间不宜过长，一般以不超过半小时为宜；即使病人挽留，最多也不要超过一小时，以免病人过度疲劳。

（二）注意言谈举止

探视病人前，探视者应了解病人的病情和治疗情况。在病人面前，探视者表情要自然平静、一如既往，不要愁眉苦脸、故作沉重、长吁短叹，更不要一见面便"人未语，泪先流"，这会使病人思绪烦乱、六神无主，不利于其康复。

探视者应尽量选择轻松愉快的话题，不要谈论病人的病情，也不要谈论对病人来说敏感的话题；探视者应针对病人的心态或释疑、释虑，或开导、规劝，或鼓励、安慰，多谈病人关心、感兴趣的事，以转移其注意力，减轻其精神负担，使其增强战胜疾病的勇气。特别是对身患绝症的病人，善意的谎言胜过不该说的真话。对病人的亲属，探视者不仅要给予安慰，还应帮助他们做一些力所能及的事情。

沟通小故事

有一次，怡和行（清代广州十三行之一）伍秉鉴（怡和行行主）招聘区域大掌柜（相当于现在的区域总监），最后剩下三个人，专业能力都非常强。怡和行一时无法抉择。伍秉鉴决定请他们三人吃一顿饭。三人都觉得自己有希望留下来，可是他们不知道的是饭后他们的命运却大不相同。

当天晚上，三人如约而至，除了伍秉鉴和他们三人外，还有怡和行其他大掌柜。伍秉鉴平时就平易近人，没有什么老板架子，其他大掌柜也和他一样。这顿饭看似是怡和行宴请，但更像聚餐，大家边吃边聊。酒过三巡后，其中两个应聘者有些醉了，对在座领导的称呼变成大哥、兄弟，甚至对伍秉鉴也是如此。

相比下来，另外一个应聘的年轻人则比较清醒，他向伍秉鉴和怡和行其他大掌柜甚至竞争对手一一敬酒，从不多喝酒。别人问他什么他就答什么，时刻保持清醒的状态。

他在感觉宴席快要结束，而其他两位竞争对手还在推杯换盏的时候，便借故上洗手间提前把单给买了。结果可想而知，第二天，他就收到了怡和行让他入职的消息。等他入职后，伍秉鉴还主动让财务人员把上次的账单给他报销了。

请你想一想：如果你在宴席中，你会怎样表现自己相较于他人的突出之处？

【本章主要参考书目】

[1]龙璇. 人际关系与沟通技巧[M]. 2版. 北京：人民邮电出版社，2020.
[2]麻友平. 人际沟通艺术[M]. 3版. 北京：人民邮电出版社，2020.

▶ Bonnie 总要点（知识总结营）

本章从不同家庭成员角度出发，先后介绍与父母、子女等沟通的相关技巧；接着分析日常应酬活动的不同情境中人际沟通的基本原则、相关要点与禁忌，为读者进行日常应酬提供指导。

▶ Bonnie 带你练（学习训练营）

从催婚中看家庭沟通的重要性

小宇过年前一周回到了老家。老家不远，坐两小时高铁就到了。但这两小时的车程，历来也是阻隔压力的一道屏障，压力一方面来自父母。小宇去年刚满 30 岁，几年前谈过一次几个月的恋爱，分手后一直单身，从二十六七岁开始，她过年回家都会感受到压力。"如果一直在老家，可能压力会更大。"她说，幸而自己在长三角一座城市当中学老师，只有每年寒暑假回家。去年下半年，家里给小宇介绍了一个相亲对象，"认识没几天，对方就很着急地说要来我家拜访我父母。可是你都不了解我，怎么就喜欢我，要跟我进入下一阶段了呢？我就很害怕，觉得对方完全是为了结婚而结婚，这让我很不舒服。"因此她拒绝了对方。

但母亲不满，她觉得小宇的想法很奇怪，认为结婚就是过日子，不需要挑来挑去。母亲让小宇感到有压力，但她有时想到父母年纪大了，正一天天老去，又会不忍心。尤其是 2022 年，身边朋友的爸爸突然去世，这让她意识到父母已经老了，心里觉得不忍。不舒服和不忍心，两种情绪交织，让她非常矛盾。

父母之外，过年期间亲戚朋友的团聚也是压力的一个来源。每年，被询问恋爱婚姻状况就像一道例行程序，让小宇紧张。思考之后，小宇意识到紧张的原因：自己每一年给的答案都是一样的。"可能以前，我是别人父母口中还比较优秀的孩子，但在这个问题上，我突然就落后了，就好像没有交出去一张满意的答卷。"这给小宇带来了一种失落感，让小宇觉得自己既不再是父母的骄傲，也无法满足自我期待。

请你想一想：

如果你遇到了长辈催婚，你会运用家庭沟通的哪些技巧来解决这一难题？

学习训练指导：

本章介绍了与父母、子女沟通的技巧，上述案例中小宇的难题也可以从父母、子女双角度进行分析。在处理家庭矛盾的过程中最重要的是互相理解各自的需求以及合理有效地提出自己的请求，并且最终得到父母的理解。创造出一个缓冲地带，就像汽车里的安全气囊，能有效减少和父母在沟通中思想或者观念上的正面碰撞。

怎样理解父母的需求？我们可以试着从以下几个方面入手。

1．外在原因

（1）周围邻居和亲戚的舆论压力。

（2）整个社会大环境的影响。

2．内在原因

（1）"男大当婚，女大当嫁"这种根深蒂固的传统观念影响。

（2）父母内心对子女的责任感：他们或许觉得自己孩子成家以后，他们的人生任务完成了。

（3）父母渴望抱孙子或者孙女，或者渴望有生之年四世同堂。

（4）父母的虚荣攀比之心。

（5）父母对子女真正的爱和关心：希望自己的孩子过得幸福，大多数父母可能认为有异性陪伴总比单身的生活质量高一点。

（6）父母认为不成家的人生终究是不完整的。

怎么理解子女的需求？我们可以试着从以下几个方面入手。

（1）是否有准备"脱单"的意愿？如果一个人周末宅在家里玩游戏、刷抖音，很大可能就不具备准备"脱单"的意愿。

（2）是否有准备"脱单"的行为？是否愿意接受第三方介绍，参与各种活动创造"脱单"的机会？

（3）是否对自己的另一半有很清楚的选择标准？

（4）怎样理解恋爱、婚姻和生活以及它们之间的联系？

▶ Bonnie 带你行（实践训练营）

扫一扫

135

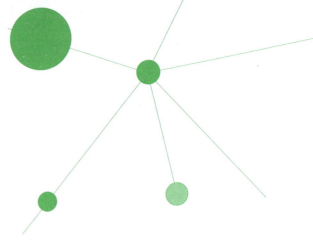

第九章
校园中的沟通

💬 **名人说**

将自己的热忱与经验融入谈话，是打动人的快速方法，也是必然要求。如果你对自己的话不感兴趣，怎能期望他人感动。

——戴尔·卡耐基

▶ **Bonnie 说故事**（沟通漫画营）

▶ **Bonnie 来导航**（知识索引营）

扫一扫

▶ **Bonnie 理目标**（学习目标营）

知识目标

① 了解师生关系的特点。
② 掌握师生交流的原则。
③ 理解交友的基本原则。

技能目标

① 领会大学生人际沟通的技巧。
② 反思自己在交友中的不足之处。
③ 运用交往技巧构建良好的异性朋友关系。

▶ **Bonnie 讲知识**（知识学习营）

第 一 节

// **与老师和同学的沟通** //

　　老师和学生是校园中的主要角色，学生能否与老师和同学建立良好的人际关系，将直接影响学生个人的校园生活质量。了解这两类沟通对象的特点，知晓他们的沟通需求，掌握一定的沟通技巧，才能找到亲近彼此的方式，更好地处理校园人际关系，为未来的职场生活沟通奠定基础。

一、师生关系的特点

　　师生关系是校园中最基本的人际关系之一，长期存在于"教"和"学"这两个既相互渗透又相互独立的教学过程中。在师生关系中，老师相对处于主导地位。

（一）以教学过程为基础

老师能够在师生关系中占据主导地位，主要得益于以下几个要素。

1. 学识

　　"学高为师"，在其他条件基本相同的情况下，学生更愿意接近、更信任和敬佩那

137

些知识丰富、学识渊博的老师，也更容易与他们建立起良好的人际关系。

2. 教学艺术

教学艺术是老师在课堂上遵照教学法则和美学尺度的要求，灵活运用语言、表情、动作、心理活动、图像组织、调控等手段，充分发挥教学情感的功能，为取得最佳教学效果而进行的一套独具风格的创造性教学活动。那些有着好口才、好板书、机智幽默、善于活跃课堂气氛及启发学生思维的老师更受学生的欢迎。

3. 人品和师德

做人要讲人品，老师除了讲人品之外，还要讲师德。"身正为范"，老师的人品和师德不仅直接影响老师的个人修养，关系到老师在学生心目中的形象和威信，更对学生的思想塑造和习惯养成有着示范作用。襟怀坦白、诚实正直，言行一致、表里如一的老师是学生成长道路上的重要财富，是学生学习的榜样。

（二）多层次性

老师和学生在学校这一特定环境中，通过直接交流而形成的师生关系具有多层次性，具体包括师生间的公务关系（教学关系）、师生间的心理关系、师生间的个人关系和师生间的伦理道德关系4个层面。

1. 师生间的公务关系

师生间的公务关系是在特定的教学过程中，为完成一定的教育任务，以"教"与"学"为中介而形成的一种特殊的社会关系。这种关系以施教与受教关系为核心，是师生关系中最基础、最基本的一种表现形式。在这种关系中，老师与学生的角色是固定的，不能僭越。

2. 师生间的心理关系

师生间的心理关系是师生通过教学活动中的实际交往而形成和建立的人际情感关系。这种关系在教育过程中有着巨大的调节作用，有助于师生在人格、精神和情感等方面的信息传递与交流。老师对学生的喜爱及暗含于教育中的期待，会使学生体会到老师对自己的肯定，从而激发学生极大的学习热情和积极性，增强学生的学习欲望，提高学生的学习效果。

3. 师生间的个人关系

师生间的公务关系和心理关系往往是正式的、群体性的关系，但师生之间也会产生非正式的、单独的关系，即师生间的个人关系。这种关系没有正式关系那么拘谨及程式化，能拉近师生之间的心理距离，并实现正式关系中难以实现的深刻情感沟通。师生之间互相尊重、平等相待、互不干涉私人生活和私密空间，才有可能构建起和谐的师生间的个人关系。

4. 师生间的伦理道德关系

师生间的伦理道德关系是指在教学过程中，老师和学生双方都应履行道德义务的关系。这种关系一靠老师的责任心和使命感来维系，二靠学生对老师的劳动和人格的尊重来维系。

此外，由于师生在知识、经验等方面存在差异，师生关系也体现为一种代际关系，但这种代际关系又不同于一般的代际伦理关系，比如父子关系。

（三）多因素影响

师生关系的亲密程度受多种因素的影响，有一定的规律可循。

1. 学生的年龄和年级

随着学生年龄的增长和年级的升高，师生关系的亲密程度也会升高。

2. 学生的主动性

善于主动与老师交往的学生，师生关系的亲密程度较高；被动与老师交往的学生，师生关系的亲密程度相对较低。

3. 学生的性别和性格

一般来说，男生与老师关系的亲密程度高于女生；性格外向的学生与老师关系的亲密程度高于性格内向的学生。

4. 学生的评价

对师生关系持正向评价的学生，师生关系亲密程度较高；对自身交往能力持正向评价的学生，师生关系亲密程度较高。

二、师生交流的原则

"亲其师，信其道"，良好的师生关系有利于调动师生双方的积极性、主动性和创造性，有利于营造轻松愉悦和生动活泼的教学气氛，有利于提高教学信息传输的速度和效率。学生与老师交流一般应遵循以下原则。

（一）尊重理解

尊师重道是一种传统美德。尊重老师就是要敬重和信任老师，把老师当作朋友，虚心接受老师的教导，积极参加老师安排的各项教学活动。理解老师就是要站在老师的角度，体谅、接纳他们，不仅要听懂他们的话语，而且要理解他们的思想，真正实现师生之间精神的沟通与心灵的碰撞。

（二）主动交流

学生要勤学好问，积极回答老师的问题，主动提出问题与老师互动，营造一种活跃的课堂气氛。学生还应善于与老师进行学业的交流与情感的沟通，当思想、学习、生活上遇到问题时，学生可以主动找老师沟通交流，加深师生之间的了解和感情，形成真诚友爱的和谐关系。

（三）坦诚宽容

人无完人，老师也不例外。老师的知识再渊博、阅历再丰富，也难免会在教学中出现个别差错和失误。对老师要抱着坦诚和宽容的态度，以恰当的方式对老师予以善意提醒，帮助老师意识到错误。师生之间如果都能抱着坦诚宽容的态度，彼此不设心理防线，双方的关系自然就会变得非常融洽。

（四）关心支持

不仅老师要关心学生，学生也要关心和支持老师。在教师节、春节等重要的节日里，送出一张小小的贺卡、一条祝福的短信，表达自己对老师的感激之情，这对老师来说是莫大的安慰和幸福，也能够成为老师关心支持学生、热爱教学事业的不竭动力。

三、大学生人际沟通的技巧

（一）完善自身形象

尽管以貌取人并不是一种值得提倡的做法，但干净利落的外表还是能够在人际交往中为你赢得一些优势的，尤其是在初次见面时，你要给对方留下良好的第一印象，适度修饰一下自身形象非常必要。你可根据自己的年龄、身材、肤色以及交往情境等对自己进行适度打扮，让自己看起来精神抖擞、充满活力。

（二）主动与人交往

适度掌握人际交往的主动权，生人相遇，主动介绍自己；朋友见面，主动叙旧攀谈；同学欠安，主动探望慰问；他人尴尬，主动调侃解围。掌握了与人交往的主动权，你就会提高对方对你的熟悉程度；而熟悉程度越高，人际关系也就会越密切。

（三）走进对方心灵

每个人的心房都有一扇门，不是外人说进就能进去的。你要走进对方的心灵，首先要打开自己的心灵，与老师和同学开诚布公、坦诚相待；其次你要以真心换真心，懂得对方的心思，对方开心的时候能陪其开心，对方不开心的时候能逗对方开心，设身处地地为对方着想，急对方之所急、解对方之所忧。

（四）关注对方所思

在与人沟通的过程中，你要集中精力、认真倾听，并适时用微笑、点头等方式来进行反馈，表示你能理解对方的言论、情绪和感受，这样可以很好地鼓励对方更加自由、酣畅地谈论自己的见解和看法。关注对方所思是对他人的一种尊重，也是获得友谊的技巧之一。

（五）提升个人才智

外在形象固然重要，但内在才智才是根本。一个有能力、有才华、有真才实学的大学生更能受到别人的尊重、重视和认可。"腹有诗书气自华"，大学生应该充分挖掘自身潜能，提升个人的才智，努力让自己在学业、组织协调、为人处世等方面出类拔萃、卓尔不群。

沟通小故事

室友沟通释心结

李双性格内向，从小到大都没有住过校。进入大学之后，他无法适应其他几个室友的生活习惯。于是，他就独来独往，以减少和室友们的交集。时间一长，他发现室友们天天形影不离，似乎当他并不存在，他开始感到失落了，孤独感油然而生。他开始失眠，精神状态越来越差，话也越来越少，最后竟然病倒了。

住院期间，室友们轮流陪护，他被感动了。他把内心的苦闷告诉了室友们，这才知道原来一切都是自己臆想出来的，室友们不是不愿意和自己交往，而是以为是自己不愿意与他们为伍。

点评：李双看不惯室友们而拒绝与他们交往，最终落单。在落单的日子里，他陷入失落、孤独之中，最终病倒。幸好室友们不离不弃，他也在室友们的温暖中找回友情，重新回到了室友们中间。大学生在人际交往中，不要轻易封闭自己，每个人都需要别人的关心与支持，大学生也要学会关心、理解、包容与妥协。

第二节
交友沟通

朋友是非常重要的一类交际对象，任何人都不可能在没有朋友的情况下度过一生。朋友虽然与自己没有血缘关系，但依然可以信任、可以在你困难的时候及时伸出援手。

一、交友的基本原则

（一）平等

人人生而平等，交友更应把平等放在首位，心里有任何不平等的想法都不可能拥有真正的朋友。我们要正确认识自己和朋友，不能因自己有某方面的优势而盛气凌人，也不能因自身存在某种缺点而盲目自卑，更不能因朋友在出身、家庭、经历、长相等方面与自己存在差异而对朋友"另眼相看"。

（二）尊重

每个人都有自己的人格尊严，理应受到他人尊重。尊重能够赢得他人的信任，缩短人际交往的心理距离。大学生的自尊心都比较强，因此大学生尤其要懂得尊重他人，不能损害他人的人格和声誉，要礼貌待人、文明用语，不乱给他人取绰号，不开恶作剧式的玩笑，要承认或肯定他人的能力与成绩，尊重他人的生活习惯。

（三）真诚

真诚，才能架起和他人沟通的桥梁，在彼此之间建立起信任感，培养出深厚的友谊。真诚就是真实、诚实、胸怀坦荡、表里如一、言行一致。对不同的观点敢于直陈己见，而不口是心非；既不当面奉承人，也不背后诽谤人；能够真心帮助同学而不求回报，能够正视自己的不足和指出同学的缺陷。

（四）诚信

诚信是衡量一个人是否可以结交为好友的一个重要指标。诚信，就是诚实守信，就是言必信、行必果。诚信，就是答应别人的事情一定要做到，即使再难，也要努力去做，如果再三努力也没有做到，应如实说明原因。我们要做到有约按时到、借物按时还，不胡乱猜疑、不轻易许诺、不信口开河。

（五）包容

年轻人都有个性，在人际交往中产生误解和矛盾是不可避免的。这就要求我们在交往中宽厚包容、克制忍让，主动审视和承担自己的责任，不和他人斤斤计较，这并不是

141

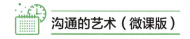

软弱、怯懦，而是尽量"化干戈为玉帛"，为自己赢得更多的朋友。

（六）保持距离

朋友之间要保持一定的安全距离。保持距离绝不是设置心理上的屏障或戒备防线，而是给彼此一定的自由空间和私人空间。同学之间要想建立良好的关系，建立牢不可破的友谊，就需要保持适当的距离，这样既能感受到对方的温暖，又能免于相互之间的无心伤害。

二、交友沟通的技巧

（一）结交志同道合的朋友

"酒逢知己千杯少，话不投机半句多"，我们应主动结交志同道合的朋友，找到自己与其的共鸣点或互补点，彼此吸引、互帮互助、患难与共。

结交志同道合的朋友有如下益处。一可携手前进、共同奋斗。工作上互帮互助，学习上取长补短，帮助彼此走向成功，实现各自理想。二可使生活充满意义。有一个乃至几个爱好、兴趣一致的朋友，如与棋友切磋棋艺，与球友驰骋绿茵，与诗友作诗应和，生活会充实很多。三可更好地塑造自我。"近朱者赤""与善人居，如入芝兰之室，久而自芳"，结交志同道合、积极向上的好友，能够让我们见贤思齐，有意识地改变自己，塑造更加完美的自我。

（二）尊重朋友的隐私

每个人的心里都藏着一些属于自己的秘密，要懂得尊重朋友的隐私，不随意打听、不强行追问，更不能擅自偷看或泄露朋友的秘密。

隐私是一个人的禁区，千万不要去打探朋友的隐私，哪怕你们的关系非比寻常。这不是对朋友冷漠，而是对朋友的一种尊重。如果朋友愿意和你分享自己的隐私和秘密，就证明他是出于对你的极大信任，那你一定要守口如瓶，此时保密就成了一种义务、一种责任。如果你不小心将朋友的隐私泄露，可能会引起风言风语，甚至出现歪曲事实和真相的言论，那么你就辜负了朋友的信任，还会伤害到自己的朋友，也可能永远失去这个朋友。

（三）别伤了朋友的自尊

和朋友交往，切忌伤朋友的自尊。一是不要触碰朋友的短处。每个人都不喜欢听到跟自己的短处有关的话题。二是不要触碰朋友的失意之处。每个人都难免有失意之处，或工作不顺，或夫妻反目，或高考落榜，或恋爱受挫，一旦提起这些事情，相当于揭人疮疤。三是不要触碰朋友的痛悔之事。人一生免不了要犯这样或那样的错误，知错能改，善莫大焉。但有些本质性、原则性错误可能让人一生都背负压力或骂名，也最怕被别人提及。

（四）不宜过分客气

夫妻尚且相敬如宾，朋友更应客客气气、有礼有节。适度的客气是对朋友的一种尊重，可以收到很好的交际效果；过分的客气会过犹不及，甚至适得其反，可能会使朋友之间的距离越来越远。

客气话是用来表示你对别人的恭敬或感激的，不是用来敷衍朋友的。初次见面或会面之初说几句客气话是应该的，但如果沟通的全过程都是过分的客气，就会让人觉得不真实，或者觉得你对在场的人不够信任。过于客气的人对待任何事情总是小心翼翼，更像是在讨好一个人，而不是在交知心朋友，会让人觉得你不好相处。说客气话时要真诚，像戏剧台词一样的客气语，让人觉得不太实在。

（五）好朋友也要"明算账"

俗话说："亲兄弟，明算账。"这句话也很好地解答了朋友之间应不应该明算账的问题。有人认为朋友之间谈钱伤感情，但实际上，真正的朋友对金钱问题都是有共识的。一是区别情况，学会算账。合伙做生意时，以共同赢利为目的，一定要公平合理地分配钱财；借用与支援朋友财物时，你欠朋友的，自己要记得主动还；朋友欠你的，该说的时候就直接提；馈赠与捐赠财物时，以表达心意为目的，量力而行就好。二是把握时机，适时算账。每隔一段时间就把彼此的钱财往来清点一番，拖得太久，欠账太多，容易激化矛盾。三是肯于亏己，友好算账。真正的友谊是金钱买不来的，算账只是手段，目的是使友谊长存。对朋友要付出得更多一些，只要大体平衡即可，凡事都不可能绝对平衡。

（六）珍惜同窗情谊

同学关系是人这一生中相对稳定、持久的一种关系，而且相对于其他关系来说，同学关系更简单、纯粹一些。同窗情谊来之不易，人人都该倍加珍惜。一是要与同学保持联系，经常往来。有的人和同学几乎不联系，但一有事情就会联系这个、联系那个，让人觉得过于现实。实际上，周末或节假日的时候都可以和同学们聚一聚，一起去长足旅行；去外地出差的时候，也可以看看在当地工作或定居的同学。只有常联系、勤往来，同学情谊才会长存。二是互通有无，互相帮助。同学之间应经常联系、谈心、聊天，看彼此有什么困难需要帮助解决。比如，同学的父母生病了，恰好自己在医院工作，可以帮忙联系一下医生或床位。

三、朋友间讲话的禁忌

刀疮易没，恶语难消。做人要有口德，不该说的话不说，该说的话要好好说。如果不注意说话的方式和禁忌，很可能与朋友一拍两散。

（一）揭短挖苦的话

大部分人都喜欢听赞美自己的话，所以尽量不要去揭朋友的短、揭朋友的丑，尤其不要以朋友身体上的缺陷、不光彩的历史、他人不知道的缺点来挖苦对方。

（二）过分指责的话

两个人不管处于任何关系，都应适当地让有些话"烂在心里"，尤其是充满负能量的指责。遇事不指责，是待友的基本原则，无视朋友的付出且加以指责，不仅是对朋友一片心意的否定，也是对这份友情的伤害。发生不愉快的事情，第一时间不是调和，而是用指责"火上浇油"，友情怎么能长久呢？毕竟两个人不管是性格还是生活方式，难免会有不同，如果一味地以自己的习惯和标准去衡量对方，友情自然会产生裂痕。

（三）贬低对方的话

不管是初次见面还是熟识已久，都不可以说贬低对方的话。每个人都有很强的自尊心，听不得他人的嘲讽与奚落，尤其是出自朋友之口。朋友存在的意义之一就是互相欣赏，贬低他人并不能抬高自己，相反会让自己看起来很没有素养。贬低别人的人格，只会损害自己的人格；贬低别人的成绩，恰恰暴露出自己的无所作为；贬低别人的能力，只能证明自己的无能。

（四）重提他人以往过失的话

我们既要接受朋友的现在，也要接受朋友的过去。每个人都有不懂事的时候，都有犯糊涂的时候，过去犯的错说明不了什么。如果你有意无意地总是喜欢"翻旧账"，那么朋友不仅在脸面上会挂不住，自尊心也会受到伤害。

知识卡片

案例分析

钱财问题伤感情

　　大学生张韬由于月初开支过度，导致当月的基本生活难以维持，就开口向好朋友王帅借了100元，并约定下个月就还。尽管王帅自己过得也比较拮据，但考虑到二人的关系很好，应该互帮互助，就把钱借给了张韬。一个月的期限很快就到了，张韬却总不提还钱的事，这让王帅陷入了两难之中。王帅心想100元也不是很多，自己张口要可能会伤害朋友间的感情，可是如果不要的话，自己这个月的生活费就没着落了。

　　分析：好朋友也要明算账，明算账不是斤斤计较，而是为了更好地维持朋友间的感情。王帅出于好意，及时借钱给张韬以帮助他渡过难关。那么在自己面临经济不宽裕的情况时，向张韬要回100元也是合情合理的。如果张韬是一位通情达理的朋友，他应该感到不好意思并抓紧还钱。如果王帅碍于情面，没有开口要回100元，而张韬依然迟迟不还，那么这件事情可能会成为葬送友情的隐患。

第三节

异性沟通

　　在同性面前可以谈笑风生，一旦遇到异性尤其是喜欢的异性就瞬间"石化"，话明明在嘴边，却说不出口；看到身边的朋友在异性面前总能夸夸其谈，自己一张口却把天聊"死"了，尴尬无比；在心仪的异性面前，一心想要好好表现，却因为心里总是患得患失，只能以失败收场。相信很多朋友都遭遇过类似的这些情况，究其原因，主要是缺乏与异性聊天的技巧、与异性相处应有的自信心和相应的吸引策略。

一、与普通异性朋友的交往

（一）激发对方的沟通兴趣

　　在了解对方的性格喜好、站在对方立场和角度思考的前提下，再张口说话，寻找一些双方都关心的话题，这样更容易激发对方的沟通兴趣。在与异性的沟通过程中，尤其是与女性沟通时，可能女性的矜持、腼腆和内向等，会使得沟通过程比较被动、缓慢。无论男方说什么、问什么，女方要么笑而不语、要么点头示意。在这种情况下，男方可以主动寻找一些生活中的趣事作为沟通话题，激起女方的谈话兴趣，争取快速缩短彼此距离，以免冷场。

（二）不要过于严肃或摆架子

为人处世不必过于严肃，多一点轻松幽默，少一点一本正经，大家的心灵或许可以更近一些。当异性长期在你面前感到拘束时，你可能还不能算对方的朋友。每个人都有自尊心和优越感，你眼里有对方，对方心里也会有你，千万不要想着对别人发号施令，让别人向你低头。你越是摆架子，就越没有人愿意和你交往。

（三）适当地赞美异性朋友

一个不懂得异性的人，是很难获得异性好感的。女性赞美男性时要含蓄，直白地夸赞男性可能会让男性感觉不自然。对于女性来说，来自男性直接的赞美会让她们感觉自己受到了尊重和珍惜，于是愿意做出更多的回应，主动拉近彼此的距离。

（四）懂得拒绝异性的爱意

异性向你求爱，没有错；你拒绝对方的求爱，也没错，关键是看你怎样拒绝。如果拒绝得恰到好处，对双方都是一种解脱，也可以免去日后的许多麻烦；如果不懂得如何拒绝异性求爱，则很有可能会害人害己。拒绝异性求爱可以采取以下方式。一是直言相告，以免误会。如果你已经有了意中人，那么就应该直接明确地告诉对方并感谢对方的爱意。二是讲明情况，好言相劝。倘若你还不想考虑个人感情问题，那就当面向其说明情况，请求理解。三是婉言谢绝，继续做朋友。倘若你不喜欢求爱者，一定要在尊重对方的基础上委婉地谢绝，并表明自己希望与其继续做朋友。

知识卡片

二、与恋人的交往

（一）恰当地表达爱意

1. 直抒胸臆

性格直爽、敢爱敢恨的人喜欢开门见山、大胆直白地倾诉衷肠、表达爱意。对于互相倾慕已久或已有一定感情基础的双方来说，直抒胸臆更省时省力，也更到位。

2. 曲折含蓄

如果恋人的领悟能力强、文化素质高，那么你可以将爱意渗透到日常的谈话中去，使对方在猜测、笃定之余，倍感爱情的神秘与甜蜜。

3. 诙谐幽默

将爱意寓于俏皮逗趣的说笑中，能够让对方不知不觉地体会你的心思，也可以在幽默中完成一次"试探"，揣摩对方的想法和感受，这样既不显得羞怯，又不会让人难堪。

4. 巧表心意

虽然彼此都有期许，但又都不敢率先捅破这层窗户纸，其中一方可借助某种氛围或依托某种物体将感情挑明，使双方"豁然开朗"，感情迅速升温。

5. 借物传情

巧妙地将情感蕴含在隐晦的言语中，借用某一事物把绵绵情意传递给对方。这样通过某一载体传达感情的方式能够给对方留下深刻的印象，效果也很好。

（二）初恋沟通的技巧

1. 与"搭桥式"恋人沟通

一般来说，经人介绍的男女双方在初次约会时，常会感到忐忑不安，生怕给对方留下不好的印象。但越是这样，就越不能羞羞答答、木讷寡言，而应该落落大方、主动启齿。可以开门见山地进行自我介绍，如说明年龄、学历、工作、脾气、爱好、家庭情况以及对未来的向往等，也可以先聊会闲天再转入正题。谈些你和对方可能都熟悉或都感兴趣的事，确保对方能准确理解交谈的内容，以免产生误会。如果你认为自己喜欢上对方了，那么你可以直言不讳地说："我觉得认识你真是件愉快的事情，你呢？"如果一方有进一步交往的意思，你就可以说："我希望我们很快还能再见面，不知道我有没有这个机会呢？"如果一方感觉不满意，可以委婉地说"我需要回去征求一下父母的意见"或"今天先这样，我们都回去再考虑考虑"。

2. 与"友人发展式"恋人沟通

随着时间的推移，原本把对方只当朋友的两人开始有了感情。此时的沟通主要有两种方式。一是迂回表达式。这是一种迂回表达爱意的方式，常用于正面交流不敢确保取得理想效果的情境中。这一沟通方式来源于19世纪法国著名的微生物学家路易·巴斯特，他表达爱意的方式是颇具特色的。巴斯特在法国斯特拉斯堡大学任教时，认识了校长洛朗的女儿玛丽小姐。在友谊持续一段时间后，巴斯特深深地爱上了玛丽。于是，他给洛朗先生和太太写了一封信，除了表达对玛丽的爱意之外，巴斯特在信中还坦诚地介绍了自己的家庭情况，用真诚打动了洛朗先生和太太，最后成功收获与玛丽小姐的爱情。二是直白表达式。这种方式强调直抒胸臆，是指向喜欢的人直接表露心意，以坦率真诚的态度获得对方认可。列宁说，他是在伏尔加河畔认识克鲁普斯卡娅的，是在"吃第四张春饼时爱上她的"。被流放到西伯利亚后，列宁在给克鲁普斯卡娅的信中向她求婚。在信的末尾，列宁写道："请你做我的妻子吧。"列宁坦率、真诚的求婚，使克鲁普斯卡娅非常激动，后来她便与列宁一起生活、战斗。

3. 与"一见钟情式"恋人沟通

"一见钟情"由初次见面的双方的直觉产生，双方的形象，如外貌、风度、言谈等起决定性作用，使彼此的"钟情"产生于"一见"之际。由于人们的个性不同、气质有别、职业各异、文化修养有高有低，因此一见钟情的双方进行初次的沟通没有固定的模式，表达方式、言谈内容都相对比较自由。但总体上说，与"一见钟情式"的恋人沟通也应遵循一些原则，如在感情上要表达得丰富些、在态度上要表现得诚恳些、在情感上要表达得含蓄些、在理想上要谈得高远些。如果能这样，你同"一见钟情式"恋人的初次沟通应该会非常成功。

（三）约会的技巧

男女双方都可以主动提出约会，尤其是男方，在这方面更应表现出一种主动的姿态。

1. 约会的注意事项

一是无论用电话还是口头的方式约对方会面，你都不能以生硬的口吻和态度勉强对方，而应以温和的口吻与对方协商；二是在时间和地点的选择上，你要充分考虑对方赴约是否方便，最好以方便对方出行为主，如果对方没提出具体意见，你可以提出自己的想法，经对方同意后再做决定；三是约会的时间和地点一经确定，如没有十分特殊的情况，双方都不应失约，尽量也不要迟到，更不可以事先不通知对方便单方面改变约会的时间和地点；四是因交通不便、交通工具出故障或其他客观原因而预想到会迟到的一方，应提前告知另一方并说明原因、表示歉意，另一方应予以理解和体谅。

2. 约会的几项原则

一是真诚坦率。对方希望了解的情况和提出的一些问题，你应如实地介绍和回答，不能有意隐瞒，更不能说谎欺骗。二是尊重对方。无论是谁主动提出约会，在约会谈话时，你都不可表现出得意之态，或以开玩笑的方式贬人褒己。如果不愿意再深入交谈了解或因有事确需提前离开时，你应先征得对方同意，切不可不辞而别。三是不谈论隐私。约会中除了要了解彼此的一些基本情况外，你还可以通过其他一些话题来了解对方的思想观念、道德人品和兴趣爱好等，切不可过问对方的家庭收入等隐私问题。四是不唱独角戏。考虑到男女双方在性格等方面的差异，约会时一定要寻找共同话题，千万不要一个人口若悬河、夸夸其谈，两个人要积极互动，达到彼此约会的目的。

（四）恋爱中感情升温的技巧

恋爱中的男女相处时间一长，感情难免较热恋时期会稍淡一些，约会次数可能也会减少，关心程度可能会降低。为避免因感情变淡而逐渐疏远，男女双方都应主动作为，使双方感情保温、升温，甚至可以使双方关系上升到一个更为亲密的阶段。

1. 创造更多二人独处的机会

通过长时间的独处，二人能有效增强对彼此的依附心理。

2. 捕捉对方的细微变化

要从对方的言谈举止中留意其心理变化，特别是对方有沮丧、不满、痛苦等情绪时，其可能不会直截了当地说出来，你只能多留意，以规避潜在的沟通冲突。

3. 从细节上体现关心

体贴关怀是恋爱中的男女都希望从对方那里得到的一种感觉。关心不能只体现在一些大事上，细节上的关心往往更能体现你的爱意，如春风细雨般滋润对方的心灵。

4. 不要过分取悦对方

恋爱中适当迁就对方是必要的，但不要过分取悦对方。在任何事情上都唯唯诺诺、唯命是从，会让对方觉得你毫无主见。在大是大非面前，你要有自己的立场和观点。

5. 距离产生美

从心理学角度来说，并不是在一起接触的时间越多，感情就越深，适度的分离更能加深彼此的思念和爱恋，"小别胜新婚"便是这个道理。

（五）恋爱沟通的禁忌

1. 过分的玩笑话

恋爱中的男女总喜欢通过开玩笑的方式来试探或考验对方，看看对方"到底爱我有多深"，这种玩笑开个一两次倒也无妨，不宜过多。有的恋人还以假装分手来考验对方，这就有点过了，很可能让不想分手的两人真的分手。因此，恋爱中的双方尽量不要随便以"我们分手吧"来开玩笑，就如同夫妻之间闹别扭不能随便说"离婚"一样，这对恋情或婚姻是百害而无一利的。

147

2. 对方的敏感话题

恋爱中的男女或多或少都有不想被他人触及的敏感话题，哪怕是恋人也不能触及，即使是开玩笑也不可触及。一般来说，这些敏感话题都带有隐私性质，虽是恋人，但也允许双方有各自的私密空间。如果明知道是对方的敏感话题还有意提起，会让对方产生被冒犯的感觉，容易使双方产生矛盾与隔阂。

3. 有伤自尊的话

随着双方恋爱关系的推进，彼此之间的沟通交流也会变得随性起来。但不论恋爱关系进展到什么程度、不论彼此讲话如何随心所欲，你都应该始终把握好一个度，即谈话的内容不得伤害对方的自尊。尊严对每个人来说都是至关重要的，恋爱中的男女更要懂得尊重对方，当有第三者在场的情况下，更要全力维护对方的尊严。

4. 反复追问的话

恋爱中，一方出于某种疑虑或担心，可以向对方询问一些事情。一旦对方给了明确的回答，就不要再反复追问，否则会招致对方的反感，也会让对方寒心，觉得自己不被信任。恋情的基础就是彼此的理解与信任，如果失去了理解与信任，爱就会变得苍白无力。

5. 操之过急的话

恋爱双方应该随着双方关系的逐步发展来决定怎样说话、说什么样的话，切不可操之过急，说一些不合时宜的话。在对的时间说正确的话，有助于让恋情快速地升温。如果在恋爱初期就将适合在热恋阶段说的话表露出来，会让对方觉得你很轻浮或对待感情不是很慎重，最终可能会影响双方的恋情走向。

6. 评价对方父母的话

男女在恋爱了一段时间之后，通常都会把对方带到自己家里让父母看看，其中一方也常常会问及另一方父母的情况。当一方的家庭不符合传统的"门当户对"要求时，另一方可能就会发表一些有关对方父母的看法，这些言论往往会使对方的内心产生负面情绪。毕竟父母在自己心中的位置是无人可以取代的，谁都不喜欢听到别人当面随意评价自己的父母，即便是恋人也不例外。

📖 **拓展阅读**

化解"冷战"的四大技巧

1. 目光接触

望着对方，通过目光对视了解对方真正的内心需求。不要试图逃避，用你的眼神告诉对方，你希望了解对方，你在认真倾听对方的想法，你依旧很在乎对方。

2. 表达需求

女性往往通过委婉、意会的方式传递自己的真实感受，而男性更倾向于直接明确的表达。表达方式不同，往往造成需求传递不对等。因此，在冷战中，女性应该更加直接地表达自己的需求，让对方能够准确把握自己的情感需求，从而更好地化解矛盾。

3. 询问感受

问一下对方，"冷战"的感受是什么。恋人之间"冷战"带来的情感伤害，不是单向的，而是双向的。只有双方都意识到"冷战"带来的内心伤害，才会更加主动地解决问题。

4. 试探方案

"冷战"非常不利于感情的长久经营,或许一次"冷战",最后会发展为双方以分手收场。所以,最关键的就是,找到一个适合彼此的解决方案。例如,做一个约定——"当我拿出这张我们的合照时,你就不许不理我了"。你也可以通过采用预备方案转移对方的负面情绪,暂时缓解"冷战"气氛,在时机适当的时候再用平和沟通的方式解决矛盾。

【本章主要参考书目】

[1] 龙璇. 人际关系与沟通技巧[M]. 2版. 北京:人民邮电出版社,2020.

[2] 麻友平. 人际沟通艺术[M]. 3版. 北京:人民邮电出版社,2020.

▶ Bonnie 总要点(知识总结营)

本章从校园中师生的沟通入手,为读者介绍了师生关系的基本特点,以及建立良好师生关系的要点;还介绍了同学关系的特征以及经营同学情谊的举措,系统性地总结了在大学阶段,建立人际关系网,妥善处理人际关系的沟通技巧。除此之外,本章立足实际,分析了与异性朋友交往的原则,使读者对与异性交往有更加客观的认识。最后,本章阐述了恋人沟通的技巧。

149

▶ Bonnie 带你练(学习训练营)

小金是一个性格内向的女孩子,学习中认真刻苦,生活中待人友善,班级工作中认真负责。

在大一开学初期的某一天,小金突然来到办公室对辅导员说:"老师,我能申请换个寝室吗?"说着,她便哭了起来。辅导员先安抚她的情绪,告诉她无论遇到什么事情都是可以解决的。等小金情绪稳定了,辅导员通过沟通交流了解到小金出现这样的问题,是与同寝室的小月相处不愉快造成的。

辅导员后续通过跟小月以及同寝室的其他同学深入的交流后得知,二人的矛盾主要集中在以下几点。

第一,小金平时是一个很文静、很乖巧的女孩子,而小月的性格活泼,大大咧咧。在竞选班委时小月的好朋友与小金竞选同一职位,最终小金当选,小月由此心生怨恨。

第二,小月喜欢晚上打游戏到很晚,而小金睡眠浅,习惯早睡。小金劝小月不要打游戏到很晚,小月特别生气,对小金乱发脾气。小月打游戏的行为严重影响小金的睡眠质量,小月什么时候打游戏结束,小金什么时候才能入睡。小金晚上睡眠不好,进而影响白天的上课质量,长此以往,小金的学习效率大幅下降,这让她每天都非常苦恼,心情很低落。

请你想一想:

(1)以上案例的定性及关键点是什么?

（2）遇到以上情况，辅导员该如何介入并解决矛盾？

学习训练指导：

一、案例定性及关键点

1. 要准确定位该事件的性质。这是一个学生因宿舍关系紧张而引发烦恼和抑郁等心理障碍的案例，如何缓和两名学生的关系，让她们回归正常的相处轨道至关重要。

2. 该案例讲述的虽然是突发事件，但问题的解决并不能一蹴而就，需要循循善诱、因势利导。如何引导小月学会换位思考，与同学和平友好相处，摆正心态，客观地评价他人，养成良好的作息习惯，科学规划大学生活，不沉迷于网络游戏，以上都是亟须解决的问题。

二、解决思路和实施办法

1. 进行心理辅导，倾注关心和爱心，修补关系裂痕。这些成长中遇到的众多情况致使学生产生了许多心理问题，会直接影响学生的日常情绪和学习兴趣。小金主要存在烦恼、抑郁等情绪障碍；而小月主要存在以自我为中心的心理障碍。针对以上问题，辅导员应积极协助学校心理咨询室对她们开展心理治疗，以关心和爱心为主线，分别提供及时、恰当的安抚与指导，对小金和小月的关系进行修补。

2. 加强正面引导，给予鼓励和肯定，重新树立信心。辅导员应及时找小金谈心，从正面引导小金，让小金重新树立信心，找回学习的兴趣和动力；同时，鼓励小金积极参加学校的各种文娱活动，让她在活动中感受到快乐，找到归属感。

3. 联合家庭教育，注重交流与沟通，发挥父母威信。父母在孩子心目中有着别人不可替代的地位和威信，辅导员如果能获得父母的支持将有助于问题的解决。

150

▶ Bonnie 带你行（实践训练营）

扫一扫

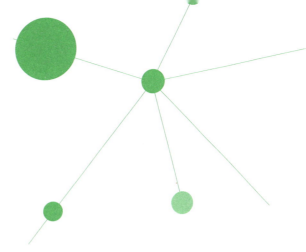

第十章
工作中的沟通

名人说

君子上交不谄，下交不渎。

——《周易·系辞下》

▶ **Bonnie 说故事**（沟通漫画营）

▶ Bonnie 来导航（知识索引营）

▶ Bonnie 理目标（学习目标营）

知识目标

① 了解不同类型的面试的特点和考查内容。
② 了解团队沟通的要素及技巧。
③ 把握高效会议的特点。
④ 熟悉不同类型的客户。

技能目标

① 掌握求职面试的技巧。
② 能制作自荐信和简历。
③ 掌握团队沟通的技巧。
④ 具备组织与主持会议的基本能力。
⑤ 掌握与同事、领导、下属、客户沟通的技巧。

▶ Bonnie 讲知识（知识学习营）

求职中的沟通

每一个求职者基本上都需要经历面试环节。面试是用人单位和求职者沟通交流的一种形式，以考查求职者是否符合该单位的用人要求。

一、求职面试的类型

求职面试的类型比较多样，下面介绍几种比较常见的面试类型。

（一）按系统化程度划分

根据面试的系统化程度，可将面试分为结构化面试、半结构化面试和非结构化面试。结构化面试也称标准化面试，是指面试的题目、程序、评价及面试官构成等方面都有统一明确的规范。非结构化面试则是不设任何限制，由面试官随机提问，类似于日常交谈。介于两者之间的是半结构化面试，既有程序化的考试和测试，也有随机的提问和交流。

（二）按面试对象的多少划分

根据面试对象的多少，可将面试分为单独面试和集体面试。单独面试可能只有一位面试官，也可能有多位面试官，但求职者只有一位。集体面试又称小组面试，是指面试官同时面对多个求职者的情形。在集体面试中，面试官通常要求求职者进行小组讨论，相互协作解决某一问题或者轮流担任领导来主持会议、发表演说等，面试官坐于离求职者一定距离的地方，不参加提问或讨论，通过观察、倾听为求职者评分，主要考查求职者在人际沟通、洞察与领导等方面的能力。

（三）按面试氛围设定划分

根据面试氛围设定的不同，可将面试分为压力性面试和非压力性面试。压力性面试是将求职者置于一种人为制造的紧张气氛中，让求职者接受诸如挑衅性、非议性、刁难性的刺激，以考查其灵活应变能力、压力承受能力、思考判断能力以及气质性格、个人修养等。在典型的压力性面试中，面试官会连续就某个话题向求职者发出刁钻棘手的提问，甚至问得求职者难以招架。这种面试方式特别适用于对高级管理人员的测试。非压力性面试则是在没有压力的情景下，考查求职者有关方面的素质。

（四）按面试进程划分

根据面试的进程，可将面试分为一次性面试和分阶段面试。一次性面试是指用人单位对求职者的面试集中在一次进行，面试官阵容可能比较庞大，通常由人事部门负责人、用人部门负责人以及人事测评专家组成。分阶段面试又分为依序面试和逐步面试。依序面试一般分为初试、复试与综合评定 3 个步骤。初试一般由人事部门主持，主要考查求职者的仪表风度、工作态度、上进心和进取精神等；复试一般由用人部门主管主持，主要考查求职者的专业知识和业务技能，衡量求职者是否适合拟任工作岗位；最后由人事部门会同用人部门综合评定每位求职者的成绩，确定最终合格人选。逐步面试一般由用人单位的主管领导、处（科）长和一般工作人员组成面试小组，小组成员按职务层次依次对求职者进行面试，实行逐层淘汰筛选，低层一般负责考查专业及业务知识，中层主要负责考查综合能力，高层负责全面考查与最终把关。

（五）按面试内容设计划分

根据面试内容设计的不同，可将面试分为常规面试、情景面试和综合性面试。常规面试是面试官和求职者面对面以问答形式为主的面试，求职者根据面试官的提问做出回答，展示自己的知识、能力和经验，面试官根据求职者的回答、仪表仪态、身体语言、情绪反应等对求职者进行评价。情景面试不同于常规面试的问答模式，它引入了无领导小组讨论、公文处理、角色扮演、演讲、答辩、案例分析等方式，让求职者的才华能得到更充分、更全面的展现，面试官也能做出更深入、更准确的评价。综合性面试兼有上述两种面试的特点，而且是结构化的，内容主要集中在与工作职位相关的知识技能和其他素质上。

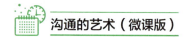

二、求职面试的技巧

面对多样的面试类型，求职者应如何准备，才能充分展示自己的能力与风采呢？下面主要分享几点结构化面试和无领导小组讨论的应对技巧。

（一）结构化面试的应对技巧

1. 全面展现自信

自信是打动面试官的法宝之一，自信不能仅靠回答面试官的提问来展现，外形、表情、体态等都可以体现出一个人是否自信。求职者需要注意的是，切忌自信过了头，变成自负自傲，给面试官一种浮夸狂妄的感觉。真正的自信是低调谦逊、不卑不亢，而不是妄自尊大、目中无人。

2. 做好仪容仪表修饰

一个人的长相是天生的、不易改变的，但其可以通过用心的装扮来使自己的形象改变。在服装上，不一定要穿名牌时装，但一定要干净整洁；不要过于时尚，也不要过于古板老旧。男生以中短发为宜，尽量不要蓄须；女生则可以化一点淡妆，体现出对面试的重视和对面试官的尊重。

3. 掌握语言交流技巧

面试场上，语言表达能力是一个人综合素养的重要体现，求职者要尽可能做到语言流利、用词得当、语调恰当、音量适中。当遇到难以回答的问题时，求职者不一定要立刻给出提前准备好的"万金油"答案，机智幽默、化险为夷的临场发挥更能给面试官留下深刻的印象。求职者要随时注意面试官的反应，并根据面试官的反应适时调整讲话策略，切忌自说自话，把面试官晾在一边。

4. 恰当运用体态语言

面部表情和身体动作等体态语言能辅助求职者的语言达到更佳的表达效果。求职者的面部表情可以随着自己讲述的内容而变化，身体也可以做出与语言表达相呼应的动作，以增强语言表达的说服力与感染力，但要避免出现揉眼睛、挖耳朵、掏鼻孔、看手表、抖腿等动作，这些动作会影响面试官对求职者的整体印象。求职者在进场后的关门、走动、问候、就座等动作也都要做到大方得体。

5. 充分进行眼神交流

在面试过程中，眼神交流也非常重要。面试官会根据求职者的眼神来判断其处理问题的灵敏度与稳重感，惊慌失措、躲躲闪闪或游移不定的目光会让面试官认为求职者缺乏自信、不够成熟、难担大任。因此，求职者要自然地与面试官进行眼神交流，在重点照顾主面试官的同时，还要对其他面试官予以眼神回应。眼神交流要注意适时、适度，不能全程死盯着面试官，否则可能给人以呆板、木讷的印象。

6. 善举事例，实事求是

每个人都想把自己最完美的一面展示给面试官，在面试的问答环节中，求职者如果能恰当地引经据典或引用各种事例，就可能会得到事半功倍的效果。同时，面试考查的是求职者的真实观点、看法和水平，因此，求职者在作答时，应当实事求是、实话实说，努力把自己最真实的一面展现出来，切不可浮夸卖弄，给人以华而不实之感。

7. 展现特长，凸显个性

很多求职者在面试中都力求自己的回答贴近"标准答案"，其实大可不必这样做，千篇一律的回答只会让面试官产生"审美疲劳"。求职者只有将自己的思想、认知、经历与特长等融入面试之中，才能将自己鲜活、立体地呈现出来。倘若你是"学霸"、创业达人，那么你赢得的奖学金金额、获取的商业报酬和影响力等都可以通过具体的数字体现出来，这更容易引起面试官的注意和兴趣，有利于你从众多求职者中脱颖而出。

（二）无领导小组讨论的应对技巧

1. 主动发言要有主见

在讨论中，自信、成熟、睿智的求职者先发言，可以加深面试官对其的印象。如果求职者胆小怯场、沉默不语或者轮到自己发言时，表达不出自己的观点和主见，只是说"××刚刚已经就这个问题阐述过了，我与其看法基本一致"，这可能会让面试官对求职者的印象不好，面试结果不言而喻。当然，求职者也可以先不急于表述自己的立场和看法，而是认真倾听他人的发言并从中捕捉有用信息，通过别人的回答来启发灵感、丰富完善自己的答案，最终完美地呈现自己的答案，达到基于他人而又高于他人的效果。

2. 掌握技巧说服他人

在讨论时，小组成员会有各自不同的看法和意见，但为了得出一致的结论，求职者就必须掌握技巧来说服他人。首先，求职者要表示出自己尊重与友好的态度，主动站在他人的立场上来考虑问题，通过找出彼此的共同点来肯定他人的部分观点，在他人放下敌对心理的同时，亮明自己的观点，并力求将他人的思想与见解引导到自己这边。当有人反驳自己时，求职者不要高声辩论、纠缠不休，甚至恼羞成怒、恶语伤人，而应心平气和、以理服人。

3. 寻找机会担任领导

求职者要寻找机会、主动请缨，力争担任小组讨论的领导。在讨论结束前，求职者要对各成员的讨论要点一一进行点评，分析优劣，并抛出自己的观点，使自己站到讨论的高地，充分展示自己归纳总结的才能，为面试成功增加筹码。当然，求职者担任领导是把双刃剑，极力表现自己的能力会招致其他求职者的反感，能力太强会让自己看起来有侵略性，如果自己的能力与领导应发挥的作用不匹配，又会引来他人的嘲笑。

三、求职材料的准备

求职材料是用人单位对求职者的首次接触和第一印象，是求职者的"脸面"。它直接反映了求职者的能力水平和综合素质，在一定程度上也决定了求职者是否会有面试或入职的机会。常见的求职材料一般有自荐信和简历等。

（一）自荐信

自荐信又称求职信，是求职者向自己欲谋求职位的单位介绍自己的基本情况、提出供请求的书信，是求职者展示自我能力、主动"推销"自己的书面材料。求职者应根据自己的实际情况及对用人单位的了解，有针对性地撰写自荐信，以给人留下良好、深刻的印象。

1. 自荐信的基本格式

自荐信一般包括标题、称谓、问候语、正文、敬语、落款和附件等几个部分。

扫码查看
自荐信示例

（1）标题。一般以"求职信"或"应聘信"为标题，居于首页第一行正中，要力求醒目、简洁、美观。如果是以电子邮件的形式发送的自荐信，则应在邮件主题中注明"××应聘××职位的求职信"。

（2）称谓。称谓一般是对用人单位领导或负责人的称呼，在自荐信首页的第二行顶格书写，后面要加冒号。若知道对方姓名，可在姓名后面加上"先生/女士"或职务名称，以示尊重；若不清楚对方姓名，可直接写职务，如"××公司人事部部长"；若不明确对方单位，可以称呼"尊敬的单位领导"等。

（3）问候语。问候语往往写在称呼的下一行，空两格，独立成段，表示对收信人的尊重和敬意。常用的问候语有"您好"或"见信好"。若称谓只是单位或部门名称，问候语则可以省略。

（4）正文。正文是自荐信的核心部分，一般由开头、主体和结语3个部分组成。开头一般写明求职缘由，包括自己是毕业求职、待岗求职还是在岗者换岗求职等，做到简洁明了；主体部分很关键，通常包括简介、自荐目的、条件展示等内容；结语一般表明你想得到该工作的迫切愿望，请求能够前往拜访或打电话了解相关情况，语气要谦恭有礼。常用的结语有"盼望答复""恭候佳音"等。

（5）敬语。与普通信函一样，自荐信也要写敬语，如"此致""敬礼"等。"此致"另起一行并空两格，"敬礼"另起一行、顶格。

（6）落款。在敬语的下一行右侧，要写上"求职者：×××"，并注明写自荐信的具体日期。为方便对方联系，求职者还需写上自己的电话号码、通信地址、电子邮箱等。

（7）附件。附件是附在信末用于介绍自己更具体的一些情况或证明自身能力与水平的书面材料，包括所读课程及成绩表、获奖证书或等级认定证书、发表的文章、专家的推荐信或证明材料等复印件。

2. 自荐信的重点内容

（1）介绍基本情况，引起对方兴趣。基本情况包括自己的姓名、性别、民族、年龄、籍贯、政治面貌、文化程度、毕业院校及专业、家庭住址、主要经历等内容。基本情况是简单的自我介绍，不必过于冗长，求职者可以重点介绍自己与应聘岗位契合度较高的学习经历、工作经历及取得的成就等，以引起对方的兴趣。

（2）写清信息来源，表明求职意向。例如，"两天前在××卫视上看到贵公司的招聘广告，获悉贵公司招聘文员，故冒昧写信应聘文员一职"，求职者这样写不仅有理有据，还能让用人单位感觉到自家的招聘广告很有影响力。另外，用人单位的招聘岗位往往不止一个，求职者需要写清应聘的岗位；若不清楚用人单位有哪些招聘岗位，求职者可以表明自己的意愿，希望获得什么样的工作岗位。

（3）说明胜任条件，展现自身能力。自荐信的核心内容之一就是要表达自己与应聘岗位有很高的契合度，求职者要突出自己与应聘岗位相对应的特长及个性，并从基本条件和特殊条件这两个方面充分展示自身的综合条件，达到吸引和打动用人单位的目的。

（4）希望得到机会，感谢对方费心。无论自己最终是否会被用人单位录用，求职者都应在自荐信中向用人单位表示感谢，感谢其在百忙中抽空查看自己的自荐信，并希望用人单位能考虑自己的求职愿望、给予面试机会，言辞要自然恳切、不卑不亢。

（二）简历

简历是对履历的简要陈述，又称履历表，是一个人教育经历、专长、就业经验、个人特质、兴趣等的记载。简历是求职者用来获得面试或访谈机会的工具，也是用人单位挑选候选人的过滤依据。一份形式完美、内容丰富的个人简历，就是一把开启事业之门的钥匙。

1. 简历的一般格式

（1）标题。标题一般为"个人简历"或"求职简历"，写在简历正文的顶端，居中书写，字号和字体可着意设计。

（2）个人信息。个人信息主要包括姓名、性别、出生年月、年龄、籍贯、政治面貌、学历、家庭住址、联系电话等。个人信息要简繁得当。过于简略，使用人单位对求职者的基本情况了解甚少，不利于最初的筛选；过于繁细，甚至将个人的许多隐私全盘托出，又可能带来负面影响。

（3）求职目标。求职目标是求职者寻求的工作职位或应聘的工作类型。求职目标一般较为简单，可以是具体的工作职位，也可以是工作类型。

（4）教育背景。教育背景主要包括就读的学校和专业、获得的学位、主要课程及分数、主要研究领域及研究成果、荣誉情况等。介绍教育背景时，求职者要注意其与所申请职位的关联程度。

（5）专业技能。求职者应罗列自身具备的能力、素质和技能，如计算机水平、外语能力以及拥有各类资格证的情况。

（6）校内外经历。求职者一定要突出自己在校内外的那些与求职目标相关的工作经历，这一工作经历可以是本职的，也可以是兼职或业余的。求职者应写明曾从事某项工作的起止时间，就职单位的名称、职位，具体的任务和职责，主要成就等。

2. 简历的制作要点

（1）真实可信。求职者在兼顾求职材料基本要素的基础上，最好将所有内容压缩到一页纸上，无关内容不要涉及。实事求是，扬长避短，全面准确地体现自己的才能，不可过分夸大工作能力，更不可伪造成绩或编造实习经历来骗取用人单位的信任。

（2）凸显不同。求职者应根据不同性质的求职岗位和用人单位来制作不同的简历，不要简单套用模板，应在简历设计中凸显个性，体现自身特长。为了凸显自己的与众不同，求职者应把自己最突出的优势和最能吸引人的长处充分表现出来，如列出自己在全国电子设计比赛中获得的奖项、在全省演讲比赛中获得的奖项等。

（3）整洁美观。求职者在制作简历时应选择适当的字体和字号，字体、字号应尽量统一，不要出现多种字体和字号。小标题应加粗，不要使用艺术字体。同时，求职者要注意调整简历的格式，使版面整洁、美观。整页文字要疏密有致，四周也要留有一定空白。

（4）避免差错。简历制作完成后，求职者要认真、反复检查，或请朋友帮忙检查，看简历的格式和内容是否有误，而后再定稿打印或通过邮件发送。求职者打印简历时，尽量使用优质纸张，确保印制精良。

练一练

假设你准备参加一场面试，请尝试回答以下问题：

1. 你为什么要到我们单位来求职？
2. 你了解我们单位吗？
3. 你觉得你适合哪种类型的工作岗位？为什么？
4. 毕业后的 5 年内，你的职业规划是什么？
5. 今天的面试就到这里了，你有什么问题要问吗？

当面试官问："你在来我们单位面试之前，还去过哪些单位面试"，你该如何应答？

扫码查看
思路解析

扫码查看应届毕业
生求职简历示例

第二节

团队中的沟通

团队，是有着共同目标的一个群体。虽然它围绕共同目标而建立，但这并不意味着所有成员会自动朝着共同目标去工作。为了实现共同目标，团队成员必须在团队内部进行有效的沟通。

一、团队沟通的要素

团队沟通的要素包括行为规范的制定、成员的角色和领导者的素质等。

（一）行为规范的制定

行为规范对一个团队来说非常重要，它是团队成员必须共同遵守的行为准则。成熟健全的行为规范不仅可以使团队成员知道自己该做什么、不该做什么，而且还能够增强团队成员相互合作的主动性和自觉性、使团队成员形成更强的合力和战斗力。常见的行为规范一般都以明文规定的方式存在，如条例、准则、规章、制度等，有的行为规范属于约定俗成的、不成文的规定或规矩。团队的规模越大，团队的行为规范可能就越细致、越复杂。

团队的行为规范的制定一般有以下几个步骤：一是向每个团队成员征求意见或建议；二是收集、汇总大家的意见或建议；三是剔除意见或建议中的重叠或累赘部分，形成简明扼要的清单；四是根据清单编写行为规范；五是建立团队承诺，共同遵守行为规范。行为规范应具有一定的稳定性，可 1～2 年修订一次，以更好地发挥作用。

（二）成员的角色

每个成员在团队中都扮演着不同的角色，既有积极角色，也有消极角色。如果积极角色多于消极角色，那么该团队的沟通会非常有效且高效。

起积极作用的角色主要包括以下几类。①领导者。善于确定团队目标并激励下属完成任务。②谋划者。善于为团队工作出谋划策，能为解决团队存在和遇到的问题提出处理和改进的方法。③信息员。善于为团队工作提供信息、数据及事实依据。④协调员。善于通过积极有效的沟通，妥善解决团队成员之间的矛盾和冲突，缓解团队工作压力。⑤评估者。善于承担工作方案分析和制订计划等工作。⑥激励者。善于增强团队凝聚力，提高团队成员士气。⑦追随者。善于认真负责地实施计划。

起消极作用的角色主要包括以下几类。①支配者。试图操纵团队，干扰他人工作，只想提高自己在团队中的地位。②绊脚石。固执己见，与团队其他成员唱对台戏。③自我标榜者。在团队中总是自吹自擂，夸大其词，从而来寻求他人的认可。④逃避者。在团队中与他人保持距离，对工作消极应付。

（三）领导者的素质

领导者的素质包括胜任能力、把握方向的能力、适应能力和可信度等。

1．胜任能力

在团队中，专业能力和业务水平都卓越超群的人未必能够胜任领导岗位，那些具备领导意识、善于沟通协调的人可能更有领导潜质和胜任能力。

2．把握方向的能力

坚持道德标准的领导会在团队中营造一种平等、公正的沟通氛围，不会将自己的意志凌驾于他人之上，同时还会积极地影响团队成员，确保团队沿着正确、健康的方向前进。

3．适应能力

一个成功的团队领导者必须能随时调整其行为，以适应团队的目标、价值观、特有的风格，以及在具体情形下团队成员的需求。一个具备超强环境适应能力的人应该也会成为一个称职的领导者。

4．可信度

可信度一般通过一个人自身的能力、客观公正的态度、令人信赖的品质、与团队保持一致的目标和充沛的精力等方面来体现。除此之外，我们还可依据一个人的地位、岗位级别、年龄、性别和影响力等因素来判断他的可信度。

二、团队沟通的技巧

任何一个团队都要经历从无到有的发展阶段。有关团队发展阶段的、比较典型的模型是布鲁斯·塔克曼与美国海军合作开发的一种模型。该模型最初将团队发展分为了 4 个阶段，分别是形成阶段（Forming）、冲突阶段（Storming）、规范阶段（Norming）和运行阶段（Performing）[1]，后来又增加了一个阶段——解散阶段（Adjourning）[2]（见

159

① TUCKMAN B.Developmental sequence in small groups[J].Psychological bulletin, 1965, 63(6) :384-399.

② TUCKMAN B, JENSEN W.Stages of small group development revisited[J].Group and organization studies, 1977 (2) :419-427.

图10-1）。在不同的发展阶段，团队领导者和团队成员会面临不同的阶段内容和特点，需要对团队沟通做出适时的调整和优化。

图10-1　塔克曼的团队发展阶段模型

（一）团队形成阶段的沟通技巧

团队形成之初，各个成员的角色和责任尚不明确和固定，彼此疑虑较多，人心相对涣散，还不能产生凝聚力和战斗力。领导者此时要统一思想、消除疑虑、鼓舞士气，全面了解团队成员的动机和偏好，并帮助他们互相了解。深入的沟通了解能使大家达成工作共识，并清楚地知道团队存在的意义是什么、要实现的共同目标是什么、每一个成员能从团队中得到什么。

（二）团队冲突阶段的沟通技巧

团队的基本架构形成之后，随之而来的便是各种沟通冲突，包括职务的安排、薪资的分配、责任的划分等。这十分考验团队领导者的领导才能和领导艺术，看团队领导者是否能做好宏观调控、是否善于因岗选人、是否能做到一碗水端平。正常的工作沟通冲突是不应该被否定的，一个没有冲突的、面上和气的团队是很难碰撞出思想火花和工作灵感的。团队领导者必须正确看待和处理团队沟通冲突，确保所有的冲突都是对事不对人的，并鼓励团队成员敢于发声、发不同的声，避免团队陷入千篇一律的工作思维之中。

（三）团队规范阶段的沟通技巧

在此阶段，团队领导者要根据团队成员的偏好、特长和专业技能等来创建分组、分配任务，建立标准的工作规范，推行高效的工作方法，并以上率下、身体力行。同时，团队领导者还要密切注意团队的发展动态，及时了解团队成员的工作反馈，利用一切机会与团队成员充分沟通实际工作中遇到的具体问题，帮助大家分析问题并提供解决方案，以保障团队向更好的方向发展，确保团队发展目标一致、角色分配科学、责任分工明确、保持高度和谐。

（四）团队运行阶段的沟通技巧

历经形成、冲突、规范阶段之后，团队的各个方面基本都已成熟，团队进入有序运行阶段。团队领导者和团队成员虽然都有自己的处事风格，但大家也都有统一的战略意识和共同愿景，团队领导者要允许团队多样性存在，让团队成员有更大的灵活性和自主权，能积极地相互帮助与扶持。经济学和金融学教授杰克·弗朗西斯曾说："你可以买到一个人的时间，你可以雇一个人到固定的工作岗位，你可以买到按时或者按日计算的技术操作，但你买不到热情，你买不到创造性，你买不到全身心的投入，你不得不设法争取这些。"因此，团队领导者还需要制订有效的激励计划，以激发员工的学习与工作热情，做到多认可、多夸赞、少批评、不讽刺，多倾听、求回应，以营造良好的工作氛围，始终保持团队和谐。

（五）团队解散阶段的沟通技巧

解散既可能是一些成员离开团队，也可能是整个团队的终结，它是大部分团队必经的阶段。在这一阶段，团队领导者需要关注学习和欣赏这两件事，看团队成员在团队中都学到了什么、如何将这些学习成果反馈给组织并让未来的团队成员从中受益，从而少走弯路；对于那些离开团队的人，应给予感谢和认可，赞赏其对团队做出的贡献，这一点非常重要。即便是一个团队走向终结，团队成员也应该互相鼓励，树立继续前进的信心。

案例分析

有三个人搭乘一条渔船渡江做生意。船至江心，忽遇暴风雨，渔船摇摆不停。在这危急时刻，船家利用多年的水上经验，立刻指挥船上的人。他以不容反驳的口气，命令一个小伙子骑在船中的横木上，以保持船只平衡，接着又指挥其他两个人摇橹。可是水势过于凶险，而且船上装的大多是布匹和农产品，很容易吸水增加重量。为了保证船身不下沉，必须把船上多余的东西扔掉。船家想都没想，就把小伙子的两袋玉米扔入江中，同时把正在摇橹的两个人所带的布匹和农产品也扔了下去。两个摇橹的人发现，船家唯独只留下了自己带来的一个沉重的箱子。两人很生气，于是问都不问，合伙将那个沉重的木箱扔进了水里。木箱一离船，船就失去控制，疯狂摇晃起来，所有人都被甩到了急流中。那两个摇橹的人万万没想到，被他俩扔入水中的木箱里装的是用来稳住船的沙石，没有了稳定船用的木箱，船就会翻。

请你想一想：是哪里出了问题，导致出现案例中这样的结局？

案例点评：虽然错误是由两个摇橹的人造成的，但经验丰富的船家也没有做到有效沟通，船家既没有向大家解释原因，也没有了解大家的疑惑，导致其他人产生误解，造成了悲剧。

161

练一练

请结合自身实际情况，判断你所在的团队目前正处于哪一个阶段？团队目前存在哪些问题？你将采取哪些具体措施，提升团队的凝聚力？

第三节

// 会议中的沟通 //

无论在党政机关、企事业单位，还是在社会团体、学生社团，会议沟通都是最为常见、运用频繁的一种群体沟通手段。除了上传下达、内外交互之外，会议沟通的作用还有很多，可以集思广益、讨论问题、产生决策，听取汇报、分配任务、融合意见、达成共识，分享资讯、宣传政策，表彰先进、激励士气等。当今社会效率至上，一次高效的会议能够让大家快速准确地领会会议精神并落实落地。

一、高效会议的特点

（一）清晰的会议主题

会议无论规模大小，都要有一个清晰的主题，以使所有与会者都能明白自己在会议中扮演着什么样的角色，并为此进行相关的准备工作。鲜明、直观的会议主题也更容易让与会者迅速地把握会议主旨、领会会议的中心思想。

（二）合适的与会者

与会者一般包括会议的组织者、参与者和记录者等。组织者应具有很强的专业性，能够准确掌握与会者尤其是与会领导的相关信息。参与者的数量也要适中，人员太少不能有效征集意见和建议，不利于民主决策、科学决策；人员太多则容易七嘴八舌、偏离主题、形成不了统一意见。

（三）充分的会前准备

会前准备工作非常重要，包括发出会议通知，明确会议时间、地点、人员、服装要求等；印制会议日程，编排会议议程；做好会场布置，包括悬挂会标，摆放桌签及会议资料，调试话筒，检查照明、通风、空调设备等；安排会议食宿、集体照相等。

（四）合理的会议议程

会议议程是会议的基本流程，是确保会议有效运行的框架。会议议程必须紧密围绕会议主题，做到科学合理、衔接顺畅。即便是发言、拍照、颁奖等环节，会议组织者也应当安排得恰到好处，如果弄反了先后顺序，难免会造成秩序混乱。

（五）清晰的会议规则

162

高效的会议应坚持"四不"原则：一是不跑题，与会者紧紧围绕会议主题，谈感受、讲实情、提建议，发言直奔主题，讲话简洁明了；二是不打断，尊重发言人；三是不超时，发言人严守规定时间；四是不攻击，切忌当场指责、批判他人，发言对事不对人，不能进行人身攻击。

知识卡片

（六）恰当的主持协调

主持人应注重协调，控制时间、氛围、局面等，确保会议按照预定的议程进行。在不同类型的会议上，主持人起着不同的作用。在学术研讨会上，主持人要起到提出观点、引导讨论的作用；在经验交流会上，主持人要起到肯定做法、总结推广的作用；在工作布置会上，主持人要起到落实措施、提出要求的作用；在庆功表彰会上，主持人要起到激励先进、号召学习的作用。

（七）周到的会场服务

会场服务对会议效率有着举足轻重的作用。有的会议发言人较多、话筒数量相对较少，会场服务人员就要做好话筒传递服务，确保衔接有序流畅；有的会议需要使用展板、投影仪等设备设施，会场服务人员就要提前做好准备和调试。如果在流行性感冒多发季节召开会议，会场服务人员还应在会场准备体温计、消毒液、医用口罩和常用药品等，以防发生意外情况。

（八）及时的传达跟踪

有的会议组织者没有对会议的讨论过程、会议达成的最终决议进行完整的记录，导致会后无法进行督查督办，会议效果就会大打折扣。这就要求相关人员必须遵照会议精神，快速准确地撰写会议纪要，呈送相关领导审阅并及时分发给与会各方。同时，会议组织者要对会议形成的决议建立追踪制度，重点关注会议安排的工作是否落实、会议提出的问题是否解决，避免出现议而不决的现象。

二、主持会议的技巧

会议主持人在控制会议进程、调动与会者情绪、正确引导问题讨论、提高会议质量等方面具有重要作用。大部分会议，包括工作例会、座谈会、研讨会、答辩会等，都需要在主持人的引导下才能顺利完成会议的既定事项，任何一个环节处理不好，都将影响会议效果。

（一）设计好开场白

在会议正式开始之前，主持人要提前掌握与会领导和来宾的姓名、职务、职称及所在单位等基本信息，不能遗漏，更不能搞错。会议正式开始时，主持人要先用几秒的时间面带微笑地环视全场，跟与会者打个招呼，引起大家注意后，宣布会议开始。首先，主持人要说明召开会议的名称与背景，然后按先宾客、后主人，先职务高、后职务低的顺序介绍与会领导和来宾。在介绍过程中，主持人要注意介绍的节奏，预留鼓掌时间，有时可由主持人带头鼓掌。与会领导和来宾介绍完毕之后，主持人要说明会议的主题、目的、意义、议程和相关要求。开场白要富有启示性和引导性，时间不宜太长，及时进入会议的主体部分。

（二）把控会议进程

主持人在会议中应控制会议节奏，尤其要控制好发言秩序和发言时间，并做好应对会场突发问题的预案。

1. 灵活处理分歧

会议中出现偏离主题、意见分歧、无谓争辩等现象都是正常的，主持人要正确看待不同的观点或意见，并做好引导而不是意见裁决。当有人提出反对意见时，主持人应当感谢对方提出反对意见；当会议出现激烈争辩时，主持人要保持头脑清醒，及时制止无谓争辩，而不要介入争辩；当出现不友好的争辩时，主持人应将争辩话题巧妙地带回会议主题，以防场面失控。

2. 掌握插话技巧

主持人应具备良好的时间管理能力，只有将每项议程的时间控制好，才能确保整场会议不会超时。当遇到部分与会者长篇大论的时候，主持人需要学会插话，为推动会议进程把好关。首先，主持人要坚持发扬民主、尊重他人的原则，耐心倾听别人的发言，但要适时插话；其次，主持人要善于利用当时的语境，结合发言人表达的内容，插入适当的词句，或赞同或附和，借机转移话题；最后，主持人要选好时机，插话一定要插到合适的"时间窗口"，以免引起他人不适。

3. 做好衔接工作

主持人在过渡照应、承上启下、串联议程的过程中，要确保精力集中，充分发挥临场应变能力、语言表达能力、组织能力和概括能力。对前面发言的内容能够进行高度概括，并能根据后面的议题内容提前渲染气氛，自然过渡。主持人要能够巧妙运用顺带、转折、设疑、问答等语言手段，增强会议的连贯性和整体性。当跑题现象发生时，主持人应及

时制止，以免影响会议时间。

4. 完成既定议题

会议都有既定的议题和相关的任务，都是为了就某一个或某些问题达成一致意见、找到解决办法。因此，主持人必须做到心中有数，要明确会议有几项议程，先干什么、后干什么，大约需要多长时间，并应在规定的时间内控制好会议的进程，力争圆满完成所有会议议题和任务。如果会议临近结束而会议目的尚未达到，主持人就必须千方百计地引导与会者尽快完成相关会议议题，绝不能为了按时散会而仓促得出结论或做出决定。

（三）总结好会议成果

会议进行过程中，主持人要对会议的重点内容进行实时记录。会议即将结束时，主持人要对会议召开的有关情况进行简明扼要的总结，对不确定、未解决的问题要做出解释说明。总结会议的方法主要有直叙法、归纳法和号召法。直叙法是简要回顾会议讨论的事项、达成的共识和解决的问题，以加深与会者的印象；归纳法是对会议进行高度归纳总结，把会议的成果提纲挈领地概括出来，加深与会者的印象；号召法并不全面总结会议的召开情况，而是用号召性的语言，鼓舞与会者为某一目标或工作方向而努力。

总而言之，会议的主要目的是解决问题，主持人抓住高效会议的特点，注重主持会议的技巧，就能较好地开展会议，达到预期的效果。

练一练

1. 公司将举办新入职员工交流座谈会，由你负责组织，你将如何开展这项工作？

2. 当会议中有人因意见分歧而激烈争辩时，作为会议主持人，你会如何处理？

第四节

与同事的沟通

职场生涯在人的一生中占有很大的比重，人生中的很多朋友都是在职场中结交的。与职场中的同事进行良好的沟通，而后与其建立起和谐的人际关系，这不仅有助于彼此工作效率的提高，还有益于大家的身心健康。

一、新员工的沟通要则

职场中的新员工既要快速熟悉情况、进入角色，也要主动认识同事、增进了解。

（一）主动问候

一句简单的、真心的问候，不仅可以帮助你增进人际关系，甚至还可能给你带来意想不到的收获。早上的一声"早安"、下班的一句"再见"都能给大家留下好印象。

（二）牢记名字

记住他人的名字非常重要，体现了你对他人的用心。如果在第二次见面的时候就能准确无误地叫出同事的名字，那么在之后的工作中你将更能获得同事的帮助。同样，如果在入职一段时间后，你仍叫不出同事的名字，那么你在工作中碰壁的可能性会大大提高。

（三）虚心请教

进入全新的、陌生的工作环境之后，你肯定会遇到不懂的问题，虚心向同事请教是最简单直接的办法。你要提前想好问什么、怎么问，请教的语气要谦虚、有礼，当问题得到解答后，你要表示感谢。

（四）多说"谢谢"

用来表达感激的、最简洁的一句话就是"谢谢"，它虽然最为常见，但诚恳的一声"谢谢"，依然会给对方带来很大的满足和感动，也会给对方留下良好的印象。不管认识有多久、交情有多深，你都应保持应有的礼貌，在得到对方帮助时，说一声"谢谢"。

（五）少用"我"字

"我"字讲得太多，会给人突出自我、强调自我、标榜自我的印象，无形中使对方在心里筑起一道防线，最终影响进一步的沟通。因此，你无论做了多么重要的事情，都要把表达的重点放在对事件的客观叙述上，而不要突出做这件事的"我"，以免让听者感觉你是在自我吹嘘。

二、与同事沟通的方法

扫码查看
案例分析

（一）当面沟通，注重沟通效率

当前，越来越多的同事选择通过网络来进行沟通，即便是坐在同一间办公室，依然有不少人习惯使用微信、QQ或者电子邮件来沟通。由于没有表情、肢体语言的加盟，线上沟通相对于面对面沟通，少了某种"温度"。而且线上沟通要求双方都在线，否则沟通的效率就无法保证了。因此，如果条件允许的话，同事之间还是应该尽可能地采取面对面沟通的方式，这既有助于准确理解彼此传递的沟通信息，也有助于提高沟通效率。

（二）持续沟通，重视沟通反馈

有调查显示，企业中普通员工和中级主管花在内部沟通上的时间大约占工作时间的一半，对于更高层级的企业领导人员来说，这个比例可能会更高。同事之间开展工作，需要彼此协商、共同推进，这种沟通一定是持续的、双向的。一轮沟通结束后，一定要征求对方的反馈意见，持续保持沟通状态，共同关注工作进展和相关动态。

（三）慎重拒绝，做到有效沟通

同事之间的责任分工虽然比较明确，但总有一些事情需要大家相互协调、互相帮助。当有同事请教某件事情怎么办理或请求自己帮助时，不要轻易答应也不要急着拒绝，可以说"这件事情我先去了解一下，再给你回复，你看可以吗"或"我帮你问问其他人，看看有没有办法处理"。当获得有效信息后，你再告诉同事解决办法，即可完成一次有效的沟通。

三、与同事沟通的禁忌

对上班族来说，每天接触最多的除了家人应该就是同事了。有的人能和所有同事打成一片，但有的人却形单影只、很不合群，这很大可能就是因为其与同事的沟通出了问题。我们与同事沟通时要注意避免出现以下几种情况。

（一）外出不告知

外出时互相告知一声，既是共同工作的需要，也是联络感情的需要，至少能表明同事之间互相尊重与信任。有事外出或请假，虽然批假的是领导，但最好还是和办公室里的同事说一声，哪怕是临时出去半个小时。这样，倘若有人来找，同事也方便给访客一个交代。如果外出不和同事说，而办公室正好有要紧的事，那么受影响的可能还是你。

（二）明知而不说

同事临时外出办事或出差，期间有人来电或登门拜访，如果同事走时并没有特别交代，自己也确实不知同事去向，可先联系同事或问其他同事，然后再转告来人相关情况，以显示自己的热情。如果自己明明知情，却说不知道，一旦被同事知晓，那同事关系势必受到影响。因此，当有人找同事时，你务必要真诚和热情，即使没有提供实质性的帮助，来人也会觉得你和同事之间相处得很好。

（三）有事不求助

轻易不求人，这在某些情况下是对的，因为求人可能会给别人带来麻烦。但向同事求助，能表明自己对同事是信赖的，有利于同事之间关系融洽、感情加深，良好的同事关系也应该是以互相帮助为基础的。求助同事，在一般情况下是可以的，但你也要讲究分寸，不能让同事感到为难。

（四）好事不通报

当单位发放物资、奖金时，如果自己预先知道，却没有告知同事，自己去领取时，也没有帮同事代领，这样很容易让同事关系产生裂痕。以后再遇到诸如此类的事情，同事也不会告知你，哪怕你再忙，同事也不会帮你代领。

（五）嘴上占便宜

有些人喜欢争辩，据理力争，无理也要争三分；有些人喜欢拿别人开玩笑，习惯过嘴瘾。像这种喜欢在嘴巴上占便宜的人，往往比较好胜、不好相处。其实，同事之间，在嘴上吃点亏也没什么，不伤和气就好。

案例分析

不会沟通，从同事到冤家

　　小赵是销售部门的一名员工，为人随和、不喜争执，和同事的关系处得都比较好。但最近一段时间，同一部门的小李总处处和他过不去，对于一起合作的工作任务小李也都有意让小赵做得更多，甚至还抢了小赵好几个老客户。起初，小赵觉得都是同事，没什么大不了的，忍一忍就算了。后来，小赵看到小李越发嚣张，便一赌气把他告到了经理那里，经理随后把小李批评了一通。从此，小赵和小李彻底成了一对冤家。

　　请你想一想：如果你在工作中遇到了与小赵类似的情况，你会怎么做呢？扫描右侧二维码查看案例解析。

扫一扫

（六）零食总拒绝

有同事评上职称或取得荣誉，往往会买点零食和大家分享喜悦。你不要一口回绝，更不要冷冷地坐在旁边一声不吭，表现出一副不屑为伍或不稀罕的样子，这会让同事们认为你清高、傲慢、孤僻，慢慢地疏远你。

（七）私事总探听

每个人都有自己的秘密。能说的、想说的，同事自然会说；同事不说的，你就不要去打探；同事不留意把秘密说漏了嘴，你更不要去传播。有些人总喜欢猎奇，喜欢打探各种消息，即使什么目的也没有，也可能会让同事产生防备心理。

第五节

与领导的沟通

　　下属与领导的关系从本质上讲是相互依存、相互成全的。下属需要通过领导的认可、支持和提携来实现自己的职业发展目标，领导则需要通过下属的团结、服从和付出来达成自己的管理目标。下属要想有良好的上下级关系，就必须掌握与领导沟通的原则，主动去发展好、经营好与领导的关系。

一、与领导沟通的原则

（一）坚定拥护领导

　　每一个领导都希望自己的下属能听从指挥，如果下属与自己不是一条心，甚至背叛自己，领导就会对这个下属产生一定的负面情绪。因此，下属要坚定地拥护领导，尊重领导的权威，对领导忠诚并用行动来表示支持。这样，下属就能得到领导的认可和赏识，并有机会得到领导的关心和帮助。

（二）真诚赞美领导

每个人都希望得到他人的赞美，领导也不例外。下属对领导进行由衷的赞美，是对领导的一种尊重和肯定，并不代表着阿谀奉承。下属可以留意领导的言谈举止、服饰打扮，适时表达赞美，这不但可以使领导的自尊心得到满足，还能赢得领导的好感与信任。

（三）主动进行沟通

大部分领导都希望下属能够经常主动与自己沟通，并会对主动与自己沟通的下属给予更多的关注。那些不敢、不想或不屑与领导进行沟通的下属，是很难进入领导视野的。下属要想在工作中有所作为和成长进步，就必须积极主动地与领导沟通，经常汇报自己的思想情况和工作动态。

（四）多提改善建议

职场上较为常见的下属有两种：一种是什么都看不惯，总喜欢提意见，然后把问题抛给领导；另一种是也喜欢提意见，但在提出意见以后，还能提出相应的改善方法、思路或建议。领导肯定更喜欢后者，因为只有忠诚、有主人翁意识、善于思考的下属，才会主动地站在领导甚至是单位发展的高度来看待问题，提出对策建议。

（五）适度展现自我

做好本职工作，是下属获得领导重视、重用的一个基本条件，而适度展现自我，则是下属吸引领导关注的一个正当途径。一个随大流、默默无闻、没有存在感的下属，是很难让领导注意到的，注定变得越来越平庸。因此，下属要学会在适当的时候表现自己，让领导看到自己的能力。

二、与领导沟通的技巧

在同领导沟通之前，下属一定要清楚沟通的目的，并为之做好充分的准备。在沟通过程中，下属要尽量避免冗长乏味或意思重复的陈述，关键环节应详细讲解，不重要的地方可以简略带过，下属要使用汇报、商量的语气。在听领导讲话时，下属要全神贯注，不要遗漏和错听讲话内容。

（一）请示与汇报

下属理应多向领导请示、汇报工作，事前不能擅作主张，事后也不能没有回应。

1. 边听边记

在向领导请示工作时，下属一定要备好纸和笔，边听边记，以便事后逐一落实，防止因疏漏而误事。同样，下属在向领导汇报工作时，也要提前把需要汇报的内容记录下来，以免遗漏关键信息，出现"沟通漏斗"现象，如图10-2所示。

2. 理解透彻

在领导下达指示之后，下属应立即对自己的记录进行整理，并向领导简要复述一遍，看自己是否准确无误地领会了领导意图和工作重点。如有不明白的地方，下属应立即向

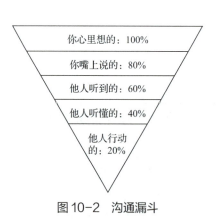

图10-2　沟通漏斗

领导请教，需要领导给予支持的也要一并请示。下属受领任务时，要注意以下几个事项：一是多问自己为什么；二是多考虑完成任务可能会遇到的问题和障碍；三是有不明白的地方要随时向领导请教；四是在脑子里要有一个成形的计划。

3．"6W2H"分析法

下属接受任务之后，应开动脑筋，对即将实施的工作有整体认识，向领导提供一个初步解决方案，在方案中阐述自己的行动计划与步骤，尤其是要有明确的时间表，这样不仅便于按照拟订好的计划行事，也便于领导监督。这也就是我们俗称的"6W2H"分析法，具体见表 10-1。

表 10-1　"6W2H"分析法

	what	所要完成的任务是什么
6W	when	什么时候完成
	where	要在哪里完成
	who	完成任务需要哪些人
	why	为什么要这么做
	which	选择哪种解决方案
2H	how	如何去做
	how much	要花多少费用和时间

4．及时汇报

下属落实领导指示的过程中，也应及时向领导汇报，使领导能够把控整个工作的进度。当因不可抗力导致无法完成任务时，下属要把情况反馈给领导，并附带解决方案。当工作结束后，下属要向领导进行总结性的汇报，把在开展工作中所遇到的困难、预期目标和最后达到的效果都陈述清楚，把成功的经验和存在的不足之处也一一列出，让领导对你的工作能力有较为全面的了解。

5．接受点评

通常情况下，领导听完下属的汇报，心里会产生评价，有的领导会当场讲出来，有的领导则可能会缄口不言。下属要想了解领导听取汇报后的真实态度和想法，就要以真诚的态度让领导把心里话讲出来，以便自己今后改正。如果领导说出了他的意见，不管是赞美还是批评，下属都要以端正的态度、虚心的心态去倾听，接受领导的指导，也只有那些能够虚心接受领导点评的下属，才能受到领导的信任和赏识。

（二）说服领导的技巧

1．了解领导

下属了解领导的思想理念、办事风格及性格特点等，才能更好地开展工作。下属平时要注意观察领导的一言一行和个人喜好等，以熟悉其处事方式，分析其思维方式，了解其性格特征。

2．换位思考

下属站在领导的角度，设身处地为领导着想，领导自然也会乐于与这样的下属沟通。

换位思考，一是下属要理解领导的苦衷，不要遇到事情就向领导抱怨；二是下属要协助领导解决其所没有考虑到的或棘手的问题。当领导理亏时，下属要给领导台阶下，避免当众纠正领导的错误。

3. 准备充分

下属要想成功说服领导，就必须做好前期准备工作。这些准备工作通常包括以下几点：一是内容准备，所讲的内容要简明扼要、重点突出，争取用较短的时间把事情讲明白；二是要设想领导可能会问的问题，并想好多种对策；三是完整把握事态和相应数据，分析问题要有理有据，避免出现含糊不清或想当然的情况；四是先讲要达到的目的，再讲过程，最后做重点分析。

不同的领导有不同的风格和性格特点，在与不同的领导打交道时，下属需要采用不同的沟通方式，下属不仅要把握领导的性格特征、行为方式、个人习惯及爱好，还要有针对性地改变自己的工作习惯和思路，积极寻求良好的沟通之道。

扫码查看如何与不同类型的领导沟通

测一测

与领导沟通能力的简易测评

在说服领导时，你注意过以下要点吗？请如实完成以下测评（见表10-2），测试你与领导沟通的能力。"一贯如此"计3分、"经常如此"计2分、"很少如此"计1分。

表10-2　与领导沟通能力的简易测评表

序号	问题	选项			得分
		一贯如此	经常如此	很少如此	
1	能自始至终保持自信的微笑，说话时保持音量适中				
2	善于选择领导心情愉悦、精力充沛的时机与其进行沟通				
3	已经准备好详细的资料和数据佐证你方案的可行性				
4	对领导可能提出的问题胸有成竹				
5	语言简明扼要、重点突出				
6	和领导交谈时友善，能充分维护领导的权威				
得分总计					

扫码查看得分解析

第六节

// 与下属的沟通 //

与下属沟通是领导部署工作、传递信息、沟通情感、调节关系的重要方式。作为一种有等级差别的双边交流活动，领导在与下属沟通的过程中，处于主导地位。领导有必要掌握与下属沟通的技巧，并了解与下属沟通的注意事项，以打造一个运转良好、积极向上、关系融洽的团队。

一、与下属沟通的技巧

（一）选择恰当的时机和地点

领导与下属的沟通一般有正式和非正式两种，两者的区别主要体现在沟通时机与地点的选择上。领导应树立随时随地沟通的意识，主动亲近下属，寻求沟通机会。在沟通时机的选择上，领导可以选择工作间隙或上下班途中，此时的沟通氛围相对轻松。如果时机选择不当，可能会给下属增加负担，甚至会打击其积极性。在沟通地点的选择上，有些领导会不自觉地把下属叫到办公室来谈话，这在无形中会给下属带来压力。

（二）掌控沟通主动权

1. 把握谈话的主题

如果下属偏离中心话题太远，领导应适时引回，即使下属就某一话题谈兴正浓，也要婉转地提醒："这件事情我们改天再谈。"

2. 把控谈话的节奏

领导要主导沟通，在简单寒暄过后应迅速切入正题，阐明问题实质，顺势让下属养成高效的沟通习惯。

3. 调节谈话的气氛

领导应态度和蔼，努力营造宽松的氛围，缓解下属的紧张和戒备心理，激发其沟通欲望，使下属大胆表露真实的意见和想法。

（三）多包容

领导在与下属的沟通中，免不了思想和观点的交锋，领导要有海纳百川的肚量，同时也要保持清醒的头脑。在倾听下属谈话时，领导应尽可能让下属充分发表意见。对待不同的意见和看法，领导不要独断专行、急于评论，要兼收并蓄、求同存异，能包容与自己相反的意见。如果领导马上鲜明地亮出自己的观点或急于反驳下属，就会使下属处于尴尬的境地，下属也不敢再讲下去了。除了包容下属的不同意见或想法，领导还应包容下属的错误，给其改正的机会。但要注意，是包容、宽容下属，而不是纵容下属。

（四）准确传达指令

只有当指令的传递者和接收者对信息的理解程度完全一致时，才能称之为有效沟通。因此，当领导在向下属传达工作指令、发布工作任务时，要确认下属对指令与任务有了充分的理解，避免出现理解偏差。领导可以采用"5W2H"分析法（见表10-3）去分解、明晰指令的内容、步骤和要点，将指令变成下属容易接收和理解的信息。这样安排工作，下属不仅接受起来快，也不会茫然无措。

表10-3 "5W2H"分析法

	who	谁传达指令
5W	what	做什么
	when	什么时间
	where	什么地点
	why	为什么
2H	how	怎么做
	how much	多大的工作量

（五）给予信任多放权

领导应信任自己的下属，允许他们发挥自己的主观能动性去干好工作。在一个目标明确又有个人自由空间的环境下，下属会感受到领导对其的信任，必定会最大限度地发挥自己的聪明才智去实现既定目标。如果领导把工作的每一个环节和步骤都向下属交代清楚了，那下属就成了机械执行命令的人。

领导要敢于下放一些权力给下属，让下属自行做出某些决定，承担相应责任。比如，允许下属在其职权范围内做出某些决定，但不能做出那些影响其他部门的决定；允许下属在公司的经费计划内，决定如何最大限度地安排自己的工作、如何进行培训等，但下属无权决定公司某些制度的制定等。但当下属碰到十分重大的问题时，不能自行决定而必须上报。

（六）真诚赞美与鼓励

聪明的领导都善于运用真诚的赞美去激励下属，让下属为己所用。当领导看到自己的闪光点、肯定自己的工作时，下属会心怀感激，并会加倍努力、认真工作。领导在表扬下属时一定要真诚，而不能信口胡诌，应有具体事例做支撑。赞美与鼓励至少要包括3点内容：对方做了什么？你的感受是什么？你的哪些需求得到了满足？例如，领导在表扬下属时可以这么说："我一直以来很满意你的工作（你的感受），其中包括你在之前项目里用 Scala 语言开发的产品新功能，还有在当前项目里快速掌握 Go 语言，提高了团队工作效率（对方做了什么）。你出色的开发效率和学习速度，让我们的团队能承担更艰巨的任务（你的哪些需求得到了满足）。"

二、与下属沟通的注意事项

（一）理性批评

领导应赏罚分明，但在批评下属时，要注意方式方法，避免引起对方的逆反心理，给以后的工作带来隐患。一是不要当众斥责。人都爱面子，如果在大庭广众之下批评下属，让其颜面扫地，伤害自尊心，那么即使领导批评得有道理，下属在心中也必定不服气。领导可以在私下进行提醒或责备，让下属在感受到领导威严的同时，也能感受到关怀。二是不要大发脾气。坏脾气会吓走下属，建议先把事情放一放，待冷静下来后再做处理。

领导可以同下属一起分析出现失误的根本原因，寻找解决方案或补救措施，勇于承担领导责任。三是对事不对人。批评下属最忌讳的是批评不准确，与事实不符的批评最容易引起对方的反感和对抗，所以批评下属前领导一定要把各方面的事实和情况搞清楚，说话要有根据。领导不要冷嘲热讽，要对事不对人，以免让下属认为领导对其有成见。

（二）不摆架子

有的领导会让人觉得高高在上，难以接近。其实，很多领导并不是故意想摆架子，只是没有注意到下属的心理变化和情绪波动，没能适时调整自己的言行举止，结果被下属误认为架子大。当然，一些对自己缺乏信心的领导，担心别人不尊重自己、轻视自己，为了不使威严受损，可能会板着脸故作高深。对自己的能力、经验有足够信心的领导，因为有了发挥才干的机会，考虑更多的是如何工作才能使自己的计划、设想付诸实施，往往会忽略与下属情感上的交流，最后也会让人误以为是在摆架子。有的领导在下属来谈工作时，既不请下属落座，也不停下手中的工作，只是敷衍地回答，同样会让下属感觉领导是在摆架子。这些领导的行为都会伤害下属的自尊心，千万不能忽视这些看似无足轻重的细小行为。

扫码查看领导能力测评

第七节
// 与客户的沟通 //

学会与客户进行良好沟通，充分挖掘客户的潜在需求，有助于与客户建立起信任关系，进而提升销售效果。当面对不同喜好、不同性格甚至不同心情的客户时，迅速识别出客户的沟通风格，灵活采取不同的策略，有针对性地与客户进行沟通，有助于达到促成合作的目的。

一、与客户沟通的基本技巧

（一）做好准备

1. 了解客户信息

销售人员非常有必要提前了解客户的姓名、性别、职位、大致年龄、联系方式、兴趣爱好等相关信息。这些信息将有助于销售人员在正式拜访客户时，与客户进行良好的沟通交流，进而促成商务合作。

2. 备好相关资料

在拜访客户之前，销售人员还应准备好公司的宣传资料、个人名片、笔记本电脑（需配备无线网卡）、记事本（公司统一发放，用于记录客户提出的问题和建议）、公司的合同文本、产品报价单等相关资料。此外，销售人员还要对公司提供的产品类型、单价、总价、优惠价、付款方式、合作细则、服务约定、特殊要求等情况了然于胸。

3. 制订沟通策略

销售人员应当根据客户的性格、兴趣与需求来选择话题，并制订相应的沟通策略。

同时，销售人员还要充分考虑在沟通过程中，客户可能提出的疑问，并针对每个疑问做出几种不同的应答准备，视具体情况灵活运用。

4．选择合适的时间和地点

不管是电话销售、客户预约，还是登门拜访，销售人员要想取得预期效果，就一定要选择一个方便、合适的地点与客户进行沟通。时间则可以根据客户的情况来安排，但应避开临近客户上下班、吃饭或客户有其他重要事情的时间段，以免客户不能集中精力，或是以此为借口而结束沟通。

5．明确沟通底线

销售人员需要明确自己的底线，即明确自己能够接受的最低条件是什么。在沟通中，销售人员可以试探对方的底线，保证沟通空间建立在彼此的心理底线之上，否则，拥有再好的沟通技巧也难以获得很好的效果。

（二）取得信任

1．具备专业能力

客户往往会通过了解销售人员以往的经历，来判断其是否能协助自己解决当前问题。所以，销售人员在向客户介绍自己时，要包含自己以往的知识与经验、交往人群等内容。如果没有较为丰富的以往经历，销售人员就通过切实提供解决方案来展示自身的专业能力。此外，销售人员可以通过精确的专业性提问，让客户相信销售人员所具备的专业能力。比如，问客户"你们的采购业务是如何开展的"，与问客户"据我所知，影响采购计划准确性的关键要素包括采购物品的准确性、采购数量的准确性、采购提前期的准确性，你是如何控制这几个要素的"，显然第二种提问更会让客户觉得销售人员很专业与内行，客户自然会对其销售人员产生信任感。

2．打造专家形象

销售人员既要对自己所销售产品有充分的了解，如原材料、生产过程及生产工艺技术、产品的性能、产品的售后保障措施等，又要掌握和产品相关的行业信息，如市场开发、维护、终端布控、品牌推广、经销商团队管理、财务管理等知识。专家型的销售人员之所以受到客户的欢迎，主要在于他们不但能利用专业知识为客户提供专业的服务，而且还能够为客户提供更多的增值服务。例如，小张是某企业的销售人员，很多经销商是这么评价小张的："和他沟通的时候，他讲得头头是道、条理清晰，内容丰富多彩，似乎对市场开发、维护、终端布控、品牌推广、团队管理、财务管理等知识无所不精，我简直怀疑他不是一名销售人员，而是一名销售专家。另外，小张对超市、商场的经营等也有涉猎，似乎没有他不懂的。他真的很厉害，那天我们谈了两个多小时，其间几乎都是他在给我讲经销商如何经营才能赚钱。我对他的印象特别好，他穿得很整洁，说话极有道理，条理非常清晰，态度又很谦和。我简直不想开口，而只想一直听下去。老实说，他不是在向我推销产品，而是在给我创造价值。"

（三）了解客户

销售人员在成功获得客户的信任后，便进入了解客户的阶段。销售人员要对客户进行分类，并掌握客户的心理需求。销售人员可以通过巧妙的询问和认真的观察来了解客户感兴趣的话题，从而做到有的放矢。

　　根据年龄的不同，销售人员可将客户分为老年客户、中年客户和青年客户；根据价值属性的不同，销售人员可将客户分为长期客户和临时客户、低价值客户和高价值客户；根据行为属性的不同，销售人员可将客户分为驾驭型客户、表现型客户、平易型客户和分析型客户等。每一类客户都有其特殊的兴趣偏好，心理特征不同、喜好不同、需求不同，消费心理就会有所不同。无论面对的是哪一类客户，销售人员都需要了解客户购买自己的产品到底是为了什么。销售人员只有了解了客户的兴趣点并对症下药，才能取得良好的沟通效果。

案例分析

　　销售人员小刘刚办完业务回到公司，就被主管马林叫到了办公室。

　　"小刘，今日业务办得顺利吗？"

　　"特别顺利，马主管。"小刘喜悦地说，"我花了好多时间向客户解说我们公司产品的性能，让他们认识到我们的产品是最适合他们使用的，并且在别家再也拿不到这么合理的价格了，所以很顺利就把公司的机器销售出去100台。"

　　"不错，"马林赞成地说，"但是，你完全了解客户的情况了吗，会不会出现退货的情况呢？你知道我们部门的业绩和卖出的产品数量密切相关，如果客户再把货退回来，对我们的士气打击会很大，你对于那家公司的情况真得完全调查清楚了吗？"

　　"调查清楚了，"小刘喜悦的表情消失了，取而代之的是失落的表情，"我是先在网上了解到他们需要供货的信息，又向朋友了解了他们公司的状况，然后才打电话到他们公司的，并且我是经过你同意才出去的呀！"

　　"别激动，小刘，"马林讪讪地说，"我不过是出于对你的关怀才多问几句的。"

　　"关怀？"小刘不满道，"你是对我不放心才对吧！"

　　请你想一想：马主管与小刘在沟通中有哪些不妥之处？该如何缓解这一冲突？扫描右侧二维码查看案例解析。

扫一扫

（四）处理疑虑

　　客户在购买产品的过程中，很可能提出各种各样的购买疑虑，这是很正常的。特别是当客户遇到产品的单价过高、购买风险较大，而又对产品不太了解时，这种疑虑会越发严重。

1. 做好应对疑虑的准备

　　在销售过程中，客户提出疑虑的范围是十分广泛的。销售人员不仅要做好应对客户疑虑的思想和心理准备，还要认真做好具体的准备工作。这些工作包括：充分了解自己所销售产品的性能、优缺点、价格、交易条件、使用和维修保养方法及企业的销售政策；了解市场动态，掌握同类产品的行情和竞争对手的情况，以及自己所销售产品的供求趋势；等等。

2. 分析疑虑产生的原因

　　面对客户提出的疑虑，销售人员必须借助自己的知识与经验进行深入分析，找出隐藏在疑虑背后的原因，了解客户提出疑虑的真正意图，从而采取相应的对策。最简单的方法就是反问。例如，客户："你的产品是不错，可我现在还不想买。"销售人员："既然你承认这产品很好，为什么不想现在就买呢？"通过反问的方式，了解客户更多情况，就有可能发现客户所隐藏的真正动机。客户提出的疑虑越多、越具体，越能说明其兴趣、关注点和顾虑，这有利于销售人员发现解决问题的关键所在，从而采取相应的策略。

3．有的放矢地处理疑虑

了解客户产生疑虑的根源、对客户的各种心理障碍进行全面分析之后，销售人员就可以采取正确有效的方法来化解了。一是消除疑虑。当客户对产品性能、售后服务等方面有疑虑时，销售人员要提供案例或权威机构的认证，以证明产品确如自己所说的那样能让客户受益，能满足客户的需求，给客户"吃下一颗定心丸"。二是消除误解。销售人员应尝试去了解客户产生误解的原因，了解客户是否曾经有过不愉快的购物体验、是否从哪里听到产品不好的消息等，并采取相应的方法与措施，消除客户对产品的误解。三是承认缺点。销售人员应突出客户可以得到的利益，淡化客户对产品缺点的在意程度，以总体利益去说服客户。这里所说的产品缺点只能是无关紧要的缺点，不能是产品的"硬伤"。例如，客户："你们的产品价格太高了。"销售人员："价格是有点高，但一分价钱一分货，我们产品的质量非常好。对于贵公司来说，性能稳定不是更重要吗？"

（五）达成协议

1．确认协议细节

双方达成交易意向后，销售人员应与客户进一步明确交易细节，主要包括产品的型号、规格、性能、价格、数量、运输方式，交货的日期、地点，付款的方式、时间，双方的违约责任，以及其他需要明确的各种事项。

2．核实合同内容

在填写销售合同时，销售人员要与客户一一核实所填写的全部内容。注意填表动作要自然流畅，边写边与客户进行轻松对话，目的是使这一阶段平稳过渡，让客户对自己的决定感到满意。

3．表示真诚谢意

销售人员得不到更多订单，或常收到客户的退货，一部分原因是销售人员在道别时没有感谢客户。当销售人员向客户表示真诚的感谢时，通常会进一步赢得客户的好感，以后客户也会继续支持该销售人员的工作。所以在与客户签好销售合同后，销售人员一定要记得向客户致谢，给客户留下较好的印象。

（六）共同实施

签完合同之后，就进入共同实施阶段。在这一阶段，销售人员要根据合同的细则给客户提供相应的产品和服务，并注意以下几点：一是准确核对客户所需产品的品种及数量；二是准时送货，避免因时间问题让客户受到损失；三是关于产品的使用，要像专家一样对客户进行专业的指导；四是如果有促销活动，要将赠予的产品及时送到客户手中。

（七）关系维护

与客户沟通一般都不是一次性的，而是长期的、重复的。与客户结束一次沟通之后，双方也许会直接达成交易，也有可能由于某些原因而无法达成交易，还需要后续进一步沟通。因此，每一次沟通之后，销售人员都有必要继续与客户保持联系，维护好彼此的关系。

1. 做好售后服务

参与售后服务有利于销售人员与客户多接触，也有利于销售人员把新客户发展为老客户。销售人员要主动面对售后出现的问题，做好售后服务，尤其要处理好相关的售后纠纷。

2. 建好客户档案

为避免混淆、遗忘客户信息，销售人员非常有必要建立客户档案，客户档案应包括客户的姓名、性别、爱好、性格、年龄、生日、家庭情况、职业、收入情况、联系电话，以及客户所购产品的品种、数量、颜色、年限、使用情况、价格等。

3. 经常保持沟通

销售人员应对关键客户时刻保持关注，并尽可能地利用各种机会与他们保持良好的关系。例如，在重要节日、纪念日等向他们表示问候，邀请他们参加单位的庆典、年会、客户联谊会等重大活动。

二、与不同类型的客户沟通的技巧

有效沟通主要涉及构成行为的两个基本要素，即控制性与敏感性。其中，控制性反映了在他人眼中显示出来的个人行为的强硬程度与个人意愿的持续程度，而敏感性则反映了个人的行为在他人眼中显示出来的个人情感或关心他人的程度。将两者结合在一起，就能大致确定一个人的沟通风格。

根据控制性与敏感性的强弱，可将客户分为驾驭型客户、表现型客户、平易型客户和分析型客户。

知识卡片

（一）驾驭型客户

驾驭型客户的控制性较强，但敏感性较弱，比较注重实效，做事当机立断，独立而坦率。这类客户精力旺盛、行动迅速、表情严肃、说话直截了当，关注自我观点，容不得反对意见，常拒人于千里之外。驾驭型客户往往以事情为中心，具有非常明确的目标与个人愿望，要求沟通对象具有一定的专业水准。

在与驾驭型客户沟通时，销售人员要注意倾听其需求，事先与其确定目标，制订严格的工作计划与日程表。同时，销售人员要向客户展示出真才实学和专业能力，为其提供事实性结论与决策，可以将各种事实用不同的方式表达出来，无论是做产品展示还是做技术简报，都一定要简洁明了，并为客户提供可自由选择的空间。

（二）表现型客户

表现型客户的控制性与敏感性都较强，这类客户大多性格外向、热情、张扬、好胜，感性强于理性，讲求观点而非数据，追求成就感，爱表现自己，具有独立性与决策力。这类客户衣着新潮，热爱运动，面部表情丰富，动作多、节奏快、幅度大，善用肢体语言传情达意，喜好与人打交道，乐于扮演主角，喜欢被赞美；但情绪波动大，易感情用事。

因此，销售人员在与表现型客户沟通时，要尝试与其拉近距离，从情感上与其建立关系，满足他们交友与获得认同的需要，从而达成交易。但需要注意的是，销售人员不能只与客户进行情感交流，而忽视产品推荐，要敢于推荐自己的产品。更为重要的是，销售人员要让客户有充分表现自我的机会，并给予客户足够的考虑时间。

（三）平易型客户

平易型客户的控制性较弱，但敏感性较强，具有安静、友好、谦让、乐于助人且开放的特点。这类客户做事非常有耐心，肢体语言比较克制，富有同情心，擅长交际，对人真诚，一旦喜欢上某个企业或品牌，就比较容易成为其忠诚者。平易型客户对敏感问题会采取回避态度，有时显得保守与犹豫不决，生怕伤害他人而过于谨慎。

因此，在与平易型客户沟通时，销售人员要降低说话时的音量与音调，适度放慢交易进度，多花时间与他们建立良好的人际关系，并显示出对他们及其家人的关注。同时，销售人员需要有坚定的信念，为他们提供具体而实在的建议与帮助，有时销售人员甚至可以用稍微强硬或软硬兼施的方式，促使对方做出决定。

（四）分析型客户

分析型客户的控制性与敏感性都较弱，擅长思考与推理，讲究逻辑与数据，注重事实与细节，做事按部就班、循序渐进，往往显得过于拘谨保守，具有完美主义倾向。这类客户面部表情单一、肢体动作小、节奏慢，喜欢单枪匹马，不喜欢与人合作，不愿抛头露面，不轻易表露自我情感，往往沉默寡言，对数据与信息的要求特别高。

因此，销售人员在与分析型客户沟通时，切忌性急与过度冒险，要保持冷静，不能太情绪化。为了提高沟通效率，销售人员要提供详细的数据与事实，可利用权威力量与专业数据来支撑自己的观点与论据，应通过专业的能力与自信的表现赢得客户的尊重，而不是仅依靠情感来维系客户关系。除此之外，销售人员要为客户提供足够的时间与空间，让客户能对各种资料做出独立评估，也要让客户知道最后期限的重要性，懂得"该出手时就出手"，否则会因过于追求完美而错失良机。

以上是对客户的大致归类，有的客户只具有某一类特征，有的客户则同时具有多类特征。对客户类型的判断主要取决于销售人员的观察力、判断力及经验。销售人员了解并熟悉每一类客户的性格与心理特征，可以使其在客户开发过程中采取更有针对性的措施。

扫码查看销售
能力测试题

练一练

假如我是客户

要了解有效接待，其中一个方法是以客户的身份到一家服务型企业（如银行），然后留意客户服务人员（通常是大堂经理）是如何接待你的，记录下你的感受，思考如果与客户服务人员交换身份，你会怎样做。然后填写表 10-4。

表 10-4

当时的情形／你的感受	如果与客户服务人员交换身份，你会怎样做？
进入营业厅后，等了多久才有客户服务人员来接待你？	

续表

当时的情形 / 你的感受	如果与客户服务人员交换身份，你会怎样做？
客户服务人员是如何和你打招呼的？他们说了些什么？	
客户服务人员有没有试图与你谈话？如果有，采用的是什么方式？	
客户服务人员有没有称赞你很懂某方面的知识，让你觉得自己是专家？	
客户服务人员有没有说什么，让你觉得其了解你的需要？如果有，是什么内容？	
客户服务人员的态度是否让你觉得舒服？为什么？	

179

【本章主要参考书目】

[1] 龙璇. 人际关系与沟通技巧 [M]. 2 版. 北京：人民邮电出版社，2020.

[2] 麻友平. 人际沟通艺术 [M]. 3 版. 北京：人民邮电出版社，2020.

[3] 王用源. 写作与沟通：慕课版 [M]. 北京：人民邮电出版社，2021.

[4] 王用源. 沟通与写作：语言表达与沟通技能：慕课版 [M]. 北京：人民邮电出版社，2020.

[5] 余玲艳. 管理沟通艺术 [M]. 北京：清华大学出版社，2018.

[6] 张传杰，黄漫宇. 商务沟通：方法、案例和技巧：移动学习版 [M]. 北京：人民邮电出版社，2018.

▶ **Bonnie 总要点**（知识总结营）

本章标题为工作中的沟通。"求职中的沟通"一节详细介绍了面试的不同类型，分享了结构化面试和无领导小组讨论的技巧，并重点阐述了自荐信和简历的基本格式与制作要点，以便有求职需要的你做好求职的准备工作。"团队中的沟通"一节着重介绍了团队沟通的要素及团队沟通的技巧，让团队中的你能更好地发挥作用，促进团队的和谐发展。"会议中的沟通"一节系统归纳了高效会议所具备的特点和主持会议的技巧，教

你如何高效地主持会议。"与同事的沟通"一节清晰写明了新员工的沟通要则，与同事沟通的方法和禁忌，让新入职的你能更快、更好地融入工作环境。"与领导的沟通"一节总结了与领导沟通的原则和技巧，有助于你更好地与领导沟通。"与下属的沟通"一节汇总了与下属沟通的技巧和注意事项。"与客户的沟通"一节不仅总结了与客户沟通的基本技巧，还具体介绍了与不同类型的客户沟通的技巧，以便你有针对性地与客户进行沟通，与客户建立良好的关系，最终达到促成合作的目的。

▶ Bonnie 带你练（学习训练营）

以下是无领导小组讨论的部分试题，即将参加面试的你可以找好友一起模拟。

讨论一：成功领导者的素质

做一个成功的领导者，可能取决于很多的因素，比如：

幽默	善于鼓舞人	言谈举止有风度
处事公正	办事能力强	善于化解人际冲突
有亲和力	独立有主见	能充分发挥下属优势
有威严感	有明确的目标	能坚持原则又不失灵活性
善于沟通	熟悉业务知识	

要求：请从上面所列的因素中选出一个你认为最重要的和一个你认为最不重要的因素。首先，用5分钟的时间考虑，然后将答案写在纸上，亮出来。其次，用20分钟的时间就这一问题进行小组讨论，并在讨论结束时得出一致性的意见，即必须选出你们共同认为最重要和最不重要的因素。最后，派出一个代表用3分钟的时间来汇报你们的意见，并阐述你们做出这种选择的原因。

讨论二：能力和机遇

能力和机遇是成功路上两个非常重要的因素。有人认为成功路上能力重要，但也有人认为成功路上机遇更重要。若只能选择其中一项，你会选择哪一项？并至少列举5个支持你这一选择的理由。

要求：请你首先用5分钟的时间，将答案及理由写在答题纸上，在此期间，请不要相互讨论。5分钟之后进行自由讨论，讨论时间限制在25分钟以内。在讨论开始时，每人先用1分钟的时间阐述自己的观点。对每人发言的次数不作限制。讨论期间，你们的任务如下。

（1）整个小组形成一个决议，即对问题达成共识。

（2）小组选派一名代表在讨论结束后向面试官报告讨论情况和结果。

案例：拉近距离，搞好同事关系

小雨在董事会办公室做文秘工作，由于工作出色，总是得到领导的公开表扬。由于小雨的办公室位于公司办公楼的最上层，很多同事并没有亲眼看到她的敬业和努力，所以不少人十分妒忌她，认为她不过是会拍马屁而已。当小雨执行上级领导分配下来的工作时，一些同事不仅会表现出不配合的姿态，还会连连出难题，使她无法开展工作。虽然小雨做事比较低调，但还是难以改变大家对她的态度。

有一天，小雨在电梯里听到一个女同事对另一个女同事说："你见过公司的小雨吗？听说这一次咱们的工作都是她安排下来的，为了讨好领导，真不让咱们轻省。"另一个女同事悄声说"小点儿声"，然后用眼神暗示电梯里还有"外人"。小雨马上明白了，原来她俩根本不认识自己。她看了一眼那个说自己坏话的女同事胸前的工作证，记下了对方的名字。

快下班的时候，她打电话给那名女同事找她聊天。在小雨看来，既然这名同事能在公司里堂而皇之地说自己坏话，应该没有很深的城府，而越是这种"大嘴巴"，就越便于为自己宣传树立正面形象。来到小雨的办公室，那名同事已经惭愧得抬不起头了。那一天，小雨落落大方地约这名同事吃饭、聊天，谈到自己的工作是多么苦恼，职场生活让自己忙得没有时间去打理个人生活，而且一点儿也没有表面上那么风光，等等，她得到了对方的理解和安慰。后来，两个人越聊越投机，好像是相交多年的好朋友。从那以后，小雨多了一个"铁杆粉丝"。果然，培养了这个敢讲敢说、好打抱不平的"自己人"之后，她的工作变得顺手多了。

请你想一想：

如果你遇到了案例中小雨遇到的这种情况，你会怎样做？

▶ Bonnie 带你行（实践训练营）

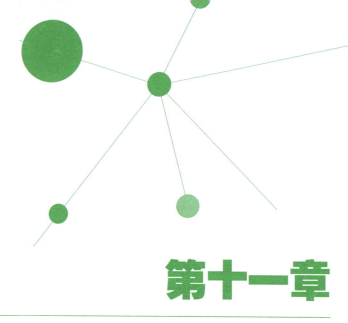

第十一章
商务谈判中的沟通

💬 **名人说**　就像在生活中一样,你在商务上或工作上不见得能得到你所要的,你需靠谈判得到你所要的。

——赫布·科恩

▶ **Bonnie 说故事**（沟通漫画营）

▶ Bonnie 来导航（知识索引营）

扫一扫

▶ Bonnie 理目标（学习目标营）

知识目标

① 理解谈判产生的前提。
② 明确谈判的实质。
③ 理解商务谈判的各个阶段。

技能目标

① 掌握解决冲突的方法。
② 学会运用商务谈判各个阶段的策略。

▶ Bonnie 讲知识（知识学习营）

第一节
∥ 商务谈判原理 ∥

　　商务谈判是买卖双方为了解决商务活动中的争端并促成交易而进行的沟通活动，是买卖双方取得各自经济利益的一种方法和手段。商务谈判是在商品经济中产生和发展起来的，它已经成为现代社会经济生活必不可少的组成部分。可以说，没有商务谈判，经济活动便无法进行，小到生活中的讨价还价，大到企业之间的合作、国家与国家之间的经济技术交流，都离不开商务谈判[①]。

一、谈判产生的前提

　　谈判产生的前提，是谈判双方在观点、利益和行为方式等方面，既相互联系又有差别冲突。谈判双方都期望从对方那里满足自身的需要，这就构成了他们之间的相互联系；谈判双方又都希望能在最有利的条件下满足自身的需要，这就必定发生冲突，从而使谈判成为必要。

---

① 王军旗. 商务谈判：理论、技巧与案例 [M]. 4 版. 北京：中国人民大学出版社，2014.

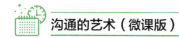

（一）冲突的概念

谈判双方在谈判过程中产生意见分歧、出现争论对抗，导致彼此关系紧张，这种状态就是"冲突"。

（二）冲突的类型

1. 内心冲突

当同一个人面临互不相容的多个目标或试图从事两种以上不相容的活动时，会出现内心冲突的现象。

2. 人际冲突

两个或两个以上的人员在交往时，由于价值理念、个人风格、工作和生活目标互不相同，难免会出现人际冲突。

3. 群体内冲突

在群体中，由于群体内各个成员对问题的认识不同，对群体目标、活动或程序的意见各异，从而出现群体内冲突。

4. 群体间冲突

不同群体、职能部门或子公司，由于对工作任务、资源和信息等方面的处理方式不同，从而发生群体间冲突。群体间冲突有时是同级之间的"水平式冲突"，有时则可能是下级与上级之间的"垂直式冲突"。

5. 跨文化冲突

管理心理学研究表明，在注重个体价值取向的文化背景下，人们会鼓励竞争行为，而在群体价值取向占支配地位的文化背景下，人们则更注重合作。当具有不同文化背景的员工或管理人员共事时，比较容易出现跨文化冲突。

184

冲突小故事

跨国经营遭遇文化冲突①

在跨国经营中，语言障碍导致的沟通不畅是最常见的。在福耀俄亥俄州工厂的夹层车间，既有美国员工，也有从中国来传授技术的师傅。师傅和徒弟之间的交流有时靠人工翻译，但大多数情况下只能依赖手机上的翻译软件。在一线工作的美国工人威斯罗说："碰上紧急情况，我们需要中国师傅告诉我们哪里出了问题，但语言不通成为我们之间顺畅沟通的极大障碍。"为消除语言障碍、促进合作，福耀工厂内部开展了"一带一"项目，即一个美国人和一个中国人组成学习小组，在相互学习语言的同时进行技术交流。该项目有助于中美同事相互了解和建立良好的工作关系，提高效率和效益。

除语言障碍之外，沟通方式与沟通习惯的差异所造成的误解与冲突，也同样需要双方花大量时间和精力来化解。为增进中美同事的相互理解，福耀不仅开展技能培训，还增加了文化融合的交流活动。

应对跨文化冲突提示：企业在准备走出国门之际，应注重培养具备国际视野的国际

---

① 黄伟东. 跨国经营遭遇文化冲突怎么破 [J]. 清华管理评论，2017(9)：61—66.

化人才，并建立一套相对统一的、能激励和凝聚具有不同文化背景的员工的企业价值观，这是破解企业跨国经营中文化冲突的有效方法之一。

（三）冲突的过程

管理学家斯蒂芬·P.罗宾斯提出五阶段冲突理论，把冲突的过程分为5个阶段：潜在的对立或不一致、认知和个性化、行为意向、行为、结果。[①]图11-1描述了这一过程。

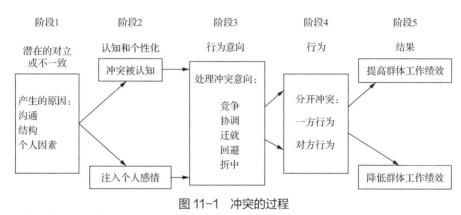

图 11-1 冲突的过程

1. 潜在的对立或不一致

由于沟通、结构和个人因素的不同，势必会给沟通双方带来潜在的对立和不一致。

（1）沟通

来自误解、语义理解上的困难以及沟通渠道中的噪声都可能使沟通失效并产生冲突，沟通得过多或过少（引发信息过多或过少）也会增加产生冲突的可能性。沟通在达到一定程度之前是功能性的，超过这一程度就是过度沟通了，可能增加产生冲突的可能性。另外，沟通渠道也会带来冲突，人们之间传递信息时会进行过滤，由此产生的沟通偏差，有可能诱发潜在的冲突。

（2）结构

结构包括群体规模、分配给群体成员的任务的专门化程度、管辖范围的清晰度、员工与目标之间的匹配性、领导风格、奖酬体系及群体间的相互依赖程度等。研究表明，群体规模和任务的专门化程度是引发冲突的重要来源，群体规模越大，任务越专门化，则越可能引发冲突。

（3）个人因素

个人因素包括个性特征和价值系统，它们共同构成了个人风格，使我们不同于其他人。有研究表明，具有特定个性特质的人，如非常武断或缺乏自尊的人更可能引发冲突；而由自由、幸福、勤奋、自尊、诚实、服从、和平等构成的价值系统上的差异，也是导致冲突的一个重要原因。

2. 认知和个性化

此阶段为潜在的对立或不一致转化为现实冲突提供了更大可能，先前的条件将在一

185

---

① 衡思昱. 环境污染群体性突发事件的演化机制：基于罗宾斯五阶段冲突理论 [J]. 经济研究导刊，2019(9)：147-148，153.

方或多方受冲突影响和认识到冲突的情况下导致冲突。冲突的一方或多方必须意识到上述条件的存在，且进一步引起情感上的冲突，即当个体有了感情上的投入，双方都体验到焦虑和紧张、挫折或敌对时，潜在冲突方才可能成为现实冲突方。在此阶段，冲突问题变得明朗，双方将决定冲突是什么性质，并由此酝酿解决冲突的各种可能方法。另外，情绪对处理冲突也有着重要作用。消极情绪会导致双方过于简单地处理问题，降低信任感，对对方的行为也会做出消极的解释；积极情绪则增加了双方在冲突因素中发现潜在联系的可能性，使双方以更开阔的眼光看待冲突，而后创造性地解决冲突。

3. 行为意向

行为意向介于认知和外显行为之间，是一个人采取某种特定行为的决策。很多冲突之所以不断升级，主要原因就在于一方对另一方进行了错误归因。行为意向之所以作为独立阶段划分出来，是因为行为意向直接导致某种行为的产生，但一个人采取某种行为并不能准确反映出这个人的行为意向。

（1）竞争

当一方在冲突中只寻求自我利益的满足而不考虑冲突对另一方的影响时，一般就会采取竞争的做法并以牺牲他人的利益为代价来实现自己的目标。当冲突出现时，这种人会习惯怪罪别人并总是强调自己是对的而对方是错的。

（2）协调

当冲突各方均希望兼顾彼此利益时，就可以进行协调，寻求共同受益的结果。在协调中，各方的意图是坦率地澄清差异与分歧，找到解决问题的办法而不是迁就不同的观点。协调最终是为了寻求可以综合大家意见的结论，使共同目标得以实现。

（3）迁就

迁就是指为了维持关系，一方自愿做出牺牲，把对方的利益放在自己的利益之上，愿意放弃自己的目标使对方达到目标；尽管自己有不同意见，但还是支持他人的意见；原谅某人的违规行为并允许其继续这样做。

（4）回避

个体可能意识到了冲突的存在，但希望逃避，试图忽略冲突，回避与自己不同的其他意见。

（5）折中

折中就是冲突各方都自愿让渡或放弃部分利益来分享共同利益。在折中做法里，没有明显的赢家或输家，各方都倾向于放弃一些东西，愿意共同解决冲突问题。

4. 行为

此阶段意味着一方开始采取行动去阻止另一方达到目标或损害另一方的利益。在这一阶段，冲突会公开，行为也是有企图的、为双方所知的。公开的冲突贯穿行为的全过程，从微妙、间接、节制，发展到直接、粗暴、不可控。

行为阶段包括冲突双方的声明、活动和态度。冲突行为通常是冲突各方实施行为意向的公开尝试。但与行为意向不同，这些现实行为带有明显的刺激性。由于判断失误或在实施过程中缺乏经验，有时外在行为会偏离原本的行为意向。

冲突管理技术能够帮助管理者提高控制冲突的水平，它主要包括解决冲突技术和激发冲突技术。解决冲突的常用技术有以下几种：①问题解决；②提出一个更高目标；

③资源拓宽；④回避；⑤缓和；⑥折中；⑦权威命令；⑧改变个人因素；⑨改变结构因素。激发冲突的常用技术有以下几种：①运用沟通；②引进外人；③重新建构组织；④任命一名吹毛求疵者。

5. 结果

冲突双方行为与反应的相互作用导致了最终的结果。如果冲突能提高决策的质量，激发革新与创造，调动群体成员的兴趣，提供公开问题、解决问题的渠道，培养自我评估和变革的环境，那么这种冲突就具有建设性；如果冲突带来了沟通的迟滞，组织凝聚力的降低，组织成员之间的明争暗斗，组织目标降到次位，那么这种冲突就是破坏性的，在极端的情况下，甚至会威胁到组织的生存。

冲突也是一种治疗和矫正集体思考与集体决议的办法，它不允许群体消极地、不加思考地赞同以下决策：建立在不堪一击的假设基础上的决策、未充分考虑其他备选方案的决策以及有其他弊端的决策。冲突向现状提出挑战，并进一步产生新思想，它促使人们对群体目标和活动进行重新评估，提高了群体对变革的迅速反应能力。正如图11-1表明的那样，结果既可能是功能正常的冲突提高了群体的工作绩效，也可能是功能失调的冲突降低了群体的工作绩效。

案例分析

激发冲突①

在一家面临倒闭的钢铁厂频繁更换总经理，花费了巨大的财力、人力、物力后，钢铁厂的所有员工已经黔驴技穷，一筹莫展，士气涣散，他们唯一能做的事情就是等着工厂宣布破产清算。新到任的总经理似乎也拿不出什么好的办法来，但他却在几次员工会议上发现了一个现象，公司每次公布决策制度时，大家似乎都不愿意提出反对意见，管理者说什么就是什么，以前怎么做，现在就怎么做，会议总是死气沉沉。因此，这位总经理果断做出了一个决定，以后的会议，不分层级，每个人都有平等发言的权利，如果发现问题，谁提出解决方案并且没有人能够驳倒他，他就是这个方案的负责人，公司会给予相应的权限和奖励。新制度出台后，以往静悄悄的会议逐渐出现了热烈的场面，大家踊跃发言，争相对别人的提案进行反驳，有时候为争论某个不同意见，争论者面红耳赤，甚至大打出手，但他们在走出会议室之前，都会达成解决问题的共识。过了一段时间后，奇迹出现了，这家钢铁厂逐步走出困境，起死回生，甚至在几年后进入了最优秀的钢铁厂之列。

良性冲突提示： 濒临倒闭的钢铁厂能够起死回生，源于它对自己固有文化的突破，将死气沉沉的"一言堂"会议氛围转变为大家群策群力的会议氛围。实际上，当团队成员针对当前有关问题产生的冲突是建设性的，甚至是必不可少的的时候，冲突就具有了吸引力和创造力。

请你想一想： 如何激发团队内的良性冲突呢？先自行思考，再扫描右侧二维码查看参考分析。

扫一扫

---

① 胡宁涛. 激发团队内部的良性冲突 [J]. 销售与管理，2011(2):2.

187

（四）冲突的影响

1. 积极影响

（1）解决冲突的过程有可能助推组织变革。人们为了消除冲突，就要寻求改变现有方式和方法的途径，这就势必带来革新和变革。

（2）在决策的过程中有意地激发冲突，可提高决策的有效性。在群体决策过程中，由于从众压力或权威控制局面，或凝聚力强的群体为了内部一致而不愿考虑更多的备选方案，就可能因方案未研讨充分而造成决策难以贯彻。如果以提出多种不同看法或反对意见的方式来激发冲突，就可能迸发出更多的创意，从而提高决策的科学性和有效性。

（3）冲突可能形成一种竞争气氛，促使员工振奋精神、努力工作。引发一个或多个目标的冲突，使员工意识到在工作绩效方面存在着一种竞争气氛，就可能振奋精神，以求得在竞争中名列前茅。

2. 消极影响

（1）冲突可能分散资源。冲突可能分散组织为实现目标而积累的资源，使组织拥有的资源不用于实现既定目标，而消耗在解决冲突上，如时间和金钱就常被分散到解决冲突上。

（2）冲突有损员工的心理健康。有研究表明，置身于对立的意见中，会造成紧张、焦虑和敌意，使相互支持、相互信任的关系难以建立和维持。

（五）冲突的解决

冲突的结局主要有以下几种情况。一是一方说服另一方或一方服从另一方。冲突双方经过斗争（谈判、裁决、投票表决等），一方被证明（或裁决）为正确（或可取）的，则居主导地位，而另一方只能服从。二是双方僵持不下，继续维持现状。冲突双方或势均力敌、互不相让，或分歧太大、水火不容，这种情况下，冲突就可能会僵持下去，只有另寻时机解决。三是双方意见各有道理，都有可行性，不易统一，也不宜统一。可各自保留意见，到实践中去验证各自的意见。

归根结底，冲突一经发生，就要想方设法去化解，化解的办法有以下几种。

1. 调解解决法

这种方法即在调解人（第三方）的参与下，经冲突各方协商后，达成一致的意见。

2. 仲裁解决法

在冲突各方僵持不下时，由领导或权威机构经过调查研究，裁定孰是孰非。

3. 诉讼解决法

有时很难通过调解或仲裁方式对冲突各方做出对错判断，但又急需解决冲突，这时就需要由法院做出裁决，但裁决者应负起必要的责任。

4. 政策调整法

如果是在权利和义务、利益和责任等方面的划分和分配上有不合理之处，就需要调整沟通政策，科学分配权责。

5. 另寻出路法

冲突各方都有道理，但又都有不足，需要各方抛开现有思维和意见，寻找其他的谈判路径。

6．暂缓解决法

有些冲突一时难以断定是非对错，如果不是急需解决的问题，不妨先搁置起来"冷却"一下，暂缓解决。

7．求同存异法

冲突不应只是对立，还应相互启发、谅解和让步。对于潜在的、有一定破坏性的组织冲突，最关键的是防患于未然，及早预测、及早发现、及早解决，不使之加剧、升级、恶化。

二、谈判的实质

谈判的实质就是采用各种说服技巧，使冲突各方诚恳接受有关意见，取得双赢、多赢的谈判结果。谈判各方只有真心为各方的共同利益着想，晓之以理、动之以情，才有可能取得理想的谈判效果。

（一）说服的概念

说服是指好好地向对方说理，使对方接受道理，并使对方的态度、行为朝特定方向改变的一种影响意图的行为。

1．说服的起点是承认冲突或者差异

商务谈判双方在观念上的冲突或者差异——说服对象目前的行为同说服者希望说服对象采取的行为之间的冲突或者差异，就是商务谈判中说服的起点。而说服的目的就是要减少并克服这种冲突或者差异。

2．说服的关键是发挥影响力

让对方认同你的观点，既考验你的个人魅力和处事艺术，又考验你的个人能力和影响力。具有说服能力的人大多是善于运用自己独特个人魅力的人，他们总是表现出信心十足、精力充沛的风貌，他们不但能把握自己的情绪，也能把握他人的情绪，使自己始终处于主动地位。

3．说服的目的是让别人接受自己的理念

在你试图说服别人时，不要一味地强调自己的观点，认为自己是完全对的。你要站在别人的角度，让别人心悦诚服地接受你的理念。这是一种沟通的过程，是靠自己的"说"，去让别人"服"，从而达到说服的目的，得到别人的接受与认同。

189

说服小故事

销售高手在民间之老太太的妙招

某旅游团早上等大巴车的时候，一位老人拿着一包雨衣向游客兜售。

老人说："孩子们，黄山顶上经常下雨，上黄山都得备雨衣！"之后，她拿出当地地图，地图上的旅游须知里提醒游客要带雨具。

此时，只有少数几位游客上前购买，大部分游客还在犹豫。

紧接着，老人又说："你们马上要出发了，路上买不到，山顶上的雨衣卖得很贵哦！"话音刚落，大家一拥而上，5块钱一件，雨衣卖出去近20件。

说服提示：人的思想不易改变，说服者不能强迫别人同意自己的观点，但完全有可能引导他们。这位老人的说服技巧是很高明的，首先利用年龄取得信任感，其次给客户创造需求，最后给客户制造紧迫感。老人最终达成说服目的，推销成功。

（二）说服者影响力的来源

说服者的影响力来源于可信度、吸引力和权威 3 个方面，如图 11-2 所示。

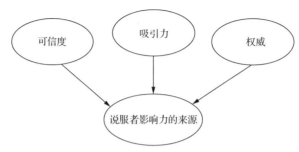

图 11-2　说服者影响力的来源

1. 可信度

可信度指说服者的品格使对方感到说服信息是值得相信的。如果对方主要关注的是事实和真理，那么说服者就更应增强自己的可信度。可信度包括两个方面：一是专长，也就是说服者是否具有足够的智慧、知识、经验、能力来谈论说服信息涉及的话题；二是可靠性，就是说服者是否愿意发表真实的见解、说服者的动机是否可靠。说服者本身具有某种专长和可靠性还不足以构成可信度，还必须使对方相信说服者的确具备那种专长和可靠性，说服者才真正具有可信度。因此，说服者的首要任务就是以某种方式向对方证明自己具备所需的专长和可靠性。

各方注重的是说服者的身份，即说服者的"专家"身份更重要，说服者要利用各种机会强调自己的专长。说服者还要重视说服信息的设计，巧妙的信息设计有助于突出自己的专长。另外，说服者一定要在说服过程中表明自己不会滥用对对方施加影响的机会，一方面要表明自己真诚的态度，另一方面要表明自己的说服动机完全是为各方的利益着想。

2. 吸引力

吸引力不单指说服者要有一种外在美，更重要的是指说服者要有对说服对象产生影响的内在气质。每个人都习惯接近、认同自己喜爱或尊重的人，习惯在想象中扮演自己所看重或向往的某种社会角色，能够满足这种心理需求的说服者就具有吸引力。此外，共性也能产生吸引力。人总是喜欢同自己相似的人在一起。共性有两类，一是社会群体共性，指民族、年龄、性别、阶层等方面的共性；二是态度共性，即持有相同的价值观、理念和观点等。具有共性的人之间会相互吸引，这就为说服者提供了可资利用的渠道。

3. 权威

权威是指说服对象认为说服者具有施行某种赏罚的能力，而说服对象为了获得奖赏或避免惩罚就会服从于说服者的劝导。权威的表现形式主要有 3 种。一是奖赏权威。奖赏可以是物质的，也可以是精神的。二是惩罚权威。一般情况下，具有奖赏权力的个人或群体同时也具有惩罚的权力，这种惩罚同样可以是物质的，也可以是精神的。有时只需发出惩罚信号而不必真正地执行惩罚，就可以使说服对象服从。三是角色权威。角色权威是一种由社会群体授予或得到社会认可的权威，它能够使人们自觉地产生服从行为，具有一种特别的影响力，比如警察、教师等。

（三）说服的技巧

1. 全面了解

在说服对方之前必须全面了解被说服对象的相关情况，如被说服者的性格、兴趣、家庭情况等，以便有针对性地开展说服工作。

2 因人制宜

说服者要因人而异，对不同的人要用不同的方式说不同的话，那样别人才会觉得有针对性和说服力。

3. 掌握分寸

适当的"威胁"可以增强说服力，使对方产生恐惧感，从而达到说服的目的。但分寸一定要掌握好，千万不能因为威胁过了头而把事情搞僵。

4. 持之以恒

说服他人不可能一蹴而就，需要有耐心和恒心，说服者要永远记住，不到最后的时刻，不要轻言放弃，只要坚持，就有可能达到说服目的。

5. 调节气氛

气氛在说服过程中的作用是很重要的，如果气氛是友好、和谐、给他人以尊重的，说服也就容易成功；反之，在说服时不尊重他人，拿出一副盛气凌人的架势，那么说服多半是要失败的。

6. 争取同情

同情是人的天性，适当示弱可以有机会得到对方的同情。如果说服者想说服比较强大的对手，不妨采取争取同情的技巧，以达到说服目的。

7. 消除防范心理

人一般都有防范心理，消除对方的防范心理是说服者的首要任务之一。消除防范心理的有效方法就是反复给予暗示，表示自己是朋友而不是敌人。这种暗示可以采用很多方法来进行，包括嘘寒问暖、表示愿意给予帮助等。

8. 投其所好

每个人都有需要和爱好，都希望能得到满足。一旦有人能够理解和满足我们的需要和爱好，我们就会对对方产生信任和好感，也乐于同对方进行合作与交流。这种投其所好的技巧比较具有说服力。

191

说服小故事

迪吧诺面包推销[①]

迪吧诺公司是纽约有名的面包公司，与纽约的很多大酒店和餐饮消费场所都有合作业务，面包的销量也越来越大。而迪吧诺公司附近的一家大型饭店却一直没有向他们订购面包，这种局面持续了长达 4 年。其间，公司创始人迪吧诺先生及销售经理多次以客人的身份入住该饭店，想方设法同饭店管理人员接触，一次又一次地同他们进行推销谈判，也多次拜访过饭店经理。但无论采用任何手段，迪吧诺公司的一片苦心就是不能促成双

---

① 李建民. 国际商务案例集：国际商务谈判案例 [M]. 北京：经济科学出版社，2016.

方谈判成功，迪吧诺公司也暗下决心，不达目的决不罢休。

有一天，迪吧诺先生一改过去的推销策略和谈判技巧，开始对这家饭店经理关心和爱好的问题进行调查。通过长时间调查，迪吧诺先生发现，这家饭店的经理是美国饭店协会的会员，非常热衷协会的事业，还担任会长一职。这一重大发现给了迪吧诺先生很大帮助，当再次去拜会饭店经理时，他就以饭店协会为话题，围绕协会的创立和发展以及有关事项和饭店经理交谈起来，果然起到了意想不到的效果。这一话题引起了饭店经理的极大兴趣，他的眼里闪着兴奋的光，声称这个协会如何给他带来无穷的乐趣，后来他还邀请迪吧诺先生参加这个协会。

这一次对饭店经理进行"说服"时，迪吧诺先生丝毫不提面包销售的事，只是谈论饭店经理关心和感兴趣的协会话题，取得了很多一致性的见解和意见。饭店经理甚至表示同迪吧诺先生相见恨晚。

几天后，该饭店的采购部门突然给迪吧诺先生打去电话，让他立刻把面包的样品及价格表送过来。饭店的采购组负责人笑着对迪吧诺先生说："我真猜不出您究竟使用了什么样的绝招，使我们的老板那么赏识你，并且决定与你们公司进行长期的业务合作。"听了对方的话，迪吧诺先生有些哭笑不得，向他们推销了4年面包，进行了若干次推销谈判，竟连一块面包都没销售出去。如今只是关注了饭店经理关心的事而已，他们的态度却发生了180度的转变。

9. 寻求一致

说服者应该让对方在刚开始的时候就说"是"，要尽可能地不让对方说"不"。在说服伊始，说服者千万不要讨论和各方意见有分歧的事，应先强调并不断重申各方都愿意和同意的事，使大家意识到各方都在追求同一目标，只是方法不同而已。

10. 换位思考

尖锐对立、互不相让经常让说服陷入僵局，而站在对方的角度，为对方着想，秉承互利的原则，指出其利益所在，对方会欣然与你合作，达成对双方都有利的协议。

11. 使对方觉得是其自己的主意

人们都喜欢别人关心自己的愿望、需要及想法，没人喜欢自己被迫去买什么东西或被人命令去做某件事，人们更愿意自愿购买，或遵循自己的意愿做事。

说服小故事

利他才能利己[①]

戴尔·卡耐基曾经经历过这样一次谈判。有一段时间，他每个季度都有10天租用纽约一家饭店的舞厅举办系列讲座。这天，他突然接到这家饭店要求将租金提高2倍的一封信。当时，举办系列讲座的票已经印好且都发出去了，卡耐基又不想同意提高租金。几天后，他去见饭店经理。他说："收到你的来信，我有些震惊。但是我一点也不埋怨

① 刘春生. 国际商务谈判 [M]. 北京：电子工业出版社，2016.

你们，如果我处在你们的位置，我可能也会写一封类似的信件。作为一个饭店经理，你的责任是尽可能多为饭店谋取利益。如果不这样，你就可能被解雇。如果你执意要提高租金，那么让我们先拿一张纸来写下这将给你带来更多好处还是更大坏处。"

接着，他在纸中间画了一条线，左边写"利"，右边写"弊"，在"利"的一边写下了"舞厅供租用"。他说："如果舞厅空置，那么可以出租供舞会或会议使用，这是非常有利的，因为这些活动给你带来的利润远比办系列讲座的收入多。如果我在一个季度中连续20个晚上占有你的舞厅，这意味着你将失去一些非常有利可图的生意。"

"现在让我们考虑一下弊。第一，你并不能从我这里获得更多的收入，只会获得更少，实际上你是在取消这笔收入，因为我付不起你要求的价，所以我只能被迫改在其他的地方办讲座。第二，对你来说，还有一弊。这个讲座吸引了很多有知识、有文化的人来你的饭店。这对你来说是个很好的广告，是不是？可能你花5000美元在报上登个广告也吸引不了比我的讲座更多的人来这个饭店，这对于饭店来说是很有价值的。"

卡耐基把两项"弊"写了下来，然后交给经理说："我希望你能仔细考虑一下，然后告诉我你的决定。"第二天，卡耐基收到一封信，通知他租金只提高1.5倍。

卡耐基一句也没提自己的要求和利益，而始终在谈对方的利益及怎样才对对方更有利，但却成功地达到了自己的目的。

知识卡片

第二节

谈判过程与策略

完整的商务谈判是一个复杂的过程，一般可分为准备阶段、开局阶段、摸底阶段、报价阶段、讨价还价阶段和成交阶段。

一、准备阶段与策略

谈判前的准备工作事关整个谈判的成败，不可小视。准备工作一般包括搜集整理谈判资料、组建谈判团队、拟定谈判方案、布置谈判现场、模拟商务谈判等。

（一）搜集整理谈判资料

谈判是在特定的法律制度和特定的政治、经济、文化影响下的社会环境中进行的，需要准确把握政治状况、技术环境、法律制度、商业习惯、社会习俗、财政金融等因素。

谈判团队主谈对自身所具备的实力和优势要有清醒认识，做好自我评估，同时充分了解谈判对象的企业信息、谈判权限、实际需求、谈判风格、谈判策略、经营状况、竞争情况、履约能力等。

（二）组建谈判团队

按照专业知识互补、能力素质互补、性格特点互补等原则，兼顾谈判团队的规模要求，科学选配人员，组建谈判团队并做好分工协作。区分主谈和辅谈，己方的一切重要观点和意见都应由主谈来表达和掌控，而辅谈主要是配合主谈，起协助作用。

（三）拟定谈判方案

谈判方案是谈判准备工作的书面体现，是实现谈判目标的必要环节，也是检查、衡量谈判活动成效的重要尺度。谈判方案要围绕谈判目标来拟定，方案内容应当完整而具体，包括谈判的内容、方式、组织、步骤和措施等。

（四）布置谈判现场

谈判的组织者应当根据谈判的性质、规模和参与者等情况来布置谈判现场，包括选择圆桌、方桌还是长桌。商务谈判比较强调友好合作的气氛，座次安排也是现场布置的重要环节，在座次安排上要有意识地避免人为制造对抗。

（五）模拟商务谈判

模拟商务谈判能使谈判团队获得一次临场的操作与实践，可以磨合队伍、锻炼并提高己方的协同作战能力。谈判团队人员要合理想象谈判的全过程，尽可能地扮演谈判中可能出现的所有人物，并对谈判问题做出假设，做到有备无患。模拟演练后，谈判团队人员要及时总结经验、弥补不足，进一步完善谈判方案，为正式谈判奠定良好的基础。

二、开局阶段与策略

开局阶段是谈判双方洽谈具体交易内容之前，互相见面、介绍、熟悉以及就谈判内容和事项进行初步接触的过程。谈判开局对整个谈判起着至关重要的作用，关系到双方谈判的诚意和积极性，关系到谈判的氛围和发展趋势。

（一）开局内容

1. 入场

以友好和善的神态步入现场，衣着整洁挺括，走路端庄大方，表情坦率自然，右手不拿仟何东西。谈判团队主谈走在正前方，辅谈紧随其后。

2. 握手

一般来说，谈判团队人员可以主动和对方握手，以示友好和尊重。握手时间不宜太长，以 3～5 秒为宜。握手的力度也不宜过大，但应有一定的力度。与对方的身体不宜过近或过远，自己的身体可以稍微前倾。握手时，谈判团队人员应面带微笑、充满自信。

3. 介绍

一般由谈判团队主谈先一一介绍己方的人员及职务，如果一方需要同时介绍双方谈判人员，应该先介绍己方谈判人员，再介绍对方谈判人员，以表示尊重对方。介绍完人员后谈判团队主谈还可简要介绍一下谈判的目的、计划、速度等。

4．问候、寒暄

为营造良好的气氛，谈判团队主谈可适当谈一些大家感兴趣的中性话题，一般为非业务性的话题，如个人的经历或爱好、体育新闻、旅途见闻等。寒暄时语言要亲切和蔼、轻松自如。

（二）开局策略

1．协商式开局

协商式开局是指以协商、肯定的语言进行陈述，使对方对己方产生好感，创造双方对谈判的理解充满一致性的感觉，从而使谈判双方在友好、愉悦的气氛中展开谈判。协商式开局策略比较适用于谈判双方实力比较接近、过去没有商务往来、双方都希望有一个好的开端的情况。

2．坦诚式开局

坦诚式开局是指以开诚布公的方式向对方陈述自己的观点或意愿，以尽快打开谈判局面。坦诚式开局策略比较适合谈判双方过去有商务往来而且关系很好、互相了解较深的情况，有时也适用于实力不如对方的谈判者。

3．慎重式开局

慎重式开局是指以严谨、凝重的语言进行陈述，表达出对谈判的高度重视和鲜明的态度，目的在于使对方放弃某些不适当的意图，以达到掌控谈判的目的。慎重式开局策略适用于谈判双方过去有商务往来、但对方曾有过不太令人满意的表现的情况，己方要通过严谨、慎重的态度，引起对方对某些问题的重视。

4．进攻式开局

进攻式开局是指通过语言或行为来表达己方强硬的姿态，从而获得对方必要的尊重，并借以制造心理优势，使谈判顺利进行下去。进攻式开局策略一般在特殊情况下使用，如发现对方居高临下，有不尊重己方的倾向，此时要采取以攻为守的策略，捍卫己方的尊严和正当权益，使双方处于平等的地位进行谈判。

三、摸底阶段与策略

摸底阶段的关键任务主要是通过开场陈述来进行的，并且应该是双方分别陈述。谈判双方通过明确彼此的意图，然后提出倡议，并确定下一阶段的商务谈判议题。

（一）摸底内容

1．开场陈述

开场陈述就是要把己方的观点、立场向对方说清楚，同时，还要表明对对方建议的反应。在陈述自己的观点时，谈判双方要采用"横向铺开"的方法，而不是深谈某个问题。开场陈述应注意以下几点：一是谈判双方分别进行开场陈述；二是谈判双方的注意力应放在自己的利益上，不要试图猜测对方的立场；三是开场陈述是原则性的，而不是具体的；四是开场陈述应简明扼要。

2．倡议

倡议是对开场陈述在共同性上的延续。谈判双方已经通过开场陈述向对方明示了自己的利益与合作的愿望，接下来就应该抓住寻求共同利益的机会提出倡议。在倡议阶段，

195

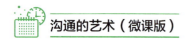

需要谈判双方各自提出各种设想和解决问题的方案，然后再在设想与符合双方利益的现实之间，搭起一座通向最终成交道路的桥梁。

（二）摸底策略

1. 观察法

观察法是指在一定时间内对特定的行为表现进行考察，来收集对方真实需求、想法并推断对方的动机、情感和意图的一种方法。观察法可以取得对方不愿意或者没有提供的行为数据，因此采集的数据更真实可靠。

2. 提问法和访谈法

提问法和访谈法是己方通过与对方的交谈与提问来收集对方真实意图的方法。己方将要研究的问题整理成提纲，通过实地访谈、电话访谈等形式向对方提问，以获取自身想要的数据、资料和信息。

3. 问卷调查法

问卷调查法是己方运用统一设计的问卷向对方了解情况或征询意见的调查方法。己方将所要研究的问题编制成问题表格，以邮寄、当面发放或者追踪访问等方式传递给对方，了解对方对某一现象或问题的看法和意见。

4. 劳动产品分析法

人的劳动产品特别是脑力劳动产品体现和融汇了人的精神属性和特点。客观分析人的劳动产品，可以洞察一个人的心理世界，了解一个人的情绪、愿望及对世界的看法等。

四、报价阶段与策略

谈判双方在经过互探对方底细、明确交易内容、讨论磋商基本议题之后，就该提出各自的交易条件，表明各自的立场和利益需求，也就是所谓的报价。

（一）报价内容

1. 把握好报价次序

买卖双方，谁先报价，除了按照惯例以外，也是有讲究的。报价的先后次序对商务谈判的最终结果影响很大，先报价就相当于为谈判划定了一个范围。如果己方预计价格谈判会很激烈，那么就可以先报价，争取更大的主动权。如果己方的谈判实力较弱且缺乏谈判经验，可以想办法让对方先报价，根据对方报价调整己方的方案。如果双方都擅长谈判或双方有长期业务合作的关系，谁先报价均可。

2. 规划好最初报价

不仅要把握报价的先后次序，而且要规划好最初报价。根据谈判目的的不同，一般有两种经典的报价模式：一种是"卖方报高价，买方报低价"，这符合买卖双方的一般心理，但是卖方报高价容易"吓跑"买方；另一种是"卖方报低价，买方报高价"，这种模式一般在讨论赔偿的商务谈判中使用得比较多。

（二）报价策略

1. 报价起点策略

报价起点策略通常是：作为卖方，报价起点要高，即"开最高的价"；作为买方，报价起点要低，即"出最低的价"。

2. 报价时机策略

首先让对方充分了解商品的使用价值和能为对方带来的实际利益，待对方对此产生兴趣后再来谈价格问题。经验表明，提出报价的最佳时机，一般是对方询问价格时，因为这说明对方已对商品产生了交易欲望，此时报价往往水到渠成。

3. 报价表达策略

无论是采取口头方式还是书面方式，报价表达都必须十分肯定、干脆，表示不能再做任何变动，也没有任何可以商量的余地。只有在对方表现出真实的交易意图时，为表明诚意，己方才可在价格上开始让步。

4. 报价差别策略

同一商品因客户性质、购买数量、需求急缓、交易时间、交货地点、支付方式等因素的不同，会形成不同的购销价格，如大部分商品在销售旺季的价格都会比销售淡季的价格高一些。这种价格差别，体现了商品交易中的市场需求导向，在报价策略中应重视运用。

5. 报价对比策略

报价对比策略，即将本商品的价格与另一可比商品的价格进行对比，以突出相同使用价值商品的价格差别；将本商品及其附加各种利益后的价格与另一可比商品不附加各种利益的价格进行对比，以突出不同使用价值商品的价格差别。使用报价对比策略，往往可以增强报价的可信度和说服力。

6. 报价分割策略

报价分割策略，主要是为了迎合买方的求廉心理，将商品的计量单位细化，然后按照最小的计量单位报价。采用这种报价策略，能使买方对商品价格产生心理上的便宜感，容易为买方所接受。

7. 中途变价策略

中途变价策略是指在双方已经商定好的基础上，卖方反悔，抬高价格，以此来避免买方的进一步要求，从而更好地维护己方的利益。

报价小故事

某跨国公司的高级工程师的某项发明获得了发明专利权。一天，该公司的总经理派人把他找来，表示愿意购买他的发明专利，并问他愿意以多少的价格转让。工程师对自己的发明到底值多少钱心中没数，心想只要能卖10万美元就不错了，可他的家人却事先告诉他至少要卖30万美元。到了总经理的办公室，因为一怕家里人不接受，二怕总经理不接受，所以他很胆怯，一直不愿正面说出自己的报价，而是说："我的发明专利在社会上有多大作用，能给公司带来多少价值，我并不十分清楚，还是先请您说吧。"总经理只好先报价："50万美元，怎么样？"这位工程师简直不敢相信自己的耳朵，直到总经理又说了一遍以后，这才认识到是真的，经过一番装模作样的讨价还价，最后以这一价格达成了协议。

五、讨价还价阶段与策略

谈判双方为了自身利益，势必要进行讨价还价，这个过程一般是整个谈判中气氛最激烈的阶段。价格谈判中报价的合理范围如图 11-3 所示。

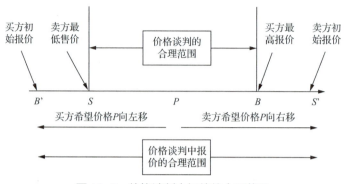

图 11-3　价格谈判中报价的合理范围

（一）讨价还价内容

1. 讨价

一般在卖方初次报价后，买方如果认为价格不符合自己的预期，必然在价格评判的基础上要求对方调整报价，这就是"讨价"。讨价的方式主要有全面讨价、按不同部分分别讨价、针对个别部分讨价。

2. 还价

还价是指谈判一方根据对方的要价以及己方的谈判目标，主动或者应对方的要求，提出己方的价格条件。卖方首先报价后，买方一般不会完全接受，但也不至于完全推翻，而是会向对方讨价。卖方对买方的讨价，通常也不会轻易应允。为了促成买卖，卖方往往会进一步对价格进行解释，并对报价做出适当让步。这样经过一轮或多轮讨价还价之后，买方就需要根据估算的卖方保留价格和己方的理解价格以及策略性虚报部分，按照既定谈判策略，有技巧地提出己方的还价。

3. 面对僵局

在讨价还价的过程中，买卖双方也很少能够一次性达成交易，谈判可能还会陷入僵局。僵局常常会影响谈判效率，挫伤谈判团队的积极性，还可能会影响谈判协议的达成。在僵局已经形成的情况下，买卖双方要采取有效对策来缓和双方的对峙，使谈判出现转机。僵局的处理策略一般有以下几种：一是转移话题，先讨论其他议题；二是暂时休会，各方内部商议；三是寻求第三方作为调节人，缓和对峙，促进协议的达成。

（二）讨价还价策略

1. 投石问路

这一策略是指买方在谈判中通过不断地询问，来直接了解从卖方那儿不容易获得的诸如成本、价格等方面的尽可能多的资料，以此来摸清对方的虚实，掌握对方的心理，以便在谈判中做出正确的决策。

2. 报价策略

商务谈判的报价是不可逾越的阶段，只有在报价的基础上，双方才能进行讨价还价。

具体的报价策略在前文中已阐述，此处不再赘述。

3. 抬价压价策略

这一策略运用的关键就是什么价格才是对方能接受的。如果是买方先报价格，可以低于预期进行报价，留有讨价还价的余地；如果是卖方先报价，可以高于预期进行报价，买方则进行压价。

4. 价格让步策略

适当的让步有助于谈判成交，但不可超过底线。价格让步的方式、幅度直接关系到让步方的利益，理想的方式是每次呈递减式让步，尽量做到让而不乱，以最大限度地遏制对方不合理的价格要求。

5. 最后通牒策略

最后出价应掌握好时机和方式，如果在双方各不相让的对峙状态下最后报价，很可能会使对方认为是一种威胁，危及商务谈判的顺利进行。当双方就价格问题不能达成一致时，如果报价一方看出对方有明显的达成协议的倾向，这时提出最后的报价，较为适宜。

六、成交阶段与策略

商务谈判在经历了准备阶段、开局阶段、摸底阶段、报价阶段和讨价还价阶段之后，便进入成交阶段。商务谈判的成交阶段也就是商务谈判的结束阶段。经过较长时间的讨价还价，反复磋商，谈判的中心议题已经基本确定，这时谈判已经接近尾声，应设法尽快结束谈判，达成协议，以取得圆满的谈判成果。

（一）成交内容

1. 总结成果

进入成交阶段后，谈判双方有必要进行最后的回顾和总结，明确是否所有内容都已谈妥，指出整个商务谈判过程中涉及的主要问题，对特殊问题加以确认，明确结果是否已达己方期望的交易或商务谈判目标，查看对方对目前所有决定是否满意，并宣布相关决定。

2. 整理记录

商务谈判后，应尽快撰写谈判纪要，并向双方公布，这样不仅可以加深彼此对本次商务谈判的认识，而且可以将谈判纪要作为催促对方做最后决定的有效保证。在成交阶段，检查、整理记录，谈判双方共同确认相关内容是否正确无误，以作为起草谈判纪要和书面协议的主要依据。

3. 签订合同

在签订合同之前，谈判双方需要以备忘录为基础来草拟合同，反复核实书面承诺，也不能忽视核实对方的口头允诺。在签字之前要重读协议，就达成的工作、条件、送货方式、品质等条款进行严格审阅。

（二）谈判促成签约策略

1. 期限策略。规定谈判截止日期，利用谈判期限的力量向对方施加压力，借以达到促成签约的目的。

2. 优惠劝导策略。向对方提供某种特殊的优待，使对方尽快签订合同。

3. 行动策略。谈判一方以一种主要问题已经基本谈妥的姿态采取行动，促进对方

签订合约。
4. 主动征求签约细节方面的意见。
5. 采取一种表明结束的行动。

测一测

谈判对手的谎言

意大利某公司与中国某公司谈判出售某项技术。由于谈判已进行了一周，但仍进展不快，于是意方代表罗尼先生在前一天做了一次发问后，告诉中方代表李先生还有两天时间可谈判，希望中方配合在次日拿出新的方案。次日上午李先生在分析的基础上提出了一个方案，比中方原要求（意方降价40%）降低了5%。罗尼先生说："李先生，我已降了两次价，计15%，还要再降35%，实在困难。"双方相互据理力争，只好休会，下午2:00再谈。下午复会后，意方先要中方报新的条件，李先生将其定价的基础和理由向意方做了解释并再次要意方考虑其要求。罗尼先生又努力讲了一遍，说中方要求太高。谈判到4:00时，罗尼先生说："我为表示诚意向中方拿出最后的价格，请中方考虑，最迟明天12:00以前告诉我是否接受。若不接受我就乘下午2:30的飞机回国。"说着，他把机票从包里抽出在李先生面前晃了一下。中方把意方的条件理清后，意方再降5%似乎仍有困难，但可以研究，谈判暂时结束。中方研究意方价格后认为还差15%，但能不能再压价呢？明天怎么回答？李先生一方面与领导汇报，与助手、项目单位商量对策，一方面派人调查明天下午2:30的航班是否有去欧洲的飞机，结果发现没有，因此李先生认为对方的最后还价、机票是演戏，判定对方可能还有条件。于是在次日10点给对方去了电话，表示："你方的努力，我方很赞赏，但双方距离仍存在，需要双方进一步努力。作为响应，我方可以在意方改善的基础上，再降5%，即从30%，降到25%。"对方听到中方有改进的意见后，没有走，只是认为中方要求仍太高。

试问：此次商务谈判使用了哪些谈判策略？
A. 报价策略
B. 价格让步策略
C. 最后通牒策略
D. 期限策略
E. 优惠劝导策略

扫码查看答案

【本章主要参考书目】

[1] 王用源. 写作与沟通：慕课版 [M]. 北京：人民邮电出版社，2021.

[2] 张传杰，黄漫宇. 商务沟通：方法、案例和技巧：移动学习版 [M]. 北京：人民邮电出版社，2018.

[3] 张守刚. 商务沟通与谈判 [M]. 2版. 北京. 人民邮电出版社，2016.

▶ **Bonnie 总要点**（知识总结营）

本章从谈判产生的前提——"冲突"和谈判的实质——"说服"出发，既介绍了冲突过程的五阶段、冲突的影响及解决谈判冲突的办法，又介绍了说服者影响力的来源和说服的技巧，带领读者初步认识商务谈判的原理；除此之外，本章还阐述了谈判的过程与策略，过程包括准备阶段、开局阶段、摸底阶段、报价阶段、讨价还价阶段和成交阶段，以及各阶段对应的谈判策略。

▶ **Bonnie带你练**（学习训练营）

交响调和：一场跨国企业的创意谈判之旅

20 世纪 70 年代，两家国际大公司——德国的"蓝图电子"和美国的"新纪元通信"开始了一场关于合作开发全球通信系统的紧张谈判。这个谈判过程不仅是一次商务合作的开始，更是一场策略和智慧的较量。

从 1979 年的秋天开始，双方的代表就在纽约的一家豪华酒店会面。起初，气氛是紧张和谨慎的。德国公司的团队坚持他们在硬件开发方面的领先地位，希望在项目中占据主导权，并要求更大的利润分配。而美国公司的团队则强调他们在软件创新上的优势，要求在专利使用和市场推广上有更多的自主权。

几经辗转，双方在谈判桌上展开了一系列策略部署，但并没促成什么实质性的项目进展。

有一天晚上，在谈判进入僵局后的晚宴上，德国公司团队里的汉斯和美国公司团队里的汤姆坐在一起。起初，谈话集中在技术和市场的通用话题上，但随后，汉斯转变了话题，开始谈论他对于音乐（特别是古典音乐）的热爱。这个话题引起了汤姆的兴趣，他也是一个音乐爱好者，尤其喜欢爵士乐。

这种共同的兴趣让两人之间的氛围变得更加轻松和友好。他们开始交流各自国家的音乐文化，以及音乐如何影响了他们的个人生活和工作态度。汉斯讲述了他如何从巴赫的作品中汲取灵感，在复杂中寻找和谐的美学；而汤姆则分享了他如何从爵士乐的即兴中学到了创新和灵活性。

这次非正式的交流使两人之间建立了一种个人层面的连接和理解。第二天，当他们回到谈判桌时，气氛明显不同。他们开始更加开放地探讨各自的需求和担忧，并寻求更有创造性和灵活性的解决方案。汉斯采取了渐进式的谈判策略，而汤姆则运用数据支撑的论证方法。

在后续的谈判中，汉斯和汤姆利用了他们之间新建立的信任和理解，有效地运用了沟通技巧，展现了说话的艺术。他们更加注重倾听对方的观点，并在提出自己的观点时采用了更加温和和说服性的方式。

汤姆提出了一个创新的利润共享方案，这个方案允许蓝图电子公司在特定条件下获得额外的分成，而新纪元通信公司在软件专利方面有更多的使用自主权。这个提议得到了汉斯的认可，他随后提出了一个联合市场推广的策略，使双方共同分担市场推广的风险与收益。

这场谈判最终以双方签署合作协议告终。该协议不仅考虑到了双方的核心利益，还为未来可能的合作铺平了道路。这次成功的谈判不仅是由于双方的策略运用得当，更因为双方能够透过表面的竞争，看到合作的深远价值。

请你想一想：

汉斯和汤姆在谈判过程中运用了哪些谈判策略，从而使谈判顺利完成了呢?

请你找一找：

搜集并了解谈判成功的精彩案例，结合其中一个案例，分析谈判双方使用了哪些谈判策略，谈判策略使用的效果如何，给你的启示有哪些。

扫码查看
训练指导

▶ **Bonnie 带你行**（实践训练营）

扫一扫

第十二章
跨文化沟通

💬 名人说

知识是珍贵宝石的结晶，文化是宝石放出的光泽。

——泰戈尔

▶ **Bonnie 说故事**（沟通漫画营）

班上来了几位外国交换生，Bonnie 老师想让英文较好的瑶妹多帮助远道而来的新同学，便把瑶妹介绍给几位交换生认识。

日本同学鞠躬向Bonnie老师和瑶妹表示感谢。

英国同学上前握手。　　　　　　法国同学上前拥抱吻面。　　　　瑶妹虽然熟知各国的礼仪，但还是有些不习惯。

▶ **Bonnie 来导航**（知识索引营）

扫一扫

▶ **Bonnie 理目标**（学习目标营）

知识目标

① 了解东西方文化的差异。
② 熟知跨文化沟通障碍及其产生的主要原因。
③ 了解跨文化沟通的忌讳。

技能目标

① 领会东西方文化在沟通方式上的不同。
② 掌握跨文化沟通的策略。
③ 掌握跨文化沟通中需要注意的礼仪。

▶ **Bonnie 讲知识**（知识学习营）

第 一 节
// **文化与跨文化沟通** //

一、典型文化

　　文化有广义和狭义之分。广义的文化是指人类创造的一切物质产品和精神产品的总和；狭义的文化专指包括语言、文学、艺术及一切意识形态在内的精神产品。从便于理解跨文化沟通的角度考虑，文化是一个国家或民族特定的观念和价值体系，这些观念和价值体系影响着人们工作、生活中的行为方式，是"进一步行动的制约因素"。

　　（一）文化要素
　　文化要素主要包括以下几个方面。
　　1. 认知体系
　　认知体系是指认知论和"知识"体系，它由感知、思维方式、世界观、价值观、信仰、伦理道德、审美观念等构成。其中世界观和价值观最为重要，是认知体系的核心，是一个文化群体的成员评价行为和事物的标准。这个标准存在于人们的内心中，并通过态度和行为表现出来。认知体系是各个文化要素中最有活力的部分，它为人们提供观察世界、了解现实的手段和评判是非、辨别好坏的标准，并且体现在人们生活的各个方面，是跨文化沟通中需要特别关注的要素。

2. 规范体系

规范是指社会规范，即人们行为的准则，包括正规准则和非正规准则。正规准则，如法律条文和群体组织的规章制度；非正规准则，包括那些没有专门定义的但可通过观察别人而习得的态度、行事风格、适当的礼仪规范、对待空间和距离的不同态度等。不管是正规准则还是非正规准则，人们都应自觉遵守。

3. 社会关系和社会组织

社会关系是人们在共同生活中彼此结成的关系，它既是文化的一部分，又是创造文化的基础。社会关系的确定，需要有组织保障；社会组织是社会关系的实体，社会组织有自己的目标、规章、一定数量的成员、相应的物质条件及设备设施等。社会关系和社会组织紧密相连，都是文化的重要组成部分。

4. 物质产品

物质产品是指人类改造自然环境后创造出来的一切物品，它是文化的具体的、有形的体现，具有物质的特征。物质产品一般既有一定的文化价值，又有其实际的用途。

5. 语言和非语言符号

语言和非语言符号是人们沟通交流的主要工具，也是文化积淀和储存的手段，文化要素只有通过这些符号才能进行反映和传播。一个文化群体常有自己特定的语言和非语言符号，这往往成为跨文化沟通中最明显的障碍。

（二）文化模式

文化模式是文化要素的内在结构及其活动规律的表象形态，对人们的价值观念具有定向作用。另外，文化模式具有排他性。把一个民族、一个社会赖以生存和发展的文化要素规范化、制度化、法律化、神圣化，就成了人们常说的文化模式。这种文化模式被全体成员共同认可和接受之后，就具有了超越个体价值观念的功能，成为群体共同的价值观念和价值模式。人们只有按照文化模式所确定的价值标准行事，才是合法的、规范的，才会被多数成员所接受和承认；否则，个人违背公认的价值标准而自行其是，会被其他成员视为离经叛道，甚至会遭到他们的打击和排斥。

文化模式的排他性表现为对其他文化的理解和评价、吸收和排斥都是以自身的价值尺度为前提的，用自己的文化作为解释其他文化的工具。因此，人们经常错误地理解来自另一个文化环境的人，并倾向于吸收与自己文化相类似的文化。

二、跨文化沟通

跨文化沟通（Cross-cultural Communication），通常是指不同文化背景下的人们之间发生的沟通行为。跨文化沟通不仅发生在国与国之间，因为地域、种族等方面的不同，它还会发生在不同的文化群体之间。

　　要理解跨文化沟通，首先必须理解一般沟通，因为跨文化沟通的基本途径和方式，与一般沟通是大同小异的，如口头交谈、书信往来、刊物、书籍、报纸、告示牌、广播电视、录音录像、网络交流等。但我们还是要注意跨文化沟通的不同点，兼顾不同文化的多样性特点，无论是表层的语言、礼仪等，还是中层的建筑、饮食等或者核心层的民族价值观、思维等。只有既考虑共性又了解差异，才能有效地进行跨文化沟通。

　　成功的跨文化沟通有着非凡的意义，熟练掌握跨文化沟通的技巧可以确保我们对不同文化都能保持积极的态度，提高包容能力，改善以自我主义为圆心的文化意识和霸权文化意识。另外，成功的跨文化沟通还可以提高我们跨文化沟通的适应能力，避免情绪化障碍的出现，以免阻碍进一步的沟通。最重要的是，成功的跨文化沟通可为我们的工作创造一个新的局面。

知识卡片

第二节

跨文化沟通的障碍及策略

一、跨文化沟通障碍的主要成因

　　文化的多元化使大型组织中的成员理解信息的难度增大，因而彼此之间的沟通变得困难。如果组织管理者无视文化差异，那么就会在沟通中遇到障碍。很多大型企业尤其是跨国企业多多少少在跨文化沟通中都会遇到这样或那样的障碍。

（一）语言文字的差异

　　语言文字的差异是造成跨文化沟通障碍的主要因素之一。例如，在英汉两种文化中，龙和 Dragon 所代表的文化意象及它们让人能产生的联想意义是截然不同的，汉语文化中的龙是吉祥等褒义的象征，而在英语文化中，Dragon 是凶恶的象征。

（二）非语言信息的差异

　　作为同样可以帮助人们传达信息和思想的非语言信息，人们的动作、表情、姿态等非语言信息在不同国家或地区所象征的意义也是有很大差别的，同样会造成跨文化沟通的障碍。

（三）观念冲突

　　不同文化背景的人在意识、价值观、动机等内在或外在方面都是不同的，在沟通交往的过程中，势必会产生激烈的碰撞和摩擦。例如，东方人强调整体性和综合性，如"天人合一""求同存异"，而西方人则重视个体性。

（四）社会规范冲突

　　每个国家、组织和团体都有自己的风俗习惯、宗教信仰、规章制度等，并以此来约束、规范相关成员的行为。如果不熟知这些，就难免造成跨文化沟通的障碍。例如，给中国人尤其是老年人送礼时不能送时钟，以避讳"养老送终"之意，外国人常会因为不明白其中的道理而造成尴尬的局面。

（五）思维方式冲突

每个人看待问题、思考问题、解决问题的方式及待人处事的方式都有所差异，对接收到的信息往往都是以自己一贯的方式来对待。因此，在跨文化沟通时，很容易造成歧义或误解。例如，在中国，大家见面会习惯性地问："你吃饭了吗？"这就像"你好"一样，其实只是一句打招呼的客套话。但按照外国人的理解，很可能会认为你在询问用餐情况。

沟通障碍小故事

一个美国商人想和韩国的某公司洽谈生意。他问该公司经理李先生："你公司是否有足够的资金购买我们的产品？"李先生沉默了一会儿说："你们的产品很好，西方国家的人们一定喜欢。"美国商人笑了，很高兴李先生称赞他们的产品，于是给了李先生一份合同，请他尽快签约。可是几周过去了，这位美国商人却没有得到任何回信。正是沟通方式的差异，使这位美国商人误以为称赞就是同意，但他不知道的是，在传递负面信息时，韩国人有时候会委婉地表达。

二、跨文化沟通策略

（一）培养跨文化意识

在跨文化沟通前，你要有针对性地比较沟通对象的文化与自己文化的差异，自觉导入沟通对象的文化要素，主动学习对方的语言、文化等，练习听说能力，以便更好地与对方沟通。

（二）辨析文化差异

提前了解不同文化的主要内容和特征有助于减少沟通过程中产生的不确定性障碍和沟通人员的焦虑感。投入一定的精力辨析文化差异，尽快找到双方的文化特质和隔阂所在，甚至可以提前准备好相应的策略，使沟通活动顺利完成。

（三）正确对待文化差异

一是正确认识文化差异，不能以自己的文化为标准去衡量其他的文化，要学会尊重不同的文化；二是正确对待文化差异，积极学习、适应、包容这种差异。在对待文化差异的过程中，你要注意保持不卑不亢的态度，既不能有霸权文化意识，也不能有自卑心理。

（四）掌握沟通技巧

在与对方进行语言沟通的时候，要留够停顿时间给对方和自己进行语言交换，不能先假设对方已经理解你的意思，而应先假设对方不能理解你的意思，通过不断的检查来判定对方的理解能力。你要留意对方的身体语言，通过观察对方的手势、面部表情等身体语言来了解对方的意图。另外，你也要熟练地使用身体语言，一方面可以运用身体语言去弥补语言沟通的不足，另一方面也可以避免有歧义的语言造成误会。

（五）遵循"文化交流—文化适应—文化融合"三阶段式跨文化沟通路径模式 [①]

文化交流是指在正确认识和辨析跨文化沟通中的各方文化差异的基础上，通过各种途径互相向对方敞开心扉，展示出己方文化的特征和主要思想态度。同时，客观、公正、深层次地认识与了解对方文化的主要内容及与己方的主要差异，达到开放自己、了解对方、增进彼此之间的了解与信任、避免不必要的冲突和矛盾的目的。文化交流的方法或手段主要有人际交流、组织交流和媒体传播等。此阶段可归纳为"开放自己，了解对方"。

文化适应是指经过第一阶段的文化交流之后，跨文化沟通中的各方在进一步认识文化差异的基础上，以包容的心态和行为准则，最大化地允许和接受与己方不一致的行动思想和行为选择，互相谅解、互相学习，以便跨越各种沟通障碍，促进各方在信息知识和技术方面的合作与交流，促进组织内部的团结，增强凝聚力。此阶段可概括为"接纳对方，促进合作"。

文化融合就是指经过前两个阶段之后，各方逐渐消除了隔阂，在相互沟通理解的基础上产生了一定的认同感，都能认识到对方文化的优势与己方文化的不足，并以相似点、共同点为突破口，求大同存小异，及时发现隐藏的文化问题，共同探讨，提出解决方案，适度创新、有所扬弃，将各方共同认定的文化内容集中化、核心化，形成共同认可与遵守的文化理念与价值观体系，从根本上消除跨文化沟通障碍。此阶段可归纳为"文化扬弃，消除障碍"。

"文化交流—文化适应—文化融合"三阶段式跨文化沟通路径模式如图 12-1 所示。

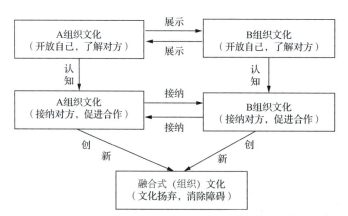

图 12-1 "文化交流—文化适应—文化融合"三阶段式跨文化沟通路径模式

三、跨文化沟通忌讳

在跨文化沟通中，我们还要对世界各国的传统文化、风土人情、民俗禁忌有一定的了解，以免犯了忌讳。

---

① 夏明学. 跨文化沟通中文化融合机制构建研究 [J]. 陕西青年职业学院学报，2013(1):4.

（一）政治、历史等相关问题

政治、历史是非常敏感的话题。中国与外国在社会制度、意识形态、历史上有所不同。所以在跟外国人交流时，我们应尽量回避这些话题。

（二）敏感的数字

对数字的好恶，中西方也有所不同。中国人比较喜欢双数，像"6""8""10"等，因为"6"有"六六大顺"的说法，"8"与"发"谐音，"10"则有完美的意思，如"十全十美"；然而，"4"和"死"谐音，就不那么让人喜欢了。西方人忌讳"13"，他们认为这个数字象征着凶险；但他们却对数字"7"很喜欢，认为这个数字比较吉利。

（三）动物的差异

在中文语境里，有不少跟狗有关的贬义词，如狗急跳墙、狗咬吕洞宾、狗眼看人低、痛打落水狗、狗嘴吐不出象牙……但在英文语境里，人们对狗赋予了赞扬、羡慕、祝福的含义。例如，英文中说一个人很幸运，就会说他是"a lucky dog"（幸运儿）。

知识卡片

第三节
// 跨文化沟通礼仪 //

一、典型国家的沟通礼仪

（一）美国的沟通礼仪

美国人见面时，一般以点头、微笑为礼，在特别正式的场合，会采用国际上最为通行的握手礼。若非亲朋好友，美国人一般不会主动与对方亲吻、拥抱，尤其在商务往来中，他们更不会这么做。

美国人大都喜欢深色西装配黑色皮鞋、深色袜子。在正式场合或上班期间，女性以裙装为宜，男性应打领带，穿深色西服。女士着晚礼服时裙摆应长及脚踝，并穿高跟鞋。行路一般以右为尊，与女士同行，男士应走左边，出入应为女士开门。乘车时，若车主驾车，则前座为尊，反之，则以后座右侧为尊。自己开车时，须先为客人开车门，等客人坐定后才能上车启动。

在美国社会中，人们的行为都个人为中心，个人利益是神圣不可侵犯的，这种准则渗透在社会生活的各个方面。人们在日常交谈时，不喜欢涉及个人私事，很多问题都是他们忌谈的，如年龄、婚姻状况、收入多少等。

（二）英国的沟通礼仪

英国人的感情不大外露，不喜欢夸夸其谈，也不喜欢在公共场合被人过多注意。在交际应酬中，他们不会立即与他人称兄道弟、推心置腹。与外人交往时，英国人一般都很善解人意，懂得关心人、尊重人。在一般情况下，他们都不爱跟别人进行毫无意义的争论，而且极少当着外人的面发脾气。

英国人待人十分客气，"请""谢谢""对不起""你好""再见"一类的礼貌用语是天天不离口的。英国人，特别是那些年长的英国人，喜欢别人称呼自己的世袭爵位或荣誉头衔，至少希望别人能郑重其事地称自己"阁下""先生""夫人""小姐"。握手礼是英国人使用最多的见面礼节，与他人见面时，他们不会像法国人那样和对方热烈地拥抱。

（三）日本的沟通礼仪

日本人见面多以鞠躬为礼。鞠躬时，弯腰的幅度不同，表示的含义也不同，弯腰越低表示越有礼貌。男性鞠躬时，两手自然下垂放在衣裤两侧，若对对方表示恭敬，则可将左手搭在右手上，放在身前行鞠躬礼。在国际交往中，日本人也习惯行握手礼。在日本，名片的使用相当广泛，交换名片时，地位低或者年轻的一方先递给对方，而且要将名片正对着对方。

在与日本人交谈时，不要边说边指手画脚，别人讲话时切忌插话打断。在交谈中，不要打听年龄、婚姻状况、工资收入等私事。对年事高的男子和妇女不要用"年迈""老人"等字眼。除非事先约好，否则不要贸然到日本人家里拜访。在日本，客人在主人为其斟酒后，要马上接过酒瓶给主人斟酒，以表示主客之间的平等与友好。

（四）法国的沟通礼仪

法国人大都爽朗热情、诙谐幽默，善于雄辩、高谈阔论，好开玩笑。法国人不仅爱冒险，而且追求浪漫。

法国人是著名的"自由主义者"，不大喜欢集体行动。与法国人约会，必须事先约定，并且准时赴约。

（五）德国的沟通礼仪

德国人对礼节非常重视。在社交场合，德国人通常都以握手作为见面礼节。与德国人握手时，要注意务必坦然地注视对方，并且握手的时间宜稍长一些，晃动的次数宜稍多一些，握手时所用的力量宜稍大一些。

德国人对于在交际场合进行交叉谈话，比较反感，并认为是不礼貌的做法。向德国人赠送礼品时，不宜选择刀、剑、餐刀和餐叉等物品，也不宜选择以褐色、白色、黑色的包装纸和彩带来包装、捆扎礼品。与德国人交谈时，不宜涉及宗教与政治。

（六）意大利的沟通礼仪

意大利人在正式社交场合一般着西装，尤其是参加一些重大的活动时，十分注意着装整齐，喜欢穿三件式西装。意大利人说话时喜欢彼此靠得近些，他们不喜欢在交谈时别人一直盯着他们，认为这种目光是不礼貌的。他们喜欢用手势来表达个人的意愿。意大利人在社交场合与宾客见面时常行握手礼，亲朋好友久别重逢会热情拥抱，平时在路上遇见熟人则会招手致意。意大利人请客吃饭，通常是到饭馆里去，偶尔也会在家中宴请亲朋好友。他们请客时往往茶少酒多，在正式宴会上，几乎每一道菜都配有一种不同的酒。

跨文化沟通小故事

　　阿兰是美国某公司驻墨西哥的销售代表。他在墨西哥与别人约定见面时间后，总会准时赴约。为了节省时间，阿兰想直接谈生意，但客户却想先聊聊阿兰家乡的美食和他的家庭状况。

　　更糟糕的是，他们的会面有时会受到干扰，客户不断接听电话，而且还会和其他人谈很长时间。阿兰的第一份进展报告十分悲观，他还没有任何销售业绩，他觉得也许墨西哥不是适合销售公司产品的好地方。

　　开始商业洽谈之前，你应确保有足够的时间来了解你的商业伙伴。相互沟通时，美食、艺术和文学是很好的话题。因此，阿兰应花许多时间来与墨西哥商人面对面地交流。

　　跨文化沟通技巧提示： 在涉及跨文化沟通时，事先摸清对方国家的文化特点是十分必要的。

测一测

领导风格文化差异小测验

　　请从下面 3 个国家（意大利、日本、美国）中任选一个填空，每个国家只能用在一个题上。

　　1.（　　）人的领导风格象征了这片自由土地上的大胆和活力。管理结构呈金字塔形，上层的管理人员驱动并激励下层的员工。企业允许个体做决策，但通常必须在公司限定的框架范围内。管理人员能胜任团队工作，强调企业精神，但更强调个人的自由。他们流动性很强，一旦犯错误，就会被开除。

　　2.（　　）人的领导风格相对严格，但比西班牙的管理人员表现出更多的灵活性，管理人员与各层次的员工都能相处得很好。在这个国家的大城市中，开始兴起择优录用。在这个国家的北部，职业竞争力受到重视，虽然与此同时与他人的关系仍然十分重要。

扫码查看答案

　　3.（　　）的高管人员虽然在等级秩序上享有极大的权威，但他们实际上并不参与公司的日常运作。他们在合适的场合提议改变政策，然后传达到中层，再传达到其他层面。一般有创意的点子都来自基层。但这些创意和建议得经过层层主管的批准才能上传。

二、中国传统文化背景下的沟通礼仪

　　《论语·学而》写道："礼之用，和为贵。"意思就是礼的运用，以和谐为可贵。礼，就是礼仪，在于使人的关系变得更加和谐。中国的传统沟通礼仪深受儒家文化的影响和熏陶，倡导谦恭有礼。

（一）重人伦

　　中国人的人际关系实际上是人伦关系，中国式沟通充分融合了人伦理念，忌讳"没大没小"式的沟通。不同身份地位的人，沟通方式有很大差异。

211

（二）重语境、轻坚定性

受中庸思想的影响，中国人说话较少直接表达自己的想法，含蓄内敛，习惯"话到嘴边留三分"，处处考虑别人的感受。

中国式沟通小故事

留学生小王与外国同学一起观看电影《梁山伯与祝英台》，因为担心一些欣赏电影的外国同学看不懂，小王就先把故事梗概译成外文，预先发给他们看，并在放映前为他们进行了简单介绍。电影结束后，小王询问他们是否看懂了，他们说，看懂了，但看得很累。他们说祝英台一直通过暗示来表达对梁山伯的爱意，为何不直接说一句"我爱你"呢？中国人细腻地表达情感，我们会觉得这是美，而外国人则可能认为直接表露才是美。

中国式沟通技巧提示：对中国话的理解切不可仅凭字面意思去解读，一定要结合语境揣度对方的想法，从对方的兴趣、爱好、个性等方面进行周密考虑，如此才有可能实现有效沟通。

知识卡片

（三）重面子

中国人注重圆满，说话倡导"点到为止"，以让每个人都有面子。当不能领会说话人的意图，却又碍于面子不好意思询问时，就会出现信息的不对称，进而形成低效甚至无效沟通。其实，顾忌到对方的面子是尊重对方的表现，把话说得妥当合理一些，虚实相应，虽不是很真实但也绝不是欺骗，目的是保持和谐融洽的沟通氛围，也有利于人际交往。

沟通小故事

办公室的小刘销售业绩长期领先于其他同事，工作能力超群，但时间观念却不强，迟到、早退是常有的事。于是，就有了下面的谈话。

主任：小刘，你最近的客户跟定情况很不错，看来年底咱们部门每个人的钱包鼓不鼓就要看你的了！

小刘：瞧领导说的，我的工作就是跑客户嘛。

主任：是呀，你的工作就是这样，想要好好休息一天可真是难呀。我担心的是这样下去，你的身体能不能吃得消。万一累坏了身体，那可就坏了，身体可是革命的本钱。

小刘：主任如此贴心，我们干活都有劲！

接着，主任切入正题，说到了小刘考勤的事。

"小刘，你的情况我都是知道的。你肯定是因为跑客户，所以有时会晚到一会儿，或者早走一会儿。都是因为工作，我又怎么可能说你。不过，考勤的事情你也不要怪人事部门小王，她负责记录考勤，这也是她的工作，只不过有些情况她可能不了解，所以才给你记录了下来。我已经跟她说过你的情况了，以后你有什么事需要提前走，事先跟她说一声。"

"主任您放心，我以后一定注意准时上下班。"

沟通提示：主任的目的是想告诉小刘，小刘迟到、早退的情况比较多，需要改正。但主任并不是直接指出，而是先就小刘的业务问题来沟通情感，一番夸赞给足了对方面子，看到小刘心情放松，再看似不经意地提到考勤的事。小刘听主任如此说，觉得自己的工作不仅得到了公司的认可，还受到了领导的人文关怀，愉快地马上表示自己今后会按时上下班。沟通就此圆满结束，既解决了问题，又照顾了双方的情面，皆大欢喜。不足之处就是，本来一件简单的事情，因为面子问题而变得拐弯抹角，批评不像批评，表扬不像表扬，模棱两可，沟通中的反馈得不到充分保障，效率自然不高。

📖 **拓展阅读**

同质文化圈理解限制①

在跨文化交流中，有一种心理障碍：同质文化圈的理解限制。

1. 含义

它指的是人们面对某一事物时，总是倾向于而且常常不假思索地认为他人与我们有相同的视角、相同的诠释，而这种"相同"假设在很大程度上会成为我们理解异文化的阻碍。

2. 产生同质文化圈理解限制的原因

"无意识"交流：一种是无意识的反射、一种是习惯思维。

3. 如何矫正同质文化圈理解限制

"有意识注意"：当我们可以控制交流的过程时，应有意识地停止自动加工信息，开始主动加工信息的时候便启动有意识的注意，如"接纳新信息""觉察新变化""对不同语境保持敏感""留意各种视角""适应当前环境"等。

【本章主要参考书目】

[1] 麻友平. 人际沟通艺术 [M]. 3 版. 北京：人民邮电出版社，2020.
[2] 张守刚. 商务沟通与谈判 [M]. 2 版. 北京：人民邮电出版社，2016.

▶ **Bonnie 总要点**（知识总结营）

本章从典型文化和跨文化沟通入手，介绍了跨文化沟通的内涵；还介绍了跨文化沟

① 陈雪飞. 跨文化交流论 [M]. 北京：时事出版社，2010.

通的障碍及其主要成因，点明了跨文化沟通的忌讳，给出了跨文化沟通的策略；除此之外，本章阐述了典型国家的沟通礼仪，包括美国、英国、日本、法国、德国等国家，使读者了解并掌握跨文化沟通礼仪。最后，本章还阐述了中国传统文化背景下的沟通礼仪。

▶ Bonnie 带你练（学习训练营）

屈原投江：Sad or Silly?[①]

陈老师是一位新西兰汉语教师，教学对象是新西兰小学生，他们此前对中国的端午节毫无了解。于是，陈老师选择以屈原的故事作为切入点来介绍粽子和龙舟这两个节日元素。

一个有趣的介绍屈原故事的动画很自然地吸引了孩子们，然而看完动画后，陈老师却被小朋友们的种种提问给包围了。看到屈原投江的画面，有的小朋友会感慨"That's sad"，但也有小朋友会说"That's silly""他不会游泳吗""他为什么不去别的国家"。

陈老师下课后，意识到了其中的文化差异。

第一，在中国文化中，儒家有"杀身成仁、舍生取义"之说，屈原忠君、爱国，投江也是为了殉国，因而受到人们的尊重。而在西方文化中，个体生命、个人价值具有至高无上的地位，不同的文化影响了人们对屈原投江的看法。第二，新西兰四面皆海，许多人都会游泳；同时它也是个移民国家，人口流动频繁。因此，尽管有些提问听起来好笑，结合实际的社会文化情况一想，其实也都有据可循。

陈老师课后感慨："课程只有短短半个小时，小朋友只要能记得这个故事，或是学会了说'粽子'这个词，或是享受了做纸龙舟的过程，我就感到很满足了。但同时我也明白，在日后的教学中，需要更多地关注文化共通与差异之处，通过循序渐进的介绍，使新西兰小学生对中华文化的一些核心概念有更多的了解，对不同的价值取向有更多的理解和尊重。"

1. 请你想一想：为什么中国人和部分新西兰小朋友对于屈原投江的做法理解完全不同？

2. 你从这个案例中获得什么启示？

扫码查看
参考解析

▶ Bonnie 带你行（实践训练营）

扫一扫

---

① 朱勇. 跨文化交际案例与分析 [M]. 北京：高等教育出版社，2018.